Steven Foster
Meredith Little

Visionssuche

Das Raunen des Heiligen Flusses

Sinnsuche und Selbstheilung in der Wildnis

Arun

Adressen

Eine Auswahl aktueller Adressen von Lehrern und Mentoren für Visionssuchen (School of Lost Borders sowie andere Traditionen, Jugendliche, Führungskräfte, Kranke, Aus- und Weiterbildungen) und Adressen für Krisen und Notfälle finden Sie auf unserer homepage **www.arun-verlag.de**

4. Auflage!
Arun-Verlag, Engerda 28, 07407 Uhlstädt-Kirchhasel.
Tel.: 036743/2330, Fax: 036743-23317.
e-mail: info@arun-verlag.de, www.arun-verlag.de.
Titelmotiv: Andreas Ritter.

Gesamtherstellung: Hubert & Co., Göttingen.

Fotonachweis: © 2002 Bärenfalke. Entstanden im Adamello-Massiv im Rahmen einer Jugendvisionssuche, zu der das Verleger-Ehepaar als Mentoren hinzugebeten wurde.

ISBN 3-935581-09-2

Dieses Buch ist
Großmutter Ethel Twycross Foster
und Großmutter Annabelle Baglex Hine
gewidmet

Aus Hunderttausenden und Millionen von Einheiten
Bereiten wir Wein und süße Liköre
Und bieten sie unseren Ahnen an...
Um so den Riten Genüge zu tun,
Und Segen auf alle herabzubeschwören.

Aus dem chinesischen »Buch der Lieder«
(Shi Jing) (ca. 1000 v. Chr.)

Inhalt

Danksagung

Dieses Buch ist Ausdruck unseres Bedürfnisses, die Geschichte unserer Partnerschaft mit allem Lebendigen voll und ganz zu leben, und ein Teil der Geschichte besteht darin, daß wir unsere »Vision auf Erden für alle Menschen sichtbar« verwirklichen. Wir konnten einfach nicht umhin, dieses Buch zu schreiben, genausowenig wie eine Pflanze umhin kann, Luft zu trinken und Wasser zu atmen. Aber wäre da nicht unser »Volk«, unsere Gemeinschaft, gewesen, dann hätte es auch kein Buch gegeben. Angeregt durch ihre Achtung, Ermutigung und Anweisungen konnten wir einfach nicht anders, als die Gabe, die uns geschenkt worden ist, weiterzugeben.

Virginia Hine, die inzwischen verstorben ist und unsere anthropologische Beraterin und Großmutter war, hat bei einer früheren Visionssuche den Namen »Gabenträgerin« angenommen. »Ich möchte nicht das große Tier sein, das die Gabe verteilt«, erklärte sie, »sondern der kleine Page in seiner schmucken Livree, der die Gabe auf einem Samtkissen vor sich her trägt. Ich möchte die *Trägerin* der Gabe sein.« Genauso empfinden wir es auch. Wir sind schon zufrieden, wenn wir die Gabe dem Empfänger einfach in die Hand geben können.

Wir haben von anderen Menschen Beiträge von unschätzbarem Wert erhalten. Was sie uns gegeben haben, hat die Gabe, die wir tragen, noch glänzender und wertvoller gemacht. Wir freuen uns, mit ihnen das Samtkissen teilen zu dürfen. Wir möchten uns bei Virginia Hine bedanken, für ihre Bereitschaft, unsere »Seelenführerin« zu sein, für alles, was sie uns gelehrt hat (und immer noch lehrt) und für ihre fröhliche, bereitwillige und kluge Unterstützung bei der Entstehung dieses Buches. Auch Hyemeyohsts Storm (geborener Dust Devil) möchten wir für die motivierende Genialität seiner Lehre danken, für die unterhaltsamen Gespräche mit ihm, für seine Version der Geschichte von Springende Maus, dem Frosch und dem Heiligen Fluß und für seine Unterweisung über die vier Himmelsrichtungen und die Schilder.

Des weiteren haben traditionelle, nichttraditionelle und »gemischttraditionelle« Lehrer und Lehrerinnen und Medizinmänner und -frauen bei der Entstehung dieses Buches mitgewirkt. Wir möchten uns bedanken bei Sun Bear, Wabun, Shawodnese und Robert Greenway, bei Dire Wolf, Rocky und Swiftdeer, bei Evelyn Eaton, Brooke Medicine Eagle und Edie Newcomb, bei Tom Pinkson, Brant Secunda, Bill Bridges, Tom Brown, Dennis Banks und Link Sees Two Bears. Dank auch an Rolling Thunder of the Mountain, der uns schon vor Jahren auf unserem Weg bestärkte.

Doch ohne die nachfolgend aufgeführten Waschbären, wäre der Stoff zu diesem Buch nie zustande gekommen. In der Brust dieses Buches schlagen all ihre »Mestizenherzen« gleichermaßen. Deshalb unser Dank an Jack Crimmings, Jennifer, Drew Pratt, Marilyn Riley, Ron Pevney, Linda Gregory, Sunwater, Adele Getty, Beau Leonhart, John Morris und alle anderen. Jetzt müssen wir alle die Folgen dessen tragen, was wir gemeinsam geschaffen haben.

Ohne die Freundschaft, finanzielle Unterstützung, Beratung und Hilfestellung von verschiedenen Engeln wäre es uns allerdings nie möglich gewesen weiterzumachen. Auch sie haben beim Tragen unserer Gabe geholfen. Deshalb möchten wir unseren Dank auch richten an Phil und Elizabeth Little, Marilyn Mountain, Tim Garthwaite, Howard und Sue Lamb, Howard und Jan Voskuyl, Mike Groza, Jonathan Swift-Turttle, Steve Blair, Pat Nalley, Mike Riley, E.M.T., Frank Burton, Natalie Rogers, Carmen Bier und Edward Beggs.

Wir möchten uns auch an alle »Mäuse« wenden, deren Erfahrungen und Tagebucheinträge nun für immer auf den Seiten dieses Buches verewigt sind, und ihnen danken für den uns erteilten Unterricht, den wir nie vergessen werden und für die heilige Verehrung, die sie Großmutter Natur und dem Visionsfasten durch ihr Leben zuteil werden lassen.

Schließlich wollen wir auch noch unsere Liebe und Achtung gegenüber unseren Eltern, Großeltern, Kindern und Stiefkindern ausdrücken. Für den Unterricht im Kindsein und im Elternsein und für die bedingungslose Liebe, die sie uns geschenkt haben, unseren Dank an Elizabeth, Phil, Ginny, Aldie, Warren, Winifred, Kevin, Shelley, Keenan, Patricia, Christian und Selene.

Zum Heiligen Fluss mit Maus und Waschbär

Wir wollen unser Buch mit einer klassischen Nacherzählung der alten Indianerfabel über »Springende Maus« beginnen:

Es war einmal ein Mäuserich.

Er war ein vielbeschäftigter Mäuserich, der überall herumsuchte, das Gras mit seinen Barthaaren betastete und alles betrachtete. Er war vielbeschäftigt wie alle Mäuse, beschäftigt mit Mäusesachen. Doch dann und wann hörte er ein merkwürdiges Geräusch. Dann hob er seinen Kopf, kniff die Augen fest zusammen, sträubte seine Barthaare und wunderte sich. Eines Tages eilte er zu einem benachbarten Mäuserich und fragte ihn: »Hörst du ein Rauschen in deinem Ohr, mein Bruder?«

»Nein, nein«, antwortete der andere Mäuserich, ohne seine vielbeschäftigte Nase vom Boden zu heben. »Ich höre nichts. Ich bin jetzt beschäftigt. Sprich später mit mir.«

Er stellte einem anderen Mäuserich die gleiche Frage, doch dieser sah ihn ganz seltsam an. »Bist du nicht richtig im Kopf? Was für ein Geräusch?« fragte er und schlüpfte in ein Loch im Stamm eines umgestürzten Baumes.

Der kleine Mäuserich zuckte mit seinen Barthaaren und beschäftigte sich wieder, fest entschlossen, die ganze Sache zu vergessen. Aber da war schon wieder dieses Rauschen. Es war undeutlich, sehr undeutlich, aber es war da! Eines Tages entschloß er sich, dieses Geräusch ein wenig zu erforschen. Er verließ die anderen vielbeschäftigten Mäuse, lief ein kurzes Stück und horchte wieder. Da war es! Er war eifrig am Horchen, als ihn plötzlich jemand grüßte.

»Hallo, kleiner Bruder«, sagte die Stimme. Der Mäuserich sprang vor Schreck fast aus der Haut. Er krümmte Rücken und Schwanz und wollte davonlaufen.

»Hallo«, sagte die Stimme wieder. »Ich bin es, Bruder Waschbär.« Und tatsächlich, er war es! »Was machst du denn hier ganz allein, kleiner Bruder?«

fragte der Waschbär. Der Mäuserich errötete und senkte seine Nase fast bis zum Boden. »Ich höre ein Rauschen in meinen Ohren und bin dabei es zu erforschen«, antwortete er verschüchtert.

»Ein Rauschen in deinen Ohren?« erwiderte der Waschbär, während er sich neben ihn setzte. »Was du hörst, kleiner Bruder, ist der Fluß.«

»Der Fluß?« fragte Mäuserich neugierig. »Was ist ein Fluß?«

»Komm mit, und ich zeige dir den Fluß«, sagte Waschbär.

Kleiner Mäuserich hatte furchtbare Angst, aber er war entschlossen, sich ein für alle Mal über das Rauschen Klarheit zu verschaffen.

»Ich kann zu meiner Arbeit zurückkehren«, dachte er, »nachdem diese Sache erledigt ist, und möglicherweise kann dieses Ding mir in all meinen geschäftigen Untersuchungen und beim Sammeln behilflich sein. Und meine Brüder sagten alle, es wäre nichts. Ich werde es ihnen zeigen. Ich werde Waschbär bitten, mit mir zurückzukehren, dann habe ich einen Beweis.«

»Also gut, Waschbär, mein Bruder«, sagte Mäuserich. »Führe mich zum Fluß. Ich werde mit dir gehen.«

Kleiner Mäuserich ging mit Waschbär. Sein kleines Herz hämmerte in der Brust. Der Waschbär führte ihn auf fremde Pfade, und kleiner Mäuserich roch den Duft von vielen Dingen, die an diesem Weg vorbeigegangen waren. Viele Male fürchtete er sich so sehr, daß er beinahe umgekehrt wäre. Endlich kamen sie zum Fluß! Er war ungeheuer groß und atemberaubend, tief und klar an manchen Stellen und trübe an anderen. Kleiner Mäuserich war außerstande, über den Fluß zu sehen, weil er so groß war. Er brüllte, sang, schrie und donnerte auf seinem Weg. Kleiner Mäuserich sah große und kleine Stücke der Welt, die auf seiner Oberfläche fortgetragen wurden.

»Er ist mächtig!« sagte der kleine Mäuserich, nach Worten suchend.

»Er ist eine große Sache«, antwortete der Waschbär, »aber hier, laß mich dich einem Freund vorstellen.«

An einer ruhigeren und seichteren Stelle war ein Seerosenpolster, leuchtend und grün. Darauf saß ein Frosch, fast so grün wie das Polster, auf dem er saß. Der weiße Bauch des Frosches stand deutlich hervor.

»Hallo, kleiner Bruder«, sagte der Frosch. »Willkommen am Fluß.«

»Ich muß dich jetzt verlassen«, unterbrach Waschbär, »aber hab keine Angst, kleiner Bruder, der Frosch wird nun für dich sorgen.« Und Waschbär ging weg, am Flußufer entlang, wo er Nahrung suchte, die er waschen und essen konnte.

Kleiner Mäuserich näherte sich dem Fluß und blickte hinein. Er sah eine verängstigte Maus dort widergespiegelt.

»Wer bist du?« fragte kleiner Mäuserich das Spiegelbild. »Hast du keine Angst so weit draußen im großen Fluß?«

»Nein«, antwortete der Frosch. »Ich habe keine Angst. Mir wurde bei meiner Geburt die Gabe gegeben, sowohl auf dem Fluß als auch in ihm zu leben. Wenn Wintermann kommt und diese Medizin einfriert, kann ich nicht gesehen werden. Aber während der ganzen Zeit, in der der Donnervogel fliegt, bin ich hier. Um mich zu besuchen, muß man kommen, wenn die Welt grün ist. Ich, mein Bruder, bin der Hüter des Wassers.«

»Erstaunlich!« sagte endlich Kleiner Mäuserich, wieder nach Worten suchend.

»Möchtest du etwas Medizinmacht haben?« fragte Frosch.

»Medizinmacht? Ich?« fragte Kleiner Mäuserich. »Ja, ja! Wenn es möglich ist.«

»Dann duck dich so tief du kannst und spring so hoch wie du dazu imstande bist! Du wirst deine Medizin bekommen!« sagte der Frosch.

Kleiner Mäuserich tat, was man ihm geheißen

hatte. Er duckte sich so tief er konnte und sprang. Als er es tat, sahen seine Augen die Heiligen Berge.

Kleiner Mäuserich traute seinen Augen kaum. Aber da waren sie! Dann aber fiel er zur Erde zurück und landete im Fluß!

Kleiner Mäuserich bekam Angst und krabbelte zum Ufer zurück. Er war naß und fast zu Tode erschrocken.

»Du hast mich getäuscht!« schrie Kleiner Mäuserich den Frosch an.

»Warte«, sagte Frosch. »Du bist nicht verletzt. Laß dich durch deine Angst und Wut nicht blenden. Was hast du gesehen?«

»Ich«, stotterte Mäuserich, »ich, ich sah die Heiligen Berge!«

»Und du hast einen neuen Namen!« sagte Frosch. »Er ist Springende Maus.«

»Ich danke dir. Ich danke dir«, sagte Springende Maus und dankte ihm abermals. »Ich möchte zu meinem Volk zurückkehren und ihm über das, was geschehen ist, berichten ...«[1]

Die Geschichte geht noch weiter. Springende Maus kehrt zu seinen Leuten zurück, doch sie begegnen ihm mit Angst und Mißtrauen. Aber er kann seine Vision von den Heiligen Bergen nicht vergessen. Schließlich macht er sich zitternd vor Angst auf, sie zu finden. Unterwegs erlebt er viele Abenteuer. Darauf wollen wir weiter hinten in diesem Buch noch näher eingehen. Hier soll der Hinweis genügen, daß dies eine gute Geschichte zum Erzählen ist. Sie bringt die Menschen dazu, gleichzeitig zu lachen und zu weinen. Sie identifizieren sich mit dem kleinen Mäuserich. Auch sie hören ein Rauschen in ihren Ohren – und wollen es erforschen. Auch sie wollen so hoch springen, wie sie können, und die Heiligen Berge in der Ferne glänzen sehen.

Obwohl der Mäuserich die weitaus am häufigsten erwähnte Figur in dieser Geschichte ist, ist der Waschbär die eigentliche Hauptfigur dieses Buches, dessen Untertitel auch lauten könnte »Ein Handbuch für Waschbären, die Mäuse zum Heiligen Fluß begleiten wollen«. Deshalb interessiert es uns, ob Sie ein »Waschbär« sind oder nicht – denn Waschbär ist Waschbär, egal was er sonst noch ist. Ob Sie nun Lehrer sind, Berater, Mutter, Vater, Großmutter, Großvater, Tante, Onkel, Pfarrer, Priester, Wildnisführer, Psychologe, Arzt, Hausfrau, Hausmann, Medizinhäuptling oder Mädchen für alles, Hauptsache ein wesentlicher Teil von Ihnen hat den Nutzen erkannt, Mäuse auf ihrem Weg zum Heiligen Fluß zu begleiten. Wie auch immer Sie zu dieser wertvollen Erkenntnis gelangt sind, wir bitten Sie, auch weiterhin aufmerksam zu bleiben.

Bemerkenswert ist, daß Waschbär weder versucht hat, den Mäuserich zu »behandeln«, also sein Problem als »Rauschkrankheit« zu diagnostizieren und ihm eine Tablette zur Linderung der Symptome zu verschreiben, noch ihn zu psychoanalysieren, seine Seele zu retten oder ihm irgend etwas zu verkaufen. Alles, was er zu ihm sagte, war: »Komm mit, und ich zeige dir den Fluß.« Er benutzte keine ausgefallenen Worte, um den geheimnisvollen Heiligen Fluß zu beschreiben. Er bemerkte einfach: »Er ist eine große Sache.« Natürlich konnte er sehen, daß der kleine Mäuserich äußerst beunruhigt war und mitten in den Geburtswehen seines eigenen Ichs steckte. Doch er sah es nicht als seine Sache an, zu benennen, worunter der Mäuserich litt. Er versuchte nicht, ihn zu manipulieren, dies oder jenes über sein sogenanntes Problem zu denken oder zu glauben. Seine Rolle bestand darin, dem Mäuserich zu dienen, ihn zur Quelle des Rauschens zu führen und ihn dem »Hüter der Wasser« vorzustellen. Nach Erfüllung seiner Aufgabe blieb er nicht einmal, um Springende Maus aufzuheitern. Er verschwand im Dickicht entlang des Flußufers und suchte nach »Nahrung, die er waschen und essen konnte«.

In der Erzählung spielt Waschbär eine »mäeutische« Rolle im Leben des Mäuserich. *Mäeutik* ist laut Duden definiert als »(= Fertigkeit der Hebamme) von Sokrates entwickelte Methode, durch geschicktes Fragen die im Partner schlummernden, ihm aber nicht bewußten, richtigen Antworten und Einsichten ans Licht zu bringen.« Die Schlüsselphrase ist hierbei »ans Licht bringen«. Waschbär hilft Mäuserich dabei, sich selbst ans Licht zu bringen. Sokrates' Ermahnung »Erkenne dich selbst« bedeutet nicht, daß die Fragen der Schüler für sie beantwortet werden. Sokrates wollte damit vielmehr sagen, daß die Schüler mit der Hilfe eines Lehrers dazu gebracht werden können, die Antworten selbst zu finden. Dieses »Ans-Licht-bringen« aus der Selbsterkenntnis heraus ist eine Art Gebärprozeß. Als Waschbär sah, daß Mäuserich fast »soweit war«, spielte er seine Rolle als »Hebamme«. Er führte Mäuserich zum Heiligen Fluß und stellte ihn dem Frosch vor. Dort gebar Mäuserich Springende Maus. Der britische Philosoph Charles Bennett vergleicht diese »Hebamme« mit dem »Mann in Platos Höhlengleichnis, der wußte, daß seine Hauptaufgabe darin bestand, die Gefangenen dazu zu bringen, sich umzudrehen, damit sie mit dem Gesicht der Sonne zugewandt waren. Die Sonne würde dann den Rest übernehmen.«[2]

Ja, der Waschbär wußte, was das Rauschen zu bedeuten hatte. Er wußte, daß er es nicht beschreiben konnte. Der Mäuserich müßte *es* am eigenen Leibe erleben. Ohne das direkte Erleben wäre er geblieben wie die anderen Mäuse – voller Angst vor dem Wissen und voller Angst vor dem Nicht-Wissen. Er wäre nie so naß und erfüllt von dieser neuen Sache, die er über sich selbst erfahren hatte, vom Heiligen Fluß zurückgekehrt. Er hätte nie erkannt, daß sein Leben ein größeres Schicksal bergen könnte als ein bequemes Nest im Land der Mäuse.

Der Waschbär führte den Mäuserich durch einen Übergangsritus. Die Hauptdarsteller in diesem Ritus der Suche sind Mäuserich, Waschbär und Frosch. Da der Waschbär weiß, daß jede Verbindung mit dem Frosch (und dem Heiligen Fluß, dessen Hüter er ist) für den Mäuserich gut ist, tritt er als Mittler für den Frosch auf. Wer aber ist der Frosch? Der Frosch ist ein Symbol von Mutter Natur selbst in all ihren Erscheinungsformen am Himmel und in all den Lebewesen und wachsenden Dingen, die unsere Schwestern und Brüder sind. Sein »Medizinrat« für den kleinen Mäuserich stellt den wahren Kernpunkt einer Zeremonie der Suche dar: »Duck dich so tief du kannst und dann spring so hoch wie du dazu imstande bist! Du wirst deine Medizin bekommen!«

Moderne Übergangsriten in der Wildnis – in denen der

Waschbär eine ähnliche Rolle übernimmt wie sein Pendant in der Fabel – sind im Detail komplex, aber im Grunde in ihrer Bedeutung genauso einfach wie diese Geschichte. Der Mäuserich verkörpert einen Menschen (zwischen zwölf und achtzig), egal welchen Geschlechts oder welcher geschlechtlicher Neigung, meist gemischt-ethnischer Herkunft und Tradition, gleichgültig mit welchem beruflichen oder sozialen Hintergrund, gleichgültig zu welchem Glaubens- oder Wertsystem er sich bekennt, der sich meist gerade in einer Lebenskrise befindet oder dabei ist, von einem Stadium des Lebens ins nächste überzuwechseln. Aus irgendeinem Grunde – vielleicht wegen des Rauschens in seinen Ohren? – versucht er seinen Geist aus dem engen Kreis seiner selbstauferlegten Schranken heraus zu gebären, indem er sich dazu entschließt, sich mit auf die Suche zu machen. Genau in diesem Moment wird ihm ein Waschbär über den Weg laufen.

Der Waschbär ist ein Mensch, egal welchen Geschlechts oder welcher geschlechtlicher Neigung, welch ethnischer Herkunft oder welchen Glaubensbekenntnisses, gleichgültig mit welchem beruflichen oder sozialen Hintergrund, der dem Mäuserich dabei behilflich ist, das Land der Mäuse und die Vergangenheit hinter sich zu lassen. Er führt den Mäuserich sicher zum Heiligen Fluß und stellt ihn dem Geist von Mutter Natur vor. Der Waschbär läßt den Mäuserich dann dort zurück; der Mäuserich lebt eine bestimmte Zeit lang allein am Heiligen Fluß, oft ohne Nahrung, manchmal ohne Wasser, stets jedoch aufmerksam den klaren Ratschlägen von Bruder Frosch lauschend. Während der ganzen Zeit, die unser moderner Mäuserich allein verbringt, hält sich der Waschbär in der Nähe auf, um jederzeit einspringen zu können, falls er in Schwierigkeiten geraten sollte. Wenn die Zeit für Springende Maus (vormals Mäuserich) gekommen ist, den Heiligen Fluß zu verlassen und zu seinem Volk zurückzukehren, hilft ihm der Waschbär, ins Land der Mäuse zurückzukehren und sein neues Leben zu beginnen.

Wie in der Fabel, so spielt auch in den modernen Riten der Heilige Fluß die entscheidende Rolle im Schauspiel der Transformation. Der Heilige Fluß stellt den Ort in der Wildnis dar, den besonderen heiligen Boden, den Berggipfel, den Cañon, den Hain von Bäumen, die Quelle, das in die Erde gegrabene Loch, die Höhle oder die primitiv gebaute Hütte im Wald vor der Stadt. Der Heilige Fluß ist ein Ort der Kraft, ein geweihter Schauplatz, ein natürlicher Schoß, in dem die Visionen über uns kommen. Beseelt vom Geist der Natur »brüllte, sang, schrie und donnerte« der Heilige Fluß auf seinem Weg. Der Heilige Fluß ist unser wahres Zuhause. Wenn der Mäuserich dorthin geht, geht er in Wirklichkeit heim zu seiner wahren Mutter – der Mutter, in deren Hände er letztendlich sein Leben legen wird.

Traditionelle Zeremonien, mit denen Übergangsriten vollzogen werden, wie etwa der Brauch, allein in der Wildnis zu fasten, um Visionen zu erlangen, scheinen angesichts der fortschreitenden Zivilisation immer mehr in Vergessenheit zu geraten, doch sterben sie nicht ganz aus. Vielmehr liegen diese Zeremonien wie Samen verborgen in der dunklen, fruchtbaren Erde des Unbewußten. Viele Generationen können vergehen, bis sie durch die Sonne und den Regen kreativer menschlicher Einsicht zu neuem Leben erweckt werden. Wenn die alten Bräuche neu belebt werden, erwachen auch die heiligen Ahnen wieder und beginnen von neuem zu flüstern. Das Flüstern verstärkt das Rauschen – das Rauschen des Heiligen Flusses.

Zum gegenwärtigen Zeitpunkt schießen in den Vereinigten Staaten Organisationen, die sich mit Übergangsriten beschäftigen, wie Pilze aus dem Boden. Menschen werden darin geschult, als Waschbären zu fungieren. Hie und da nehmen auch Universitäten, Colleges und andere Institutionen das »Visionsfasten« in ihre Lehrpläne, Programme und ihre Methodik auf. Immer mehr Mäuse kommen aus ihren Löchern gekrochen, schnuppern in der Luft und sind davon überzeugt, ein Rauschen in ihren Ohren zu hören. Gibt es wohl genügend Waschbären, die ihnen über den Weg laufen?

Die Konzepte, Symbole, Allegorien und Lehren, die in diesem Buch beschrieben werden, haben wir während unserer Arbeit im Rahmen wöchentlicher Trainingssessions bei *Rites of Passage, Inc.* (Nordkalifornien), entwickelt, einer gemeinnützigen Organisation, die sich mit der Visionssuche von

Jugendlichen und Erwachsenen beschäftigt und die wir mehrere Jahre lang mitgeleitet haben. Wir nannten diese wöchentlichen Treffen »Waschbärhütte«. Im Laufe der Zeit kamen viele Waschbären unterschiedlichster ethnischer Herkunft zu diesen Treffen. Keiner von uns konnte für sich in Anspruch nehmen, »reinrassig« zu sein. Doch als in Amerika Geborene und Aufgewachsene verkörperten wir die Mestizen oder ethnisch gemischte Kultur, zu der Amerika immer mehr wird. Wir nannten uns selbst *Native Americans* im Unterschied zu *Native American Indians*, den indianischen Ureinwohnern von Amerika. Monat für Monat beschäftigten wir uns eingehend mit den vielen traditionellen Überlieferungen und Lehren von Übergangsriten in der Wildnis. Durch den wunderbaren Prozeß der Synthese und Integration wuchsen die verschiedenen ethnischen Schattierungen nach und nach zu einem regenbogenähnlichen Ganzen zusammen. Wie Sie bemerken werden, stammen die Allegorien und Zeremonien, die auf diesen Seiten beschrieben werden, aus den unterschiedlichsten ethnischen und kulturellen Quellen.

Betrachten wir einmal die gemischte Herkunft des Waschbären. Seine Mama muß wohl weiß und sein Papa schwarz gewesen sein. Aber sehen Sie nur, wie das Schwarz und Weiß ins Graue, Braune und Rote übergeht. Welche Farbe haben seine Augen? Er muß auch etwas Gelbes in seinen Genen haben. Ganz bestimmt ist dieser Bursche kein Produkt von Inzucht. Er frißt einfach alles und ist so anpassungsfähig. Wie geschickt er die Nase unter die Deckel der Mülltonnen steckt, ohne Rücksicht auf deren Besitzer! Wie behend er sich durch die Dunkelheit zwischen den Villen und dem Ghetto, dem Dschungel und der Wüste, der Wildnis und der zivilisierten Welt bewegt! Das kann nur darauf zurückzuführen sein, daß viele verschiedene heilige Ahnen ihm mit ihrem Rat zur Seite stehen.

Vor siebzehn Jahren wurden wir zum ersten Mal von einem Waschbären in die Zeremonie des Heiligen Flusses eingeführt, der uns zum Ursprung des Rauschens in unseren Ohren führte. Wir waren so lange mit unseren Nasen dicht am Boden herumgelaufen, daß wir kaum das Ausmaß und die Kraft dessen erkennen konnten, was wir hörten. Doch Großmutter Erde hatte Mitleid mit unserer Kurzsichtigkeit. Sie erhörte unsere naiven Gebete und trug sie zu den schweigenden Sternen empor. Sie führte uns mit Eidechse, Schlange, Kojote und Zaunkönig – alias »Frosch« – zusammen. Sie gaben uns den Mut, so hoch zu springen, wie wir nur konnten. Und wir sprangen. Was machte es schon aus, daß wir in einem Dickicht aus Feigenkakteen landeten? Wir hatten die Heiligen Berge gesehen! Wir gingen zu unserer Gemeinschaft zurück, um ihr voller Begeisterung von dem zu erzählen, was wir gesehen hatten. Damals begann die Visionssuche unseres Lebens.

Die Zeit ist nun gekommen, um Zeremonien in der Wildnis, die Übergänge von einer Lebensphase zur nächsten kennzeichnen, wieder aus den »vergessenen Ruinen« der menschlichen Kultur hervorzuholen. Allzu lange waren sie hinter einem Nebel von Ignoranz, Vorurteilen, Fehlinformation und Angst verborgen, und es gibt keinen Grund, sich davor zu scheuen, das »heilige Wissen« der Öffentlichkeit zugänglich zu machen. Es gibt nichts, was man verbergen müßte. Diese Zeremonien sind, was sie sind: das persönliche Wissen jeder Maus, die zum Heiligen Fluß geht, in den Spiegel des Wassers sieht und die Stimme des Frosches vernimmt. Niemand hat einen Besitzanspruch auf diese Zeremonien – außer der Maus. Manche behaupten: »Was ihr da tut, ist ein Sakrileg. Dadurch, daß ihr diese Dinge an die Öffentlichkeit bringt, entwertet ihr sie, beschmutzt ihr sie. Merkt ihr denn nicht, was mit allem, das der Mensch berührt, geschieht?«

Und alles ist von Schacher ausgedörrt; besudelt, beschmiert
von geschäftiger Mühsal;
Trägt Menschenschmutz, teilt Menschendunst:
... noch kann Fuß fühlen, der beschuht.[3]

Wie können wir leugnen, daß Menschen alles entweihen, was sie berühren? Allein diese Ideen in Worte zu fassen, auf die Seiten eines Buches zu bannen, kann bereits als Entwertung uralter Weisheiten angesehen werden. Aber starke Stimmen in unserem Innern bestehen darauf, daß die Wahrheit an die Oberfläche will. Wir sind nur der Kanal dafür, »die gesprungenen Gefäße aus Ton«, die so undicht sind, daß wir kaum die Fülle, die in uns strömte, lange genug halten konnten, bis dieses Buch beendet war. Wir gingen oft in die Wüste hinaus, um zu fragen, ob es richtig und gut sei, von diesen Dingen zu sprechen. Viele Geister haben uns geantwortet – die Steine im Wüstenstaub, hinausgeschleudert von den kreuz und quer fahrenden Geländefahrzeugen, der Kiefernstamm, abgebrochen, weil Menschen sich Souvenirs mit nach Hause nehmen wollten, die Indigoschlange, plattgefahren, aber immer noch zuckend auf der frisch geteerten Straße durch den Nationalpark, der bussardzerfressene Kadaver eines Kojoten, durch einen vergifteten Köder in die Falle gelockt. Sie alle antworteten uns: »Ja!« Wie mit einer Stimme riefen sie uns zu: »Geht zurück an eure Arbeit! Es gibt viel zu tun!«

Die Helden und Heldinnen dieses Buches sind Mäuse und Waschbären. Auch Büffel, Wölfe und Adler spielen wichtige Rollen, aber ihr Auftritt kommt erst am Ende. Die Schauplätze sind das Land der Mäuse, der Heilige Fluß und der Pfad, der früher oder später jeden zu den Heiligen Bergen führt. Der Titel des Schauspiels lautet: »Allein fasten in der Wildnis.« Das Theater ist Großmutter Erde in all ihren Erscheinungsformen. Bei den Autoren handelt es sich um ein Paar magere Waschbären, die endlich den Inhalt unzähliger Mülleimer zu einem kohärenten Ganzen zusammengefügt haben.

Maus, Waschbär und Frosch bitten um Ihre Aufmerksamkeit. Sie möchten gerne in Ihrer Vorstellungswelt leben und Teil der Wirklichkeit Ihres angestrebten Zieles werden. Wir möchten von Anfang an klarstellen, daß der Name »Maus« oder »Mäuserich« nicht abfällig oder geringschätzig zu verstehen ist. Er drückt vielmehr Respekt aus und ist ein Kosename. Die Maus ist ein Symbol für die Unschuld und die Unwissenheit in uns, die uns so menschlich, so verletzlich macht. Es ist diese Kreatur, die das Rauschen des Heiligen Flusses hört, die den Mut hat, ihre Brüder und Schwestern hinter sich zu lassen und den Übergang vom Ende zum Anfang zu suchen. Ein großes Herz, ein großer Geist wohnt in dieser Brust.

Auf der anderen Seite sollten Sie auch den Waschbären nicht für einen Gauner halten, nur weil er eine Maske über seinen Augen trägt. Seine verdächtige Angewohnheit, im Dunkeln herumzuschnüffeln, sagt nichts über seine wahre Natur aus, denn in Wirklichkeit ist er gutherzig und altruistisch. Alles in allem ist er ein angenehmer Reisebegleiter auf dem Weg zum Heiligen Fluß. Welche Krise ließ ihn zum Waschbär werden? Jeder Waschbär hat seine eigene Geschichte. Fragen Sie einmal einen oder zwei. Vielleicht erzählen sie es Ihnen. Oder fragen Sie sich selbst: »Bin ich ein Waschbär?«

Keinesfalls zu vergessen ist als erster und letzter der Frosch, der auf seinem Seerosenpolster im Heiligen Fluß sitzt. Er ist der Missetäter. Er hat uns gesagt, wir sollten so hoch springen, wie wir nur können. In dem Tal, in dem wir leben, am Rand der Wüste, die »Großes Becken« genannt wird, ist der Heilige Fluß deutlich wahrnehmbar. Der Frosch ruft in den frostigen Stunden des Wintermorgens – mit dem Heulen eines Kojoten. Der Frosch läuft durch die Wiesen im Hochland der Sierra – in Form eines Hirsches. Der Frosch schwebt über den Baumwollpappeln entlang des Flusses – mit den Flügeln des rotschultrigen Habichts. Der Frosch singt in der Stille der sternklaren Sommernacht – mit dem Liebesgesang der Grillen. Der Frosch flüstert in den Flügeln der großen Ohreule, dröhnt im Schwärmen der wilden Bienen. Wohin auch immer wir gehen, überall fragt uns Frosch, ob wir »etwas Medizinmacht« haben wollen. Derweil rauscht der Heilige Fluß immer weiter und zieht uns hinunter in die hereinbrechende Nacht, hinunter ins große Meer, aus dem wir hervorgegangen sind. In diesem Buch sprechen wir mit der Sprache des Frosches. Es ist allein das Verdienst des Frosches. Als wir so hoch sprangen, wie wir nur konnten, sahen wir dieses Buch.

Steven Foster und Meredith Little
The School of Lost Borders
Inyo Co., CA, USA
Mai 1988

Moderne Übergangsriten in der Wildnis

Ich vermute es war ... die alte Geschichte von einem Mann, der das unwiderstehliche Bedürfnis hatte, vor sich selber in Ehren bestehen zu können. Ohne eine solche Ehre kann ein Mann nicht leben und sein Metall härten. Tief im Grunde seines Herzens empfindet er die Notwendigkeit nach heroischer Bewährung; und unsere moderne Lebensweise, die besonderen Wert auf Sicherheit legt, allem Unbekannten gegenüber mißtrauisch ist und abstrakte, kollektive Werte am höchsten schätzt, hat den Hang zum Heroischen in einem Maß unterdrückt, daß sich daraus die gefährlichsten Folgen ergeben können.[4]

Das menschliche Wachstum ist durch bewußte Veränderung gekennzeichnet. Wir müssen von einem Lebensstadium ins nächste überwechseln. Die Mutterbrust des Kleinkindalters verliert an Bedeutung, wenn wir entwöhnt werden. Durch die Entwöhnung treten wir in die Welt der Kindheit ein. Danach gehen wir von der Kindheit über in die Pubertät. Schon lauert das Erwachsendasein am Horizont, hinter einer anscheinend unpassierbaren Schranke. Auf diese oder jene Weise werden wir »erwachsen« in den Augen der Gesellschaft oder aus unserer eigenen Sicht. Wir verlassen unser Dasein als Einzelwesen, wenn wir heiraten oder eine feste Beziehung eingehen. Manchmal lassen wir uns scheiden und leben in einem späteren Wachstumsstadium wieder allein. Wir schlagen uns durch die verschiedenen Übergänge des mittleren Lebensalters und der späteren Jahre hindurch, wobei wir vorhersehbare Krisen durchleben, die verbunden sind mit Elternschaft, Altern, Ausscheiden aus dem Arbeitsleben und Tod. Schließlich überschreiten wir die Schwelle und beginnen die heilige Reise durch die Unterwelt des Todes.

In traditionellen Kulturen wurden solche Wechsel von einer Lebensphase in die nächste mit Übergangsriten oder -zeremonien gefeiert. Alle nahmen an diesen Zeremonien teil.

Taten sie dies nicht, wurde ihnen der Eintritt in das nächste Lebensstadium verwehrt. Ohne Übergangsriten hätten die Menschen ihre Lebensübergänge weder verstehen können, noch wären sie in der Lage gewesen, die sozialen Verpflichtungen einzugehen und die Privilegien anzunehmen, die mit dem Überwechseln in eine neue gesellschaftliche Stellung verbunden waren. Ohne Übergangsriten wären Stammesverbände instabil geworden und hätten nicht länger bestehen können.

In unserer Zeit haben die zunehmende Ausbreitung der technischen Wissenschaften, das Entstehen von großen Ländern und Städten, der Einfluß und die Omnipotenz der Medien, die immer undurchdringlicher werdende Wand zwischen den Menschen und ihrer natürlichen Umwelt, das Anbrechen des Computerzeitalters, die Bedrohung durch thermonukleare Auslöschung, der Zerfall der Familie als grundlegende gesellschaftliche Einheit, der menschenfeindliche Druck des modernen Lebens und viele andere Faktoren dazu beigetragen, daß die traditionellen Werte einschließlich der verschiedenen Zeremonien, mit denen Übergänge von einem Lebensabschnitt zum nächsten begangen werden, immer mehr in den Hintergrund gerückt sind. Die rituellen Fußspuren unserer Vorfahren wurden vom Verkehr der modernen Zivilisation ausgelöscht. Das hat dazu geführt, daß es unserem heutigen Leben an bedeutungsvollen geistigen und mythischen Inalten mangelt, und gerade durch ihre Abwesenheit werden uns die »alten Bräuche« schmerzhaft bewußt.

Sehen wir uns nur einmal die modernen Übergangsriten zwischen Kindheit und Erwachsenendasein in den USA an. Am lang ersehnten Tag schreiten die High-School-Absolventen zu feierlicher Musik einher, während ihre Lieben im Publikum sie beobachten. Sie setzen sich auf die aufgereihten Stühle und hören sich die Reden von Schulleitern, städtischen Würdenträgern und Schülervertretern an. Ein Geistlicher spricht ein ökumenisches Gebet. Die Schüler stehen gelassen am Rande des Erwachsenendasein, während die Kindheitswelt der High School bereits der Vergangenheit angehört. Wenn die Musik triumphierend anschwillt, hängen die Abiturienten ihre Quasten auf die andere Seite des Barettes.

Wo ist hier die durch Erfahrung bestandene »Übergangsprüfung«, durch die sie sich würdig erweisen, die Aura der Reife zu erlangen? Das einsame Fasten auf dem heiligen Berg, die Visionssuche, ist zum Verlagern einer Quaste degeneriert. Welcher High-School-Absolvent würde schon den Anspruch erheben, daß bestimmte »Übungen« zur Feier seines Abiturs angemessen, sinnvoll und ein »bewährter« Beweis dafür sein könnten, daß er bereit ist, sein Leben als Erwachsener zu beginnen?

Andere Übergangsphasen im Leben haben ein ähnliches Schicksal erlitten, obwohl sich in bestimmten Bereichen, etwa bei Geburt und Tod bereits ermutigende Veränderungen anbahnen. Trennung und Scheidung, beides Übergänge, die im modernen Leben eine große Rolle spielen, werden außer im Büro des Rechtsanwaltes oder vor Gericht kaum jemals mit einer Zeremonie gewürdigt. Der Übergang ins mittlere Lebensalter ist, wenn man der Werbung Glauben schenken darf, fast eine Schande oder zumindest doch ein Unglücksfall. Die vorhersehbaren Krisen des mittleren Lebensabschnittes werden nicht mit Hilfe sinnvoller Riten formalisiert. Genauso selten wird das Ausscheiden aus dem aktiven Arbeitsleben von bedeutungsvollen Zeremonien begleitet. Wir schließen die alten Menschen kurzerhand aus unserem Leben aus, anstatt ihre Eingliederung in den Gemeinschaftsdienst als Gemeindeälteste zu feiern.

Auch andere Krisen, wie etwa der Tod einer geliebten Person, naturbedingte oder nicht-naturbedingte Unfälle, Drogen- oder Alkoholabhängigkeit, körperliche oder geistige Krankheiten, Berufs- oder Wohnortwechsel, Abtreibung, Fehlgeburt und viele andere mehr, werden (außerhalb der Kirche) nicht durch gesellschaftliche Rituale abgefangen, die es dem einzelnen ermöglichen würden, die Krise als Erfahrung (und als Symbol) zu erleben, zu verstehen und schließlich zu überwinden. Viele zweifeln inzwischen an der Fähigkeit der Kirche, kulturell angemessene Übergangsriten für ihre Gemeindemitglieder durchzuführen, da viele ihrer Symbole dringend einer Neuinterpretation bedürften.

Da unsere Kultur den Wert traditioneller Übergangsriten nur in geringem Umfang anerkennt, sehen sich viele von uns als Opfer der Veränderungen ihres Lebensstatus und fallen sich selbst und anderen zur Last. Da es uns an inneren Kraftquellen fehlt, die ein sinnvolles Leben uns hätte bescheren können, machen wir uns nur allzu oft ein negatives Bild von uns selbst als hilflose Schachfiguren in den schmutzigen Klauen des Schicksals. Wir denken, irgend jemand anders müsse uns heilen, weil wir uns selbst nicht heilen können, jemand anders müsse uns führen, weil wir uns selbst nicht führen können, jemand anders müsse für uns den Helden oder die Heldin spielen, weil unser Leben so beschränkt, so alltäglich, so vorhersehbar ist. Was können wir schon ausrichten? Unsere Hände sind gebunden, wir sind nur die hilflosen Opfer sinnloser Lebensgeschichten.

Wie geht denn nun unsere Kultur mit denjenigen um, die sich in einer Krise befinden, deren Symptome überall um uns herum sichtbar sind? Panik, Hysterie, Schock, Angst, Unsicherheit, Wut, Gewalt, Langeweile, Apathie, Drogenmißbrauch, Furcht, Schuld, Selbsthaß, Perversion, Hilflosigkeit und »psychosomatische Krankheiten« begegnen uns in Stadt und Land auf Schritt und Tritt. Wie gehen wir damit um? Bieten wir den Betroffenen Dienste an, die es ihnen ermöglichen, ihre Krisen selbst zu bewältigen? Oder bieten wir Dienste an, die es ihnen erlauben, zu Experten zu gehen (Ärzte, Anwälte, Geistliche, Psychiater, Vertrauenspersonen, Medien, Parapsychologen und so weiter), die dann ihre Probleme für sie lösen.

Unsere Kirchen bieten Menschen die Möglichkeit, ihre eigenen Konflikte durch Teilnahme an Stärkungs-, Übergangs- oder Transformationsriten zu lösen. Obwohl diese Rituale für gewöhnlich einer existentiellen Bedeutung entbehren, reichen sie für manche von uns aus. Aber was ist mit denen, die nicht über ein persönliches oder religiöses Mythen- oder Wertsystem verfügen? Sie fischen im trüben, unfähig sich von der Vergangenheit zu lösen. Nur allzu leicht verheddern sie sich in ihren eigenen Netzen oder lassen sich von trickreichen Räubern in die Falle locken. So oder so stellen sie sowohl für sich selbst und für andere als auch für die Erde, auf der sie leben, ein Risiko dar. Kann man sie dazu bringen, sich selbst nicht als Opfer zu sehen, sondern daran zu glauben, daß sie in Wirklichkeit eine Lebensaufgabe haben?

Wenn du es nicht in dir selbst findest,
wo willst du danach suchen?

Der Zenrin

Therapeutische Probleme und wie der Mäuserich seine löste

Meist ist die therapeutische Betreuung, die in unserer Kultur angeboten wird, auf das Lösen der »Probleme« von »Klienten« oder »Patienten« ausgerichtet. Es gibt eine stillschweigende Übereinkunft zwischen dem Therapeuten und dem Patienten, daß es ein Problem gibt, daß der Patient dieses Problem nicht allein lösen kann und daß er deshalb zum Experten gekommen ist. Das bedeutet, daß der Patient seine Fähigkeit, mit seinen eigenen Angelegenheiten ins reine zu kommen, an den Medizinmann, Therapeuten, Geistlichen, Arzt oder Guru abgibt.

Der Experte seinerseits muß seine ganze Aufmerksamkeit auf das Problem richten und dabei natürlich versuchen, herauszufinden, wie es möglicherweise mit anderen Problemen, Komplexen oder Symptomen zusammenhängt. Er muß alle Möglichkeiten durchgehen, wie man mit dem Problem umgehen könnte, und dann eine Lösung, ein Rezept, einen Behandlungsplan oder eine Vorgehensweise finden, wie das Problem gelöst, gemildert, geheilt oder unschädlich gemacht werden kann.

Der traditionelle Therapeut hingegen sondiert und beobachtet, fragt und hört zu und löst dabei Schicht um Schicht der symptomatischen Vorstellungen, Gefühle, Projektionen, Introjektionen oder Neurosen ab wie bei einer Zwiebel. So hofft er, dem Kern des Problems näher zu kommen. Wenn alles gut geht, kann das Problem unter Mitarbeit des Patienten gelöst werden, und der Patient wird wieder stark genug, um auf eigenen Beinen zu stehen. Er wird nicht noch zusätzlich durch seine eigene Unfähigkeit, die Krise zu überwinden, entmutigt; er wird nicht vom Therapeuten abhängig; er wird nicht zu dem Entschluß kommen, den Therapeuten wechseln zu müssen.

Es ist nicht unsere Absicht, die Stärken und Schwächen der problemorientierten Therapie darzulegen. Es gibt da eine große Anzahl der verschiedenartigsten Methoden. Die Erfolgsrate hängt ganz vom Patienten, Therapeuten und der angewandten Therapieform ab. Es gibt »Heilerfolge«, »Mißerfolge« und dazwischen eine große Palette von Möglichkeiten, was dabei herauskommen kann. Viel Zeit und Energie wird auf die Problemlösung verwendet. Bis zu einem gewissen Grad profitiert die Gesellschaft als Ganzes von der Lösung des Problems. Der Patient nimmt sein »normales« Leben oder sein »Arbeitsleben« wieder auf. Der Therapeut bekommt genügend Geld, um seine Praxis weiterzuführen. Weitere Problemfälle werden an seine Tür klopfen. Wenn er sein Handwerk versteht, wird er bald von einer Welle von Menschen mit Problemen überschwemmt werden.

Um zu erklären, wodurch sich Übergangsriten von der problemorientierten Therapie unterscheiden, ist es wohl am besten, nochmals zur Geschichte von Springende Maus zurückzukehren. Der kleine Mäuserich befand sich gerade mitten in einer Lebenskrise. Er hatte ein Problem – ein Rauschen in den Ohren. Er machte sich auf, um sein Problem zu lösen – und traf den Waschbären. Wäre nun der Waschbär ein Psychotherapeut gewesen, so hätte er den Mäuserich einmal pro Woche in seine Praxis eingeladen, um dort über sein Problem zu sprechen. Vielleicht hätte das Rauschen in den Ohren des Mäuserichs nach einer gewissen Zeit aufgehört. Er wäre dann ins Land der Mäuse zurückgekehrt und hätte nun, nachdem sein Gehör wiederhergestellt war, wieder als normales, produktives Mitglied der Mäusegesellschaft mit den anderen Mäusen zusammengelebt.

Aber der Waschbär war kein Psychiater. Er war eine »Hebamme« bei einem Übergangsritus in der Wildnis. Möglicherweise hat er sich gedacht: »Der kleine Mäuserich hat wohl ein Problem.« Doch er sagte nicht: »Bleib bei mir, Bruder Maus, und ich werde dein Problem lösen.« Statt dessen sagte er:

»Komm mit, und ich zeige dir den Fluß.« Dann beging der Waschbär etwas scheinbar Unverzeihliches: Er ließ den kleinen Mäuserich ganz allein mit seinem Problem. Bestimmt sah er doch, das sein kleiner Bruder vor Angst fast starb. Warum ließ er seinen »Patienten« sich ganz allein durchs Leben schlagen? Der stellte sich ja als feiner Problemlöser heraus!

Doch der Waschbär wußte genau, was er tat. Er wußte, daß der Mäuserich, mit dem Geräusch des Rauschens in seinen Ohren inmitten von Mutter Natur allein gelassen, es schließlich schaffen würde, sein eigenes Problem zu lösen. Er wußte, daß der Mäuserich keinen Psychiater suchte, sondern sich selbst, reflektiert im Spiegel der Natur. Er behandelte den Mäuserich nicht einmal, als ob er ein Problem hätte. Statt dessen stellte er seinen Freund dem Frosch vor und ging seiner Wege.

Auch der Frosch, als Bote von Mutter Natur, behandelte den Mäuserich nicht, als ob er ein Problem hätte. Er fragte ihn nur, ob er etwas Medizin wolle. Als der kleine Kerl dies bejahte, riet der Frosch ihm, so hoch zu springen, wie er nur konnte. Er bat den Mäuserich nicht, über das Rauschen in seinen Ohren zu sprechen. Er sagte ihm, er solle springen. Als der Mäuserich dann sprang, löste er sein Problem. Natürlich half diese Heilung Springende Maus nicht gerade dabei, ein normales Leben zu führen. Doch das ist eine andere Geschichte, die wir im letzten Kapitel erzählen wollen.

Tatsache ist, daß Übergangsriten in der Wildnis nicht problemorientiert sind; sie funktionieren nicht nach der Theorie, daß das Problem des »Patienten« gelöst werden muß. Traditionellen Übergangsriten liegt vielmehr die Theorie zugrunde, daß das soziale Ungleichgewicht, das durch die Krise hervorgerufen wurde, berichtigt werden muß.[5] Dadurch, daß sich der »Patient« dem Ritus, der Initiation, der Übergangsfeier unterzieht, setzt er dem Problem und der Lebenskrise, aus der es entstanden ist, durch seine Wiedereingliederung in die Gemeinschaft in einer neuen gesellschaftlichen Stellung ein Ende. Übergangsriten sind demnach gemeinschaftsorientiert. Die Gemeinschaft profitiert davon, doch natürlich profitiert auch der »Patient« davon, der durch seinen Übergang in eine neue Existenz sein Problem gelöst hat.

Obwohl Übergangsriten ursprünglich nicht speziell darauf ausgerichtet waren, in einem problemorientierten, therapeutischen Sinne angewandt zu werden, sind sie doch reich an therapeutischen Metaphern, Konzepten und Methoden. Sie sind äußerst effektiv als Mittel, den Sinn von Veränderungen im Leben zu erfassen und zu akzeptieren, die einzelnen dazu zu befähigen, in der Gemeinschaft als lebendige Kraft zu fungieren, bei den Menschen Selbstvertrauen, Mut, Ausdauer und Selbstbeherrschung zu fördern, Selbstheilungsmechanismen zu aktivieren, persönliche Begegnungen mit dem kollektiven, archetypischen Unbewußten zu beschleunigen und schließlich zu Einsicht, Weisheit und Erleuchtungen zu gelangen. Vor allen Dingen jedoch sind sie darauf ausgerichtet, der ganzen Gemeinschaft zu nützen. Der »Patient« kehrt nicht nur zurück, um seinen Platz als Mitglied der Gesellschaft wieder einzunehmen, sondern bringt neben sich selbst noch etwas weit Wichtigeres und Lohnenderes für alle um ihn herum mit, nämlich das, was in früherer Zeit »Vision« genannt wurde.

Therapeutische Auswirkungen von Übergangsriten in der Wildnis

Nach der klassischen Theorie der Psychologie, zu der auch die Übergangsriten in der Wildnis gehören, sind Lebenskrisen und -übergänge als Herausforderungen oder Gelegenheiten höchster Ordnung anzusehen. Wie in mythischen Erzählungen von Helden und Heldinnen geht der Suchende ein hohes Wagnis ein, bei dem soviel auf dem Spiel stehen kann wie die Zukunft der menschlichen Rasse. Wenn es ihm gelingt, den vom Drachen bewachten Durchgang der persönlichen Krise zu finden und »heil hindurchzugelangen«, wird er auf der anderen Seite, wo die Gemeinschaft seine heilbringende Rückkehr erwartet, mit einem erweiterten Gesichtskreis und mit neuer Lebensenergie hervortreten.[6] Der monomythische Archetypus des suchenden Helden oder der suchenden Heldin ist eng mit der psychologischen Erfahrung des Übergangsritus verbunden und prägt die Handlungen, Gedanken und Gefühle.

Stets setzt sich die Geschichte, die von der archetypischen Abenteuerfahrt des Helden erzählt, aus drei Teilen oder Phasen zusammen:[7] Ende, Mitte und Anfang; die Geschichte beginnt also mit einem Ende und endet mit einem Anfang.

Und ein Ende machen heißt einen Anfang machen.
Das Ende ist unser Ausgang.[8]

T. S. Eliot, *Little Gidding*

Trennung

In der völkerkundlichen Soziologie wird die erste Phase *Trennung* oder *Ablösung* genannt. Der Held muß alles zurücklassen, muß Abschied nehmen von seiner gewohnten Vergangenheit, wird von seiner zivilisierten Mutter getrennt, entwöhnt von allem, das außerhalb seiner eigenen Person liegt und ihn bisher erhalten, ausgemacht oder gehemmt hat. So wie Springende Maus die sichere Umgebung des Landes der Mäuse verlassen hat, so kehrt der Suchende seiner Heimat, Familie, Arbeit, geliebten Menschen und allen modernen Errungenschaften den Rücken.

Doch der Held kann nicht einfach so davonlaufen. Er muß sich erst darauf vorbereiten. Manchmal verbringt er Jahre mit der Vorbereitung, lauscht auf das Rauschen in seinen Ohren und macht sich für eine große Veränderung in seinem Leben bereit. Wenn die Zeit für die Veränderung naht, wird seine Bereitschaft zur Veränderung immer mehr von seiner Angst vor dem Ungewissen überschattet. Doch der Tag steht kurz bevor. Er kann den Zeitpunkt der Trennung, über den er nicht hinaussieht, nicht länger hinauszögern. Er muß sich darauf vorbereiten. Angst läßt sein Herzflattern in Herzrasen übergehen. Emotionen und Gefühle kommen hoch, gerade als er versucht, seinem Bedürfnis zu folgen, sein Leben in Ordnung zu bringen, sich von unnötigem Ballast zu befreien, seine letzten Momente zu genießen, seine Vergangenheit Revue passieren zu lassen oder gar diejenigen um Vergebung zu bitten, denen er Unrecht getan hat. Oft treten an diesem Punkt psychosomatische Symptome auf, alle verfügbaren Schutzschilde kommen noch einmal zum Einsatz; Gefühle von Verletzlichkeit und Schutzlosigkeit treten auf; unbewußtes Material, das lange Zeit unterdrückt wurde, kommt jetzt zum Vorschein; oft beschäftigen sich die Träume jetzt mit den dunkleren Seiten des Lebens.

Oft können moderne Therapeuten gerade aus dieser Trennungsphase im Übergang von einer Lebensphase in die nächste viel herausholen. Konfrontiert mit der Tatsache, daß nun die Zeit gekommen ist, sich abzulösen, verschlingen sich der »Patient« und sein »Problem« meist zu einem einzigen Knäuel aus Angst und Sorge. Je näher der Zeitpunkt rückt, desto weniger kann der Patient sein wahres Ich verbergen. Er steht nackt da, allein sich selbst treu. Er fragt sich: »Weshalb mache ich das überhaupt? Bin ich wirklich dazu bereit, vier Tage und Nächte allein zu fasten, um die Veränderung in meinem Leben zu feiern? Bin ich wirklich am Ende des alten Weges angelangt?« Die Angst vor der nächsten Phase der Geschichte läßt ihn seinen Blick noch weiter nach innen richten auf seine Beziehungen, sein Leben und seine Bereitschaft zur Veränderung. So wird er immer mehr vom Prozeß der Vorbereitung auf die Lösung seiner Lebenskrise in Anspruch genommen.

Schwelle

Die zweite oder mittlere Phase eines Übergangsritus wird *Schwelle, Limen* (lateinisch für »Schwelle, Grenze«) oder *Marge* (französisch für »Rand«) genannt. Sie besteht aus dem Abenteuer oder der Prüfung, die der Held an einem heiligen oder geweihten Ort in der Natur zu bestehen hat.[9] Der Waschbär ließ den Mäuserich allein am Heiligen Fluß, der Schwelle, dem Vorplatz, der Eingangshalle zum großen Haus der Natur zurück, wo der große wilde Fluß ungehindert dahinfloß und Frösche reden konnten.

Das heute im Englischen verwendete Wort für »Schwelle« ist »*threshold*«. Es geht zurück auf das altenglische Verb

»*therscan*«, was soviel heißt wie »dreschen«. Der Held ist dort angelangt, wo das Getreide gedroschen, die Spreu vom Weizen getrennt wird. Er wird hier einen Teil von sich selbst zurücklassen. Was unwichtig geworden ist, wird von ihm abfallen. Eine der »Übergangsbedingungen« für einen sicheren Durchgang durch diese Zone vermehrter Kraft ist der Zoll, den sein Ego zu bezahlen hat. Hat er ein Problem, so wird der Zoll daraus bestehen, daß er die heilige Schwelle ganz allein mit seinem Problem überschreiten muß.

Gemein ist allen Konnotationen des Wortes »Schwelle« (wie Grenze, Begrenzung, Grenzlinie, Grenzscheide, Rand, Schranke, Balken, Kreuzung, Tür, Tor, Eingang, Öffnung und so weiter) die Idee des »Übergangs«, »Durchgangs«, »Passierens« oder »Überschreitens«. Der Held geht durch die Öffnung hindurch, während sein fötaler Geist mit den Wächtern der Unterwelt verhandelt. Ohne Nahrung, Schutz und Begleitung muß er sich ganz den Launen und Stimmungen seiner wahren Mutter mit ihrem Wechselspiel aus Licht und Dunkel, Härte und Sanftheit, Wachstum und Zerfall hingeben. In dieser äußerst gegenständlichen Schwellenwelt gibt es eine symbolische Dimension, die ihm in allem, dem er begegnet, als Spiegelbild vor Augen gehalten wird. Im Lichte des Bewußtseins treten Bilder und Gedanken in ihrem natürlichen Spiegel hervor. Zeichen, Hinweise und todbringende Drachen säumen seinen Weg. Er ist niedergeschlagen, erleuchtet, gelangweilt. Er geht weiter und wartet wieder, Schritt für Schritt fängt er an, sich selbst neu zu gebären.

Die Schwellenphase beginnt also mit einem Tod, einer Trennung, einer Erschütterung. Danach wird die heilige Schwelle in Richtung Geburt überschritten. Das ist die Grundformel menschlicher Transformation.

Aus der Therapeuten-Patienten-Sicht kommt während der Schwellenphase eine Fülle von potentiell heilenden Gefühlszuständen und therapeutischer Information hoch. Denken wir nur an die evokatorische Macht des Fastens, der Isolation und Einsamkeit, des Ausgeliefertseins an die Geheimnisse und die allgewaltigen Wechselspiele von Mutter Natur. Denken wir nur an die Macht der Langeweile, Türen zum Bewußtsein aufzustoßen, die Macht der Schwäche, Quellen der Stärke zu finden, die Macht der Einsamkeit, einem diejenigen zu zeigen, die man wirklich liebt, die Macht der Erde, uns Zentriertheit, Gleichgewicht und ein Gefühl der Harmonie mit allen Dingen zu lehren, die Macht eines herannahenden Sturmes, Gefühle von lebensbedrohlicher Panik auszulösen, die Macht der Leere, Gefühle der Fülle zu erzeugen, die Macht des Lichts, Schatten zu werfen. All diese Instrumente und viele mehr würden dem Therapeuten zur Verfügung stehen, wäre er in der Lage, den Patienten in die Schwellenwelt zu begleiten.

In gewisser Weise therapiert sich unser Patient und Held selbst. Da er vor sich selbst nicht davonlaufen kann, muß er sich mit seinem eigenen Verhalten und dessen Konsequenzen auseinandersetzen, eine gewisse Ordnung in seine Sichtweise der Dinge bringen, sich selbst akzeptieren und aus sich »schlau werden« lernen. Sogar der Staub der Erde und der Schweiß seines Körpers müssen Teil dieses Entschlusses sein. Die Welt der Krise, die er hinter sich läßt, wird zu einer Episode in seiner ständig weiterlaufenden Lebensgeschichte. Er feiert den Abschied von seiner Vergangenheit mit einer von ihm gewählten Zeremonie und macht sie dadurch symbolisch unschädlich. Als Zeugen nehmen diejenigen teil, die er (im Geiste) herbeiruft, um seinen Handlungen beizuwohnen. Da er ganz allein ist, ist alles, was er tut, nur für seine eigenen (und deren) Augen bestimmt. Abgeschirmt von menschlichen Blicken kann er nur der sein, der er wirklich ist, was ihm die einzigartige Chance gibt, sich so, wie er ist, anzunehmen. Mit Hilfe der Natur löst er seine Lebenskrise und findet seine Identität und einen Platz auf Erden, ohne sich irgendwelchen Täuschungen oder Illusionen hinzugeben. Im Spiegel der Natur sieht er einen Namen, einen Traum, eine Gunst, einen Weg, der ihn weiterführt, eine Idee, einen Wegweiser, einen Leuchtturm, eine Erkenntnis, eine Vision, ein neues Kapitel in seinem Lebensmythos.

Angliederung

Die dritte und letzte Phase unseres Schemas der Übergangsriten in der Wildnis, das Ende der Geschichte also, das gleichzeitig ein Neubeginn ist, wird Angliederung (oder französisch *agrégation*) genannt. Der Terminus *Angliederung* wird hier als Synonym für *Inkorporation* verwendet, was laut Wahrig[10] definiert ist als: »Aufnahme in eine Gemeinschaft oder Körperschaft; Eingemeindung (vom Lateinischen *incorporatio*, »Verkörperung«). Der Held hat die Schwelle überschritten und wird nun wieder in die zivilisierte Welt aufgenommen, in die Gemeinschaft integriert, und zwar wird er in seiner neuen gesellschaftlichen Stellung in die Gemeinschaft eingegliedert. Ganz wörtlich bedeutet das lateinische Wort *incorporare* »Leib werden«. Der wandernde Geist wird wieder in seiner körperlichen Form sichtbar. Er gebärt sich selbst. Er taucht ein in die gesellschaftliche Ordnung, um eins mit der Gemeinschaft zu werden.

Im psychologischen Sinne wird der Held eingegliedert oder aufgenommen. Was voneinander getrennt wurde, wird jetzt wieder zu einem Ganzen, zu einer Einheit, zu einer Identität zusammengefügt. Die Lösung von persönlichen Krisen wirkt sich auf die Lösung von Problemen der Gesellschaft als Ganzes aus. Das Ungleichgewicht im menschlichen Umfeld wird wieder ausgeglichen. Der Held ist »initiiert« worden (vom Lateinischen *initiare*, »den Anfang machen, einführen, einweihen). In traditionellen Kulturen wurde der Neuinitiierte in die Gemeinschaft derjenigen aufgenommen, die bereits früher den Initiationsritus vollzogen hatten. Wie sie besaß er nun das *Wissen* und war erleuchtet. Die Tatsache, daß sie seine Gegenwart in ihrer Mitte duldeten und seine Lebensgeschichte anerkannten, bestätigte die Richtigkeit seiner Suche. Diese Anerkennung erfolgte automatisch. Er hatte die Grundvoraussetzungen für die Initiation erfüllt. Er war mit Erfolg von einer Lebensphase in die nächste übergewechselt. Nun war er dazu befähigt, anderen bei ihrem Geburtsübergang zu helfen, als »Ältester« in seiner neuen Stellung zu fungieren, »seine Vision auf Erden zu erfüllen, damit die Menschen sie sehen.«

Obwohl die Rückkehr des modernen Helden, der die Schwelle überschritten hat, nicht automatisch mit gesellschaftlicher Bestätigung und Anerkennung gewürdigt wird, sind doch stets positive therapeutische Erfolge zu verzeichnen. Was einst verschüttet war, liegt nun offen. Samen, die einst in das »brachliegende Chaos« der Schwelle gesät wurden, haben nun im neuen Leben Wurzeln geschlagen.[11] Emotionen und Gefühle, die vorher im Verborgenen ruhten, treiben nun ihr Wechselspiel an der Oberfläche des Bewußtseins wie Muster aus Licht und Schatten. Wände und Decken sind eingestürzt. Die Beschränkung ist nun der Aufgeschlossenheit, Ehrlichkeit und Echtheit gewichen. Im Rausch der eigenen Stärke möchte der Neuinitiierte nun mit Zuneigungsbezeugungen, Scharfblick und Gefühlen von persönlicher Macht oder Mission die ganze Welt aus den Angeln heben.

Die fehlende gesellschaftliche Bestätigung kann ein erschütternder Schlag für denjenigen bedeuten, der gerade alle Bedingungen der Initiation erfüllt hat und nun in jeder Hinsicht zu einer Gruppe *dazugehören* müßte. Doch in unser modernen Gesellschaft gibt es keine Gruppe von Gleichgesinnten, die am Hafen auf ihn wartet, um ihn zu Hause willkommen zu heißen. Der Held der modernen Übergangsriten trifft meist auf eine Wand von Gleichgültigkeit, wie es auch Springende Maus erging. Er muß das neue Leben auf der Grundlage des alten hegen und sich dabei stets an die Heiligen Berge im Innersten seines Herzens erinnern. Wenn er Glück hat, gibt es ein paar Menschen, die ihn in seinen Bemühungen unterstützen. Aber auch wenn ihm niemand glaubt oder seine Geschichte hören möchte, wird er sich genau wie Springende Maus auf eine innere Reise begeben und dabei seine wertvollsten Besitztümer hergeben, damit seine Gemeinschaft weiterleben kann.

Kreise und Spiegel

Vor langer Zeit baten wir bei einem Wohltätigkeitsverein um Stipendiengelder für High-School-Absolventen, die es ermöglichen sollten, ihren Übergang ins Erwachsenenleben mit einem Übergangsritus in der Wildnis zu begehen. Die Vereinsvorsitzende war mißtrauisch. »Was kann schon Gutes dabei herauskommen, wenn man ohne etwas zu essen, ganz allein und ungeschützt in die Wüste hinausgeht?« gab sie zu bedenken. Wir betrachteten sie höflich. Unsere Chancen schienen nicht allzu gut zu stehen. Sie schien nicht der Typ zu sein, der jemals in einem Schlafsack auf dem Boden übernachtet hat. »Wie haben Sie das nochmal genannt?« fragte sie. »Eine Visionssuche?« Sie wandte sich an die Anthropologin in unserer Gruppe und sagte: »Erklären Sie mir, was die Vorteile einer solchen Visionssuche sind.« Die Anthropologin warf uns einen verzweifelten Blick zu, als ob sie sagen wollte: »Das nutzt ja sowieso nichts«, nahm aber einen Zettel und zeichnete einen Kreis darauf. »Das ist eine Visionssuche«, sagte sie. In die Mitte des Kreises zeichnete sie dann einen Punkt und fügte hinzu: »Und das ist der Visionssuchende.«

Das Stipendium bekamen wir natürlich nicht. Sie würden doch nicht einen Haufen Geld für einen Laden ausgeben, der die Kinder hungern und in der unwirtlichen Wildnis sich selbst überließ. Doch unsere Anthropologin hatte es auf den Punkt gebracht. Die Visionssuche, das Fasten, um Visionen zu erlangen, und alle anderen möglichen Arten von Übergangsriten in der Wildnis, sind nur in den Staub gezogene Kreise, leere Formen, die mit den ganz persönlichen Werten und Wahrnehmungen der einzelnen Teilnehmer angefüllt werden müssen, Spiegel, in denen sie selbst reflektiert werden. Ungeachtet der therapeutischen Implikationen und Entwicklungsmöglichkeiten, die ein Übergangsritus an sich schon beinhaltet, hängt seine transformatorische Kraft ganz entscheidend von der Person ab, die ihn ausführt. Jede Einschätzung der Vorteile von Übergangsriten muß mit einem leeren Kreis beginnen, der dann mit einem Körnchen Bewußtsein angefüllt wird, mit einem Tupfer Potential, mit einem Quentchen »Ich«, das umgeben ist vom unendlichen Kreis des Selbst. Oder anders gesagt, die Person wird nichts umsonst bekommen. Wenn Entschlossenheit da ist, dann deshalb, weil der leere Kreis mit Entschlossenheit angefüllt wurde. Wenn es zur Heilung kommt, dann deshalb, weil der Kreis mit Bemühungen zur Selbstheilung angefüllt wurde. Wenn es zur Transformation kommt, dann deshalb, weil der Kreis mit echter Motivation, das Vergangene hinter sich zu lassen, angefüllt wurde.

Die Entscheidung, an einer Visionssuche mit Fasten teilzunehmen, sollte nicht leichthin oder aus dem Überschwang romantischer Gefühle heraus getroffen werden. Der Suchende sollte zuerst versuchen, sich über seine Motive klar zu werden, und sich selbst fragen: »Warum möchte ich das machen?« Auch seine Erwartungen sollte er genau unter die Lupe nehmen. Will er wie Prometheus das Feuer vom heiligen Altar der Götter stehlen, so wird das, was er gestohlen hat, in seinem Herzen erlöschen. Oder hofft er vielleicht, einen Erneuerungstanz durch das Trugbild veränderter Bewußtseinszustände zu erleben? In diesem Falle wird er keinen bequemen Platz zum Sitzen finden. Oder erwartet er vielleicht eine Transformation im Schnellverfahren und hofft, nicht allzu hart an sich selbst arbeiten zu müssen? Ist dies der Fall, so wird er vom Heiligen Fluß zurückkehren und sich betrogen, verwirrt und genausowenig dazu in der Lage fühlen, seiner Gemeinschaft zu dienen, wie zuvor, denn im Spiegel der Natur hat er seine eigenen Motive widergespiegelt gesehen. Und der Spiegel lügt nie.

Das Geheimnis und die Schönheit von Übergangsriten wie dem Visionsfasten besteht darin, daß sie das Beste in dem Suchenden zum Vorschein bringen. Die Leere, Einsamkeit und das Ausgeliefertsein fordern den Helden in ihm heraus, bringen ihn dazu, so hoch zu springen, wie er nur kann. Da es niemand anderen gibt, der für ihn springen könnte, muß er sich wirklich selbst anstrengen. Natürlich hat er nicht immer genügend Weitsicht, um sich umzuschauen, bevor er springt. Es kann vorkommen, daß er auf einem Berggipfel landet, aber genausogut kann er in einem tiefen Loch landen. Jede Geschichte ist verschieden, doch jede ist durchwirkt von den kostbaren Fäden der Selbsterkenntnis.

In jeder Geschichte gibt es jedoch eine Konstante, und dies ist Großmutter Natur. Sie läßt ihre Gaben, ihre Lehren, ihre Stimmungen jedem zuteil werden, unabhängig davon, wie er sie wahrnimmt. Manche sind blinder als andere. Manche hören besser als andere. Manche lernen schneller als andere – doch jedem läßt sie dieselbe Information zukommen. Sie bedeckt sie alle mit demselben Schmutz und wäscht sie alle mit demselben Regen rein. Die Stimme ihrer Weisheit ist vernehmbar durch die Stimme des Habichts, des Chuckwalla-Iguanas, des Präriefuchses, der Klapperschlange, des Mistkäfers, der Elster, des Kojoten, der Tarantel, des Dickhornschafs und des Admiral-Schmetterlings. Ihre Wunder erblühen im Kaktus, im Kreosot, im Buchweizen, in der Rottanne, in der Wüstenstechpalme, in der Nachtkerze, im Büschelgras und in der Weide. Was der Suchende davon sieht und hört, hängt ganz von ihm ab. Wenn er Lust hast, kann er den Tau des Himmels trinken, denn Mutter Erde schickt auch ihn. Oder er kann versuchen, Tee zu trinken, wie die folgende Kandidatin in ihrem Tagebuch über ihr Schwellenerlebnis berichtet:

> *Ich hatte große Schwierigkeiten mit dem Feuer und war ziemlich entmutigt, denn alles, was ich in diesem Moment wollte, war eine Tasse heißen Tee. Ich konnte den Löffel nicht finden. Während ich nach ihm suchte, ging das Feuer aus. Das Wasser war schon ein bißchen warm. Als ich gerade beschlossen hatte, mich mit lauwarmem Tee zufriedenzugeben, fiel der Topf in das schwelende Feuer. Ich versuchte das Feuer nochmal anzubekommen, diesmal mit Klopapier. Doch das Klopapier schwelte nur vor sich hin ...*
>
> *Jetzt sitze ich hier auf einem Stein und trinke lauwarmen Instanttee, der voller Dreck ist und in dem ein Käfer herumschwimmt. Ich muß ihn wohl mit den Fingern herausfischen. Mein Löffel ist immer noch verschwunden. Ich fühle mich erbärmlich.*

Es versteht sich von selbst, daß jeder Neuinitiierte vom Heiligen Fluß mit einer größeren Toleranz für Schmutz und

Schweiß und mit einer größeren Dankbarkeit für die animalischen Funktionen seines Körpers zurückkehrt. Egal wie schlecht das Wetter auch war, verfällt doch jeder in poetisches Schwärmen über die Schönheit des von ihm gewählten Platzes. Er wird auch davon berichten, daß er manchmal das seltsame Gefühl gehabt habe, Mutter Erde sei sich seiner Anwesenheit bewußt. Obwohl er vielleicht die ganze Schwellenzeit damit verbracht hat, Moskitos totzuschlagen, seine Blasen zu versorgen oder im Schlafsack vor Kälte zu zittern, sind seine Worte doch voller Dankbarkeit und Staunen über die »persönliche« Fürsorge von Mutter Erde. Es kommt sogar vor, daß er bei seinem Abschied Tränen vergießt. Ein junger Mann, 22 Jahre, berichtete über derartige Gefühle während seines Fastens in der Wildnis:

> *Während ich auf einem Felsen saß und gen Westen in die Sierra blickte, fing ich an zu weinen. Ich bat: »Mutter Erde, bitte hab Geduld mit den Menschenkindern. Wir sind jung und müssen noch viel lernen. Lehre mich.« Ich habe es nicht genau so gesagt, mit diesen Worten, aber so ähnlich. Die ganze Zeit schnürte es mir dabei die Kehle zu, und ich begann zu schluchzen. Danach hatte ich ganz gemischte Gefühle. Das Bild einer sehr alten Frau erschien mir, die sehr weise, geduldig, verzeihend, traurig und einsam ist. Ich glaube das war es, was mich zum Weinen brachte.*

Eine junge Engländerin, 17 Jahre, schilderte ihre Erlebnisse so:

> *Ich fühle mich, als ob ich in Wirklichkeit hierher gehöre. Wie können Menschen, die noch niemals die Natur erlebt haben, sie als »Mutter« ansehen? Ich muß indianischen Geist in mir tragen. Ich fühle mich tief und innig mit den Indianern verbunden. Das Land war ihre Mutter – und das ist es nach meinen Empfindungen auch für mich. Manchmal wünsche ich mir vom lieben Gott, eine Indianerin zu sein.*

»Es gibt nur eine Mutter für alle Menschen auf der ganzen Welt!« singen die nordaustralischen Aborigines in ihren Zeremonien der Regenbogenschlange, mit denen sie die großmütige Fruchtbarkeit der Erde feiern.[12] Dieselbe Gabe der Liebe für die Große Mutter wurde uns allen bei unserer Geburt in die Wiege gelegt. Doch vielleicht ist es nötig, daß wir zu ihr hingehen, daß wir fasten und mit ihr allein sind, bevor wir ihr Geschenk in vollem Umfang erkennen können:

In unseren Knochen ist der nackte Fels; in unserem Blut rauscht der Fluß;
in unserer Haut ist der Schatten aller Lebewesen, die uns je begegnet sind.
All dies haben wir mit uns gebracht, vor langer Zeit ...[13]

Wir gehen davon aus, daß die Menschen von heute, die an Übergangsriten in der Wildnis teilnehmen, sich nicht wesentlich von ihren Vorfahren unterscheiden. Zwar haben sich die kulturellen Umstände der Suche nach Transformation entscheidend geändert, doch ist das menschliche Element mit seinem Erfahrungsschatz konstant geblieben. Wir sind immer noch in der Lage, das Rauschen des Heiligen Flusses zu hören. Wir sind immer noch in der Lage, mit dem Frosch zu sprechen. Wir gehen fehl in der Annahme, daß wir in einer Welt leben, die von der Natur schon so sehr entfremdet ist, daß wir nicht mehr davon profitieren könnten, so hoch zu springen, wie wir nur können. Schon immer hat die Harmonie zwischen Mensch und Natur in Überganszeremonien Heilung für die kollektive Not des Menschen hervorgebracht. Wir wären töricht, wenn wir uns das Vermächtnis dieser Selbstheilungskraft verweigern würden. Ja wir wären sogar völlig hilflos ohne die Fähigkeit, das Rauschen des Heiligen Flusses und die Stimme des Frosches zu hören, oder wenn wir die Natur im kindischen Streit mit unseren Brüdern und Schwestern zerstörten – denn wir haben keine andere Mutter, die uns unser tägliches Brot geben könnte.

Trennung oder wie man Menschen aufs Sterben vorbereitet

Das Warten.
Wenn du wahrhaftig bist, so hast du Licht und Gelingen.
Beharrlichkeit bringt Heil.
Fördernd ist es das große Wasser zu durchqueren.[14]

Einer Person oder einer Gruppe von Menschen zu helfen, sich auf einen Übergangsritus in der Wildnis vorzubereiten, ist ein bißchen so, als würde man ihnen helfen, sich auf das Sterben vorzubereiten. Durch den Ritus wird ihre Bereitschaft getestet, den bisherigen Lebensabschnitt hinter sich zu lassen. In früherer Zeit wurde der Vorbereitungsphase eines Übergangsritus viel Aufmerksamkeit geschenkt. Alle Leute in der Nachbarschaft wußten, daß So-und-So sich darauf vorbereitete, auf die heilige Suche, die gefährliche Reise zu gehen oder einen Initiationsritus zu vollziehen. Vielleicht hatte So-und-So einen Schwur geleistet oder ein Gelübde abgelegt, war volljährig geworden oder hatte seinen Lehrern und Freunden seine Absicht kundgetan. In manchen Kulturen war es Brauch, daß der Kandidat sich an einen mehr oder weniger abgeschiedenen Platz zurückzog, eine Lehre begann, anfing, bestimmte Tabus zu beachten, in Schulen ging, in denen die Ältesten unterrichteten, oder verschiedene andere Vorbereitungsregeln befolgte. Wenn der Suchende sein vergangenes Leben hinter sich lassen und sterben sollte, mußte er auch darauf vorbereitet sein, in seine Zukunft hineingeboren zu werden.

Aristoteles verwies auf die Mysterien der alten Griechen, in die er selbst eingeweiht worden war, und war der Meinung, »daß die Initiierten nicht irgend etwas erfahren, sondern Empfindungen erleben und in eine bestimmte Gemütsverfassung versetzt werden müssen, natürlich erst, nachdem sie fähig wurden, diese auch zu empfangen.«[15] Die »Empfindungen« und die »Gemütsverfassung«, auf die Aristoteles anspielt, können bei vielen beobachtet werden, die an den modernen Übergangsriten teilnehmen. Wenn die Zeit gekommen ist, die

Schwelle zu überqueren, sind sie bereit zu sterben. Obwohl es sich bei ihrem Tod nur um den symbolischen Tod des Übergangsritus handelt, hat die Einhaltung bestimmter Vorbereitungsregeln sie zu einem »fähigen« oder »würdigen« Kandidaten gemacht.

Die Hebamme spielt bei den Vorbereitungen eine entscheidende Rolle. Ohne Hilfe würde die tapfere Seele, die der Hebamme anvertraut ist, die Prüfung des symbolischen Todes und der Wiedergeburt vielleicht nicht überstehen, und es würde kein »würdiger« Kandidat aus ihr erwachsen.

Die Straße der Entscheidung

Jeder Mensch, der sich entschließt, an einem Übergangsritus teilzunehmen, hat sich bewußt auf die Straße der Entscheidung begeben, auf den Weg, der letzten Endes zum Bestimmungskreis des Todes führt. Für diese freiwillige Entscheidung muß man ihm Anerkennung und Respekt zollen und ihm dieselbe behutsame Fürsorge zukommen lassen, mit der eine Hebamme eine werdende Mutter umgibt. Nicht jeder entschließt sich freiwillig dazu, sich selbst in einem symbolischen Tod zu opfern. Das Wort »opfern« ist hier in seinem eigentlichen Sinne zu verstehen. Der symbolische Tod schließt immer ein Opfer ein – ein Ende. Dieses Einlassen auf ein Ende, eine Trennung oder einen Abschied ist in Wirklichkeit nicht anderes als eine symbolische Darstellung des wirklichen und möglichen Todes eines jeden Menschen.

Die meisten Menschen ziehen es der Einfachheit halber vor, nicht an die Straße der Entscheidung oder ihren unvermeidbaren Tod zu denken. Sie halten es für besser, diese absolute Gewißheit mit Illusionen über ihre gegenwärtige Sicherheit, ihren Komfort und ihre Annehmlichkeiten zu verschleiern. Alles ist besser, als sich auf die Straße der Entscheidung zu begeben. Das hat zur Folge, daß sie von all den symbolischen Toden, die ihr Leben mit sich bringt, unvorbereitet überrascht werden. Bei jedem Übergang müssen sie etwas von sich opfern. Sie geben einen Teil von sich auf, sträuben sich jedoch gleichzeitig mit Händen und Füßen dagegen, sich auf die Straße der Entscheidung zu begeben, und dies macht sie unweigerlich zu Opfern, Problemfällen, Belastungen und Störfaktoren für die gesellschaftliche Ordnung. Viele, die in ihren Übergängen oder Durchgängen feststecken, kommen nie heraus.

Das bedächtige Tempo der Trennungsphase ist dazu da, die Bereitschaft zu stärken und zu stabilisieren, also die von Aristoteles angeführte »bestimmte Gemütsverfassung« herbeizuführen. Die Aufgabe der Hebamme besteht dabei darin, den Initianden einen geeigneten Raum aufzuzeigen, in dem sie ihre Entscheidung, mit etwas abzuschließen, formalisieren können.

Vorbereitung auf die Reise ins Reich des Todes

Ein Fastenaufenthalt in der Wildnis von drei bis sechs Tagen und Nächten in absoluter Abgeschiedenheit erfordert eine Vorbereitungszeit von mindestens einem halben Jahr. Dies gilt insbesondere, wenn es sich bei den Teilnehmern um Menschen handelt, die gerade in einer Lebenskrise stecken. Zwar spielt die Vorbereitung auf der physischen Ebene dabei die größte Rolle (der Tod ist nur symbolisch), doch das Verhalten des Initianden in der materiellen Welt wird auch noch durch verschiedene andere Faktoren beeinflußt, nämlich seinen psychischen Gesamtzustand, seine Geisteshaltung und Wahrnehmungsweise und seine religiösen Glaubens- und Wertvorstellungen. Jeder einzelne Teil seines Lebens wird durch den Entschluß, zu fasten, um Visionen zu erlangen, beeinflußt. Wenn nicht alle seine Anteile darauf ausgerichtet und eingestimmt sind, diesen Übergang zu bewältigen, wird es Schwierigkeiten oder gar ein Unglück geben. Wenn es denn soweit ist, muß die Hebamme davon überzeugt sein, daß der Suchende bestens vorbereitet ist, bevor sie ihn allein am Heiligen Fluß zurücklassen kann.

Es ist unbedingt nötig, sich mit den voraussichtlichen Teilnehmern an einem Übergangsritus zu treffen, sich mit ihnen über ihre persönlichen Belange zu unterhalten, ihnen die notwendigen Informationen zukommen zu lassen und ihre Bereitschaft zum symbolischen Sterben zu prüfen. Die Art und Weise, wie solche Treffen ablaufen und was dabei gelehrt wird, kann ganz unterschiedlich sein, je nachdem, um welche Art von Schwellenprüfung es sich handelt, welche Lebenskrise oder welcher Übergang damit bewältigt werden soll, wo und um welche Jahreszeit der Übergangsritus stattfinden soll und so weiter. Es gibt jedoch bestimmte Punkte, die der Vorbereitung aller Suchenden gemein sind. Schon wenn sie sich darauf vorbereiten, symbolisch zu sterben, bereiten sie sich auch darauf vor zu leben, zu überleben. Bestimmte Themen müssen behandelt werden, die für einen Übergangsritus in der Wildnis relevant sein können, wie eigenes Überleben und Überleben der Gruppe, Gefahren der jeweiligen Gegend und Jahreszeit, angemessene Ausrüstung, Umweltbewußtsein, Notfallmaßnahmen und so weiter.[16]

Bei den »psychischen« Aspekten der Vorbereitung geht es vor allem um die Bereitschaft, sich vom bisherigen Leben zu trennen und ein neues zu beginnen. Jedem Teilnehmer muß die Möglichkeit gegeben werden, seine Ängste und Befürchtungen, Erwartungen und Gefühle zu äußern, sich über seine Absichten klar zu werden, unaufgearbeitete Themen aus der Vergangenheit abzuschließen und sich die neue Lebenssituation innerhalb der Gemeinschaft vorzustellen. Während er sich der Schwelle nähert, kann seine Breitschaft oft daran gemessen werden, wie sehr er gewillt ist, seinen Blick nach innen zu richten und über die innere Landschaft seiner Gefühle zu sprechen. In dem dunklen Gebirge der Introspektion liegt ein therapeutischer Schatz verborgen, eine Ehrlichkeit gegenüber sich selbst, die mehr wert ist als Gold. Die Straße der Entscheidung führt unweigerlich zu dem, was uns am meisten am Herzen liegt.

Zur geistigen Vorbereitung sind Unterrichtskonzepte nötig, Symbole, Allegorien, das Verteilen von Lesematerial, die Anwendung von Techniken der Selbstüberwachung (Tagebuch, Notizen) und ein grundlegendes Verständnis der

Schritte, die jeder einzelne nacheinander bei der Übergangszeremonie zu vollziehen hat – vom festen Entschluß bis zur Rückkehr, vom Ende bis zum Neuanfang. Auch Mythen und Volkssagen haben sich als sehr vorteilhaft erwiesen. Auf die einfachen Konzepte und Symbole, die häufig im Zusammenhang mit Übergangsriten in der Wildnis verwendet werden, gehen wir weiter unten noch näher ein.

Schon immer waren Übergangsriten von mythisch-spirituеller und geistiger Vorbereitung und Einweihung in die heiligen Mysterien begleitet. Jung hat den engen Zusammenhang zwischen »Geist« und »Psyche« eingehend untersucht.[17] Ein Großteil der von uns gewählten Vorbereitung, die mit dem individuellen Glauben oder der Überzeugung zu tun hat, mag deshalb deutlich vom Jungianischen Denken geprägt sein. Es ist von entscheidender Bedeutung, daß der moderne Initiand innerhalb seines eigenen Wertsystems psychologisch vorbereitet wird und daß er ein symbolisches Instrumentarium zur Verfügung hat oder findet sowie eigene Mythen über sich selbst und seine Beziehung zu einer persönlichen Gottheit oder Kraft, die ihm hilft, die Schwelle zu überschreiten und auf der anderen Seite seinen Platz zu finden. Wenn es den Anschein hat, daß es ihm an mythisch-spirituellen Dimensionen mangelt, so muß er wenigstens dahingegehend sensibilisiert werden, die Ereignisse in seinem Leben aus allegorischer oder symbolischer Sicht interpretieren zu können.

Die Todeshütte

Als sich der kleine Mäuserich zum ersten Mal entschloß, das Rauschen in seinen Ohren näher zu untersuchen, hat er sich auf die Straße der Entscheidung begeben, die Straße, die zum Tod führt. Nachdem er das Land der Mäuse einmal hinter sich gelassen hatte, kehrte er nie mehr ganz zurück. Dasselbe geschieht mit dem Initianden. Hat er einmal den Mut aufgebracht, sich auf die Straße der Entscheidung zu begeben, so muß er unweigerlich dorthin kommen, wohin sie führt, nämlich in das kleine Haus außerhalb des Dorfes, wohin die Leute gehen, wenn sie allen anderen zu verstehen geben wollen, daß sie zum Sterben bereit sind.

Die Vorbereitung in der Todeshütte bedeutet also, daß man zu diesem kleinen Haus geht (dies kann ein wirklich existierender Platz auf Erden sein) und sich dort mit all den Menschen aus seiner Vergangenheit unterhält, die gekommen sind, um Abschied zu nehmen. Das heißt natürlich nicht, daß reale Personen kommen. »Ihre Geister kommen«, wie der alte Medizinmann sagen würde. Der Sterbende muß sich nacheinander mit jedem dieser Geister oder »karmischen Gespenster« aus seiner Vergangenheit unterhalten, ihnen vergeben oder sie um Vergebung bitten. Wenn der Geist sich weigert, dem Sterbenden zu vergeben, so muß dieser die Verweigerung akzeptieren und sich dem nächsten zuwenden. Wenn die Person selbst nicht vergeben kann, muß sie ihr eigenes Widerstreben akzeptieren und ebenfalls fortfahren.

Der Sterbende sollte auf keinen Fall zu lange an einem Stück in der Todeshüte bleiben. Wenn diese Zeremonie zu lange dauert, kann sie erschöpfend und schwächend wirken. Wird dieser Prozeß jedoch über eine ganze Woche hinausgezogen, so ist die Todeshütte ein wirksames Mittel zur Verringerung der karmischen Last. Wertvorstellungen, Überzeugungen und persönliche Mythen heben sich deutlich vom Hintergrund der vergangenen Ereignisse ab. Alles, was nicht vom Sterbenden abfällt, wird die spirituelle Plazenta bereichern, von der sich der neuzugebärende Geist ernährt, solange er im Schoß des Übergangs zu einem neuen Leben ruht.

Die Straße der Entscheidung endet jedoch nicht bei diesem kleinen Haus am Rande des Dorfes. Sie führt zum Bestimmungskreis auf dem Berg, zum Sterbeplatz, an dem der Initiand das Reich der Lebenden hinter sich läßt und sich der Hoffnung auf Wiedergeburt zuwendet. Dort ist er also auf sich selbst gestellt. Niemand wird mit ihm in die brachliegende Dunkelheit hinabsteigen, wo der Tod ihn lehren wird, sich selbst hinzugeben.

Angst stellt den Entschluß, den Willen und die Geduld auf die Probe. Die Angst vor dem Tod (real oder eingebildet), wie sie etwa bei Übergangsriten auftritt, bringt den Kandidaten in Versuchung umzukehren. Die ehemalige Lebenskrise, die er eben noch entschlossen war, hinter sich zu lassen, sieht wieder mehr und mehr verführerisch aus. Er stellt seinen Wunsch, an einem Übergangsritus teilzunehmen, in Frage und wundert sich, was ihn jemals dazu bewogen haben mag, sich auf so etwas Verrücktes einzulassen. Er fühlt sich nicht dazu bereit, aus seinem Loch herauszukommen. Er erinnert sich, daß er eigentlich schon immer schwach oder ein »Versager« war. Dämonen, seiner eigenen Phantasie entsprungen, lauern im Dunkeln. Wenn er zu viel Angst bekommt, wird er seine eigene Geburt zum »wahren Licht« verhindern.

Die Angst ist *real.* Es handelt sich hier nicht um einen furchterregenden Film. Der Initiand kann die Angst nicht dadurch zum Verschwinden bringen, daß er die Augen zumacht und sich die Ohren zuhält. Es ist die Aufgabe der Hebamme, dafür zu sorgen, daß er während des Übergangs in der Wildnis sicher mit diesen Ängsten umgehen kann. Angst manifestiert sich in Verhaltensweisen, die nicht notwendigerweise darauf schließen lassen, daß er auf den Ritus nicht genügend vorbereitet ist. Auch mit zitternden Händen kann noch das Nötige getan werden. Auch mit weichen Knien können wir uns noch in Sicherheit bringen. Der ängstliche Novize kann in einer Krise der Standfesteste sein, also der Beste im Umgang mit dem direkten Zorn des Ungeheuers.

> *Dies Zittern hält mich aufrecht, das sollt' ich wissen.*
> *Ich lern', indem ich dorthin gehe, wohin ich gehen muß.*[18]

Wenn die Schwelle näher rückt, beginnt der Kandidat meist, sich seiner Lebenssituation aufrichtig zu stellen. Er läßt die Masken fallen; die gewohnten Lügen scheinen nun nicht mehr notwendig. Dicht unter der Oberfläche liegende Emotionen brechen beim ersten Ankratzen heraus. Demaskiert durch die Angst wird er zu einem echten, einzigartigen, unendlich schönen und zerbrechlichen Sterblichen. Diese Verletzlichkeit ist fruchtbarer Boden. Gute Ratschläge und einfühlsame Anteilnahme können dort hineingepflanzt werden. Unter keinen Umständen sollte man sich über diese emotionale Nacktheit lustig machen. Dem Kandidaten muß dabei geholfen werden, den Kontakt zu diesem geballten Knoten in seinem Bauch aufzunehmen wie zu einem Verbündeten. Am besten gelingt dies, wenn man ihn nicht von seinen Ängsten abschirmt oder diese verstärkt, sondern seine Schwächen und seine Menschlichkeit mit ihm teilt. Die Übergangsprüfung ist kein Machospiel, bei dem getestet wird, wer der Tapferste oder Unerschütterlichste ist. Denn schon ein altes flämisches Sprichwort besagt: »Wenn die Angst am größten ist, ist Gottes Hilfe am nächsten.«

Manchmal wird unser kleiner Mäuserich seine Angst verstecken. Er stülpt sich dann eine konditionierte Persona oder Maske über, anstatt seine Angst zu integrieren. Es gibt erkennbare Typen solcher Angstpersonae, etwa den wehrlosen Jungen, der sich auf alles einläßt, solange nur ein Risiko damit verbunden ist; oder den starken, ruhigen Mann, der robust genug ist, selbst die schwersten Schläge einzustecken; oder das verrückte kleine Mädchen, das den Nervenkitzel liebt und alles mitmacht, was ein Abenteuer verspricht; oder der mütterliche, verantwortungsvolle Typ, der sich immer um die Bedürfnisse der anderen kümmert, aber nie um seine eigenen. Auch Wut, die sich völlig irrational gegen andere entlädt, um die innere Besorgnis zu verstecken, kann eine wirksame Maske für Angst sein. Umgekehrt kann man auch hinter einem Lächeln oder gelassener Emotionslosigkeit die tiefsten und erschütterndsten Formen von Angst verbergen.

Diejenigen, sie sich nicht in der Lage sehen, anmutig mit ihren Ängsten zu tanzen, scheiden sich oft selbst aus dem Trennungsprozeß aus. Sie merken, daß sie nicht für die Prüfung bereit sind. Aber diejenigen, die ihre Ängste vor sich selbst verbergen, werden häufig ihrer Masken der Vermeidung nach Überschreiten der Schwellengrenze beraubt. Und das kann gefährlich werden. Nehmen wir nur den Fall eines fünfzigjährigen Mannes, der sich mit einer langen Wanderung völlig übernahm, weil er beweisen wollte, daß er immer noch genauso jung wie früher war. Ganz allein, weit entfernt von jeder Hilfe mußte er sich dem Ungeheuer eines Herzinfarktes stellen. Oder nehmen wir das Los einer jungen Frau als Beispiel, die es unterlassen hatte, sich ihre bestehenden Selbstmordgedanken einzugestehen. Sie verwandelte ihren symbolischen Tod fast in einen wirklichen, weil sie in einen Irrgarten von Cañons hineinlief, in dem sie sich zwei Tage und Nächte lang hoffnungslos verirrte und der ihr einen lebendigen Alptraum bescherte, den sie irgendwie überstand, weil sie leben und von einer Rettungsmannschaft gefunden werden wollte. Oder nehmen wir das Dilemma eines jungen Mannes, der seine Angst vor Einsamkeit so gut versteckte, daß er, um der Einsamkeit seiner Prüfung zu entgehen, einen Unfall provozierte, der es ihm erlauben würde, ins Basislager zurückzukehren. Er sprang einen fast senkrechten Abhang hinunter, was zu einem Erdrutsch führte, der ihn eigentlich hätte erschlagen müssen. Auf geheimnisvolle Weise blieb er unverletzt und kam schließlich unter vorgetäuschtem Hinken im Basislager an.

Für den scharfsichtigen Lehrer gibt es viele »Fenster«, durch die er den Initianden in einer charakteristischen Pose oder Geste erblicken kann, die seine Wahrnehmungsweise der Welt enthüllt. Durch das Fenster der Angst wird er entweder als jemand sichtbar, der bis aufs Mark seiner Lebensgeschichte entblößt ist, oder aber als jemand, der sich eine trügerische Fratze vorhält, ein Mittel oder eine Geste der Vermeidung, eine mythische Maske, die beim ersten kalten Windstoß zerreißen wird. Man kann nur zuhören und beobachten und sich aufmerksam auf das persönliche Trennungsdrama jedes Kandidaten konzentrieren auf der Grundlage dessen, was er uns lehrt. Jede noch so kleine Information ist wichtig. Die endgültige Entscheidung, ob einem Initianden erlaubt oder nicht erlaubt wird, die Schwelle zu überqueren, liegt bei der Hebamme. Sie darf sich nicht durch Gedanken wie »Es wird ihm gut tun, das durchzumachen« beeinflussen lassen. Das Ziel des symbolischen Todes ist das Überleben.

Vorbereitung auf das Fasten

Die Menschen in früheren Zeiten fasteten häufiger als der durchschnittliche moderne Amerikaner oder Mitteleuropäer. Es war keine wirkliche Härte, während eines Übergangsritus mehrere Tage lang zu fasten. Außer der Nahrung waren den Initianden oft auch Gesellschaft, Schutz, Kleidung und sogar Wasser versagt (in Extremfällen schloß dies sogar Körpermutilationen ein, wie Durchbohren, Einbrennen, Amputation eines Fingers, Beschneidung und Subinzision). Solche Handlungen scheinen in der heutigen zivilisierten Welt kaum nötig, wo die Menschen schon in Angst geraten, wenn sie nur eine einzige Mahlzeit versäumen. Für die Allermeisten ist bereits die Vorstellung, freiwillig mehrere Tage und Nächte lang auf Nahrung (und/oder Wasser, Schutz, Gesellschaft) zu verzichten und mit leerem Magen und allein mit den Krabbelviechern im Freien zu schlafen, der Gipfel des Wahnsinns. Wen schert es schon, daß auch Jesus, Moses, Mohammed und Buddha dies taten? Das liegt schon lange zurück. Wenn man sich heute zu sehr wie Jesus verhält, landet man in der Klapsmühle.

Fasten, Einsamkeit und das Ausgeliefertsein an die Natur stellen in der heutigen Zeit eine angemessene Prüfung dar. Obwohl eine solche Prüfung für manche ein Klacks ist, hat sie doch für viele bereits den Beigeschmack des Todes. Besonders das Fasten hat etwas äußerst Bedrohliches, obwohl dies hauptsächlich psychologisch bedingt ist. Größere Risiken bergen die körperliche Isolation und das Ausgeliefertsein an die Urgewalt der Elemente. Doch die größten Ängste vor der Schwelle treten meist im Zusammenhang mit dem Fasten auf. Die Angst vor dem »Leersein« weist auf die entscheidende Rolle der Fülle in der westlichen Welt hin.

Initianden können sich auf das Fasten vorbereiten, indem sie üben, auf Nahrungsmittel zu verzichten, was angesichts der verführerischen Leckereien unserer Zivilisation nicht immer leicht ist. Sie mögen nun einwerfen, Sie könnten sich ja während der Übungsphase von allen Kontakten fernhalten. Genau das geschieht zum Beispiel während einer Medizinwanderung (siehe weiter unten), einer »Fastenübung«, die in eine zwölfstündige Zeremonie eingebettet ist. Bereiten sich die Initianden auf ein Fasten ohne Nahrung *und* Wasser vor, so können sie auf dieser Medizinwanderung auch üben, ohne Wasser auszukommen.

Traditionelle Fastenvorbereitungen beinhalteten auch Abstinenz von Alkohol, Drogen oder anderen toxinakkumulierenden Stoffen. Außerdem gibt es Nahrungstabus in bezug auf fette und schwere Kost. Die Trennungsphase ist eine Zeit, in der der Körper – und weitergehend auch der Geist gereinigt wird. Initianden wird deshalb auch empfohlen, auf schwere Fleischgerichte zu verzichten, auf frittierte oder gebratene Speisen, Milch- und Geflügelprodukte, Nüsse sowie auf alles andere schwer Verdauliche, das dazu neigt, Schlacke in den Organen, Geweben und im Blut zu bilden. Neben der nahrungsmäßigen Vorbereitung sollte auf eine gute körperliche Kondition geachtet werden. Man kann den Körper etwa durch Laufen, Spazierengehen, Fahrradfahren oder Aerobik auf die Umwandlungsprüfung einstimmen. Im allgemeinen wissen die Suchenden, ob sie gut in Form sind oder nicht. Wenn Sie in der Ebene keinen Kilometer laufen können, ohne außer Atem zu geraten, sind Sie körperlich nicht fit genug.

Die Medizinwanderung

Die Medizinwanderung, eine eintägige Reise auf dem Antlitz der Erde, ist eine mikrokosmische Lebensgeschichte. Als Vorbereitungszeremonie stellt die Wanderung einen Spiegel dar. Die Zeichen und Symbole, die dem Wanderer auf seiner Reise nach innen begegnen, werden durch die natürliche Umgebung reflektiert. Wenn er sich einen Monat vor seiner geplanten Schwellenprüfung auf die Medizinwanderung begibt, hat er genügend Zeit, um seine Erfahrung zu verdauen und sie als allegorische Anleitung für seine Vorbereitungen zu nutzen.

Die Person wandert also einen Tag lang von Sonnenaufgang bis Sonnenuntergang in der freien Natur umher, möglichst in einem menschenleeren Gebiet. Während dieser Wanderung nimmt sie keine Nahrung zu sich (aber Wasser, falls nicht anders vereinbart). Zwar informiert sie jemanden darüber, wo sie hinzulaufen gedenkt (falls sie nicht zurückkommen sollte), ansonsten begibt sie sich jedoch allein auf die Wanderung. Sie sollte angemessen gekleidet sein und einen kleinen Rucksack mit Erste-Hilfe-Utensilien bei sich tragen. Handelt es sich um einen mit der Natur wenig vertrauten Neuling, so sollte er sich bei seiner Wanderung nicht allzu weit von seinem Fahrzeug oder vertrauten Orientierungspunkten im Gelände entfernen. Das Ziel ist nicht, sich zu verirren. Egal wie weit er umhergewandert ist, er sollte bei Sonnenuntergang auf jeden Fall zurück sein. (Die Medizinwanderung kann sich für Frauen als schwierig herausstellen, die in Stadtgebieten wohnen, in denen es zu Überfällen durch Männer kommen kann. Meist läßt sich jedoch eine Lösung für dieses Problem finden.)

Bei schlechtem Wetter sollte man die Wanderung ausfallen lassen. Ihr Sinn besteht nicht darin, Leib und Leben zu gefährden oder die Elemente herauszufordern, sondern sich wie ein Fluß in einem selbstgewählten Bett dahintreiben zu lassen. Der Wanderer muß nicht den ganzen Tag nur laufen. Er kann auch anhalten, sich umsehen oder ausruhen, wann immer er will. Während er so dahinwandert, wird er spüren, daß sich die Natur seiner bewußt ist. Zeichen und Symbole, die ihm den Sinn seines Lebens und die ihm verliehenen Gaben, eigenen Wertvorstellungen oder persönlichen Ängste offenbaren, werden ihm erscheinen. Er wird die Schönheit des Lebens und die Wirklichkeit des Todes in der Welt seiner wahren Mutter erkennen. Er muß sich fragen: »Welche Menschen sind wichtig für mich?« und darauf achten, welche ihm gerade während dieser Zeit in den Sinn kommen (an wen er denkt, um wen er sich sorgt, von wem er sich Stärke und Mut holt). Die »Geister« dieser Menschen können möglicherweise Teil des Bestimmungskreises seines symbolischen Todes werden.

Die Hebamme hilft dem Novizen, die »Geschichte« seiner Medizinwanderung zu interpretieren, und zeigt ihm auf, wie sie möglicherweise seine Lebenssuche widerspiegelt. Je mehr der Wanderer über die Bedeutung der Symbole nachdenkt, die ihm begegnet sind, desto tiefer und reicher wird er die noch verbleibenden Tage seiner Trennungsvorbereitung erleben.

Das Tagebuch

Man sollte die Initianden ermuntern, ein Tagebuch zu führen, in das sie jeden Tag ihre Einträge machen. Wenn sie wirklich ehrlich mit sich selbst sind, werden sie Nutzen aus dieser Selbsteinsicht ziehen können und sich an das Reisen in den inneren Raum des symbolischen Todes gewöhnen. Zwar werden dort die Drachen lauern, aber es werden auch die Helden dort sein, die sie bekämpfen. Die Gründe für ihre Suche werden ihnen ebenso klar werden wie ihre sehnlichsten Gebete und Träume.

Tagebuchschreiben ist eine Sache, das Bewerten der daraus gewonnenen Einsichten ist eine andere. Eine junge Frau kam mit einem Tagebuch von ihrer Medizinwanderung zurück, das angefüllt war mit der schönsten Selbstanalyse, und gab an, nichts sei passiert und keine ihrer Fragen sei beantwortet worden. Wir wiesen Sie darauf hin, daß viele Antworten auf ihre Lebensfragen in ihrem Tagebuchbericht enthalten seien. »Ach das«, sagte sie achselzuckend, »das bin doch nur ich.« Offensichtlich war »nur ich« nicht genug. Die Einsichten waren wertlos, weil sie »nur von mir« geschrieben waren. Das bereitwillige Interesse eines »Ältesten« an den Tagebucheintragungen eines Suchenden werden ihm dabei helfen, seinen Mut zusammenzunehmen und seinen Glauben an sich selbst als »würdigen Kandidaten« zu stärken.

Springen aus eigener Kraft

Mit seinen eigenen Beinen sprang der kleine Mäuserich so hoch er konnte und sah die Heiligen Berge in der Ferne glänzen. Auch der Initiand muß springen, indem er sich von seinen eigenen Wert- und Glaubensvorstellungen und Wahrnehmungen leiten läßt. Wichtig ist jedoch, daß er im voraus verschiedene Arten des Springens untersucht und ausprobiert, damit er weiß, welche Art für ihn die beste ist, und nicht vor lauter Schreck am Rande des großen Flusses landet.

Es ist die Aufgabe der Hebamme, ihm dabei zu helfen, die

richtigen Zeremonien zu finden, um die Lebensveränderung zu markieren, die er im Sinn hat, ihr eine geeignete Form zu geben und sie zu feiern, und ihm ein symbolisches Instrumentarium an die Hand zu geben, das mit seinem Glaubenssystem vereinbar ist. Da kein Priester, Geistlicher, Medizinmann oder Guru da sein wird, der ihm sagen könnte, was er machen soll oder wie er es machen soll, wird jede Geste oder jedes Ding heilig sein, das er für heilig erklärt. Meist ist der Initiand selbst neugierig, wie er es wohl fertigbringen wird, sich selbst auf »heilige« Art und Weise auszudrücken.

Er sollte sich über die Art der Zeremonie, über ihre Kraft und ihre drei Phasen – Trennung, Umwandlung und Angliederung – Gedanken machen und darüber reden; auch darüber, wie sie die beiden Realitätsebenen des Heiligen und Profanen miteinander verbindet; wie sie Bedeutung bekommt und ein Gefühl der Verpflichtung hervorruft und bestärkt und wie sie als altbewährtes Mittel zur Kommunikation mit den herbeigerufenen Geistern eingesetzt werden kann. Manche werden in ihrer Unschuld glauben, das Abhalten einer Zeremonie könne ein Problem oder eine Krise für immer lösen. Sie haben den springenden Punkt nicht erkannt. Eine Zeremonie ist nämlich etwas, das in der realen Zeit und im realen Raum stattfindet und damit nur solange im Gedächtnis haften bleibt, wie der Ausführende der Zeremonie es dort behält. Andererseits können auch eine Million Jahre eine Zeremonie nicht rückgängig machen. Sie kann zwar keine Krise lösen, aber die konzentrierte Intention, dies zu bewirken, ist damit auf immer mit dem Gewebe des Universums verstrickt.

Dem Kandidaten steht eine Vielzahl von rituellen Praktiken und Gegenständen zur Verfügung, beispielsweise Singen, Sprechgesang, Trommeln, Klappern und alle anderen Arten von Musik. Oder er kann die absolute Stille wählen und nur auf die »leise, kleine Stimme« in seinem Innern lauschen. Dann gibt es natürlich noch die Bewegung, etwa Tanzen, Spazierengehen, Klettern, Laufen, Knien, Hüpfen, Springen, Gestikulieren und Stillsitzen. Außerdem stehen Paraphernalia von großem symbolhaften Gehalt zur Verfügung, wie etwa Blut, Feuer, Spucke, Urin, Schweiß, Wasser, Schlamm, Maismehl, Tabak,

Weihrauch, Ocker, Kräuter, Asche, Sonnenlicht, Mondlicht und die Morgendämmerung. Opfer können dargebracht werden in Form von Honig, Wasser, Wein, Getreide, Haaren, Fleisch, Blut, Tabak, Gesängen, Tänzen, Stille und Gebeten. Daneben gibt es rituelle Handlungen wie Vergraben, Verbrennen, Zerschmettern, Änderung des Namens, Haareabschneiden, Aufreihen oder -häufen von Steinen, Beschmieren und nackt herumlaufen. Es gibt verschiedene Möglichkeiten, Vorfahren, Lehrer, Eltern, geliebte Personen, Freunde, Geister, Seelen, Nymphen und andere unsichtbaren Wesenheiten zur Teilnahme an der Zeremonie herbeizurufen. Daneben kann man sich auch Masken machen, den Körper bemalen, ein anderes Kostüm anziehen, Psychodrama spielen, Waschungen vornehmen, Taufen und Wiedergeburten vollziehen. All diese Praktiken und Hilfsmittel und noch viele mehr stehen dem Kandidaten zur Verfügung.

Natürlich muß sich der Initiand darüber klar werden, daß er ganz allein sein wird, ausgeliefert und leer, und daß er seine Zeremonie an einem Ort in freier Natur abhalten wird. Die Natur hat ihren eigenen Lehrplan. Bei wirklich schlechter und gefährlicher Wetterlage sollte er es sich zweimal überlegen, ob er seine Zeremonie abhält. Möglicherweise erfüllt Mutter Natur den Himmel nicht mit ihrer Wut, nur damit er beweisen kann, daß er ein mutiger Narr ist. Das Gewitter selbst übernimmt vielleicht die Leitung der Zeremonie.

Vor einigen Jahren begab es sich, daß eine fastende Frau, die gerade mit einem speziellen Tanz auf einem exponierten Grat im Tal des Todes begonnen hatte, von einem gewaltigen Gewitter überrascht wurde. Sie hatte erst ein paar Schritte getanzt, als sie merkte, daß es der Blitz war, der tanzen wollte. Sie zog sich im letzten Moment zurück. Diese Entscheidung rettete ihr wahrscheinlich das Leben.

Dies heißt jedoch nicht, daß man sorgfältig ausgeklügelte Pläne nur deshalb über den Haufen werfen sollte, weil ein kalter Wind weht oder Wolken sich zusammenziehen. Der Suchende muß sich fragen: »Welche Art von Selbstdisziplin verlangt diese Zeremonie von mir?«

Manche scheinen sich mehr für das Zeremonielle zu begeistern als andere. Man sollte sie jedoch davor warnen, alle wachen Stunden mit rituellen Handlungen zu verbringen. Zu viele reichhaltige Speisen sind schwer zu verdauen. Eine Zeremonie ist genausowenig das Gegenteil von Langeweile wie Make-up das Gegenteil von Nacktheit ist. Die alleinige Ausrichtung auf das Zeremonielle kann das Wesentliche des Augenblicks verdecken. Der Zeremonienbegeisterte vergißt die Existenz des Profanen oder Körperlichen, und damit gerät die Zeremonie aus dem Gleichgewicht.

Die folgenden Berichte aus Schwellentagebüchern von Suchenden zeigen sowohl die feierlichen als auch die ganz normalen Aspekten der selbstgestalteten Zeremonien auf. Jeder Bericht stellt einen Versuch dar, eine persönliche Krise oder einen persönlichen Übergang im Rahmen des übergeordneten Ganzen, nämlich der Reise über die Schwelle, zu bewältigen.

Ich merke, wie wichtig einschneidende Erlebnisse sind. In dieser Zeremonie verwende ich Pappmaché-Masken, die exakte Abbilder meines Gesichts sind. Trotzdem sind die beiden Masken ziemlich verschieden. Die eine stellt mein bisheriges Leben dar. Sowohl die Augen als auch die Nase und der Mund sind geschlossen. Dieser Ausdruck meines Gesichts stellt mein vergangenes Leben dar, das sich mir grau und selbstgewählt eingeschränkt darstellt. Ich hatte vor vielen Dingen Angst und war blind gegenüber den meisten Empfindungen – aus Abwehr gegen das Familienleben, das mich überallhin begleitete; das führte dazu, daß ich niemanden und nichts an mich heranließ.

Ich weiß nicht genau, wie ich zu dem Mann geworden bin, der ich heute bin. Ich weiß nur, daß ich mich heute in vielem meiner Kindheit entwachsen fühle. Die zweite Maske, die den Mann und die Zukunft, der ich entgegenstrebe, darstellt, ist eine stolze, schöne Maske. Sie paßt wie angegossen auf mein wirkliches Gesicht. Sowohl die Augen als auch die Ohren und der Mund sind offen. Am Rand strahlt sie wie die Sonne nach allen Seiten aus. Die Augenlöcher sind so geschnitten, daß ich, wenn ich diese Maske aufhabe, meinen Kopf aufrecht und stolz halten muß, um etwas zu sehen... Diese Maske drückt Offenheit aus, dem Ungewissen entgegenzutreten. Sie sieht und hört zu und erkennt die Kinder als den Ort, in den die Wahrheit gepflanzt werden sollte.

Ich denke an mein früheres Leben zurück, und mir kommen folgende Worte in den Sinn, die ich zu meiner Kindheitsmaske sage: »Ich bin jetzt stark genug, um allein zurechtzukommen. Ich bin aus dir herausgewachsen. Du paßt mir nicht mehr, deshalb muß ich dich hier auf diesem kalten Berggipfel zurücklassen. Sei nicht traurig. Ich habe eine neue Maske gemacht, bei deren Anfertigung du mir geholfen hast. Siehst du sie? Das Gesicht ist dasselbe... aber diese Maske ist trotzdem anders als du. Ihre Augen sind offen. Sie ist bunt und begierig danach, sowohl Gutes als auch Schmerzhaftes zu empfinden... Du mußt nicht traurig sein, denn du hast den Grundstein für diese neue Schicht meiner Männlichkeit gelegt. Und danach werden noch weitere Schichten folgen.«

Am heutigen Tag springe ich über meine Kindheit hinaus. Als Mann gelobe ich, leidenschaftlich, stark, ehrlich und ein gebender Mensch zu werden – in anderen Worten, mich selbst. Ich habe eine gute Richtung eingeschlagen und habe viele gute Lehrer, von denen ich lernen kann. Ich weiß, daß ich nicht wanken werde. Meinem ganzen Leben sage ich Ade. Meine ganze Begierde und Hoffnung heiße ich willkommen. Mein gewählter Name ist Erdensohn.

Erdensohn, 22 Jahre

Letzte Nacht habe ich herumgetobt, mich in eine Höhlenfrau verwandelt und dürre Äste kaputt geschlagen. Ich habe einfach große dürre Äste genommen und sie gegen die Steine geschmettert. Es war toll. Ich habe noch nie so etwas erlebt. Wenn das Holz nicht brechen wollte, versuchte ich es mit all meiner Kraft, bis es endlich zerbrach. Ich habe dazu auch ein bißchen geschrien, aber nicht allzu viel. Ich habe meine Hände dabei ziemlich zerschunden, aber das war mir gleichgültig. Im Gegenteil, auf seltsame Weise fühlte es sich sogar gut an. Ich muß ungefähr 30 bis 40 Minuten in einem fort so herumgewütet haben. Ich bin dankbar, daß ich einen Platz gefunden habe, an dem so etwas in dieser Nacht überhaupt möglich war, und daß dort kein Mensch war, der mich dabei beobachten konnte, wie ich herumlief, dürre Äste auflas und sie gegen die Steine knallte ...

Es kam ganz plötzlich über mich und hörte genauso schnell, wie es gekommen war, wieder auf. Aber ich werde mich noch lange daran erinnern. Hoffentlich werde ich nie mehr meinen Frust so in mir aufstauen, aber wenn es doch dazu kommen sollte, bete ich darum, daß ich wieder eine Chance bekomme, ihn herauszulassen.
Nachtpirscher, 32 Jahre

Als ich an den Tod dachte, bekam ich Angst, deshalb beschloß ich, mir einen Todesstab zu machen, mit dem ich sprechen und den ich vielleicht verbrennen konnte. Ich machte ihn aus einem massiven Stück Holz, und seine Augen waren schlitzförmig. Ich sagte zu ihm: »Tod, ich möchte mit dir reden. Ich habe dich schon manchmal gesucht.«

»Du bist nicht dazu bereit«, antwortete der Tod.

»Aber ich wollte schon manchmal sterben.«

»So stirb denn und schlag dir die Idee aus dem Kopf.«

»Tod, ich respektiere dich. Ich werde meine Selbstmordgedanken verbrennen. Tod, ich werde dich ins Feuer werfen.«

Ich legte den Tod ins Feuer, aber das Feuer ging aus. Daraufhin packte mich etwas die Panik, weil ich dachte, ich müßte das Feuer schnell wieder anzünden.

Ich zündete vier Streichhölzer an, bevor es wieder anging.

Ich sprach mit dem Wind. »Wind, sei sanft, sonst brennt dieser Stock nicht.«

Ich dachte über den Tod nach. Der Tod ließ das Feuer erneut ausgehen. Es gelang mir nicht, das Feuer wieder anzuzünden. Ich weinte. Ich hatte Angst. Ich wollte, daß es brennt. Ich drehte die glühenden Kohlen mit den Fingern um.

»Du wirst mich nicht los. Ich werde immer hier auf dich warten. Aber du mußt dazu bereit sein,« sagte der Tod.

Ich hörte auf, in der Glut herumzufummeln, und ließ das Feuer ausgehen. Ich hatte keine Streichhölzer mehr. Ich bat die Glut, mir einen Namen zu geben. Sie fing an, mit blauer Flamme zu brennen. Ich lauschte, aber da war nichts. Die Flamme ging wieder aus. Ich fragte immer und immer wieder. Ich ließ meinen Geist offen. Nichts. Ich gab auf und fragte den Geist, ob ich die Nacht über dort bleiben konnte. Ich bat um einen kraftvollen Traum. Ich legte mich in meinen Schlafsack, schaute in die Glut und dachte über meine Freunde und meine Familie nach. Die Glut fing an, zu krachen und zu knistern. Ich lauschte. Sie ging wieder in blaue Flammen auf, und das neuentfachte Feuer sang sein Lied. »Ruhiges Blaues Feuer Singt?« fragte ich das Feuer. Doch es ging wieder aus. Der Wind sang: »Nein, warte noch.«
Der Von Zwei Orten Kommt, 17 Jahre

Wie soll ich den gestrigen Tag beschreiben? Ich tanzte einen Medizintanz. Ich flog im wahrsten Sinn des Wortes über diese Berge, schreiend und kreischend wie ein Adler. Viele Gebete an die vier Himmelsrichtungen. Das ist der herrlichste Ort, den ich je gesehen habe … Bestimmt ist dies ein heiliger Ort. Es war heiß – ich hatte nur eine kleine Wasserflasche mit. Aber ich bin ja so weit gegangen, vier Bergrücken hoch, über vier

hinüber, hin zu dem Mutterberg der Cañons selbst, die Ausläufer der Eulenkopf-Berge. Abgründe, Felsen, Pflanzen, Erdlöcher von Tieren. Verstecktes Leben verlieh dem Ort Lebendigkeit, Geister aller Dimensionen waren dort gegenwärtig. Jeder Stein, jeder Busch hatte seine eigene Geschichte, seine eigene Botschaft. In der Einsamkeit meines Geistes hatte die Welt der Natur eine sehr deutliche Stimme ... Sie sagte: »Die Erde ist dein Erbe.«
Lachender Adler, 34 Jahre

Ich machte ein Feuer und begann meine Erlösungszeremonie, mit der ich die Trauer über meine verstorbene Liebe beenden wollte. Ich habe die letzten Überreste herausgeholt – ein Päckchen mit Haaren –, und ich schreibe einen Brief, in dem ich mich zu der Freude bekenne, die ich immer empfunden habe, und zu meinem Bedürfnis, die gebundenen Gefühle umzuwandeln, zu befreien und zu erneuern. Die Handlungen sinken tief in das heilige Geflecht meiner Trauer. Ich weine. Ich bitte den Geist, der mich führt, inständig, er möge mir helfen, zu lernen und loszulassen. Die Haare und das Papier zischen im Feuer, verbrannt, aufgelöst. Ich werde ganz ruhig. Ein roter Mond geht auf.
Bellender Hund, 22 Jahre

Hier sitze ich in meinem »Sarg« und trage den Ring ... Er erinnert mich daran, daß ich Gott vor vierundzwanzig Jahren angefleht habe, mich das Lieben zu lehren, und seine Antwort darauf war der Bund. So ist also der Mythos des Bundes begründet auf der Hingabe zum Allerhöchsten, ein Erbe, so mag es manchen erscheinen, aber auch zerbrechlich und selbsttäuschend wie es mir in Zeiten des Zweifels erscheint. Und ich fühle mich irgendwie getröstet und wirklich erlöst durch das Wissen, daß ich mir geschworen habe, allein zu bleiben. Kein Hin- und Herüberlegen mehr – keine Gefühle mehr, daß ich eigentlich »offen« sein müßte. Ich bin für nichts offen, außer für den Bund, wo immer mich das, was er zu Ende führen möchte, letztendlich auch hinbringen wird, durch die ihm verbleibende Energie, die sich verbraucht und in eine Richtung geht ...

Ich habe den Mond gebeten, den Ring zu segnen, indem ich ihn ins Mondlicht hielt und ihn langsam drehte, so daß er von allen Seiten beschienen wurde. Bat den Einen um die Kraft der Heiterkeit und des Friedens. Der Mond verkörpert so sehr die Einheit*! Die Sonne ist aktiv, warm, hell und* Vielfalt *– ihre Strahlen sind wie die unzähligen Formen der Schöpfung ...*

Aber der Mond ist allein, eins und vollständig. Frieden. Tod. Einheit. (...)

Mir ging auf, daß der Bund bei meinem Tod nicht länger fortbestehen wird. Ein Bund besteht zwischen zwei Wesen, die er zu einem Ganzen zusammenschließt. Bei meinem Tod, werden mein Mann und ich zu einer Einheit verschmelzen, von der unsere Verbundenheit auf Erden nur ein Vorgeschmack war.

Trägerin der Gabe, 59 Jahre (sie bekräftigt hier den Bund zwischen sich und ihrem verstorbenen Ehemann)

Abschied vom Land der Mäuse

Die Straße der Entscheidung führt weg vom Land der Mäuse, weg von der gewohnten Umgebung und den bisherigen Lebensumständen. Traditionell werden die Initianden aus ihrer gewohnten Gemeinschaft herausgenommen und in einer Gruppe an den Ort gebracht, an dem der Ritus stattfinden soll. Dieser vorletzte Schritt vor der Trennung wird begleitet durch das Zusammenführen der Gruppe auf der Grundlage eines gemeinsamen Ziels. Als Vorgeschmack auf das Sich-selbst-Aufgeben, das beim symbolischen Tod an der Schwelle gefordert wird, wird von den Suchenden häufig erwartet, daß sie sich Aufgaben und Verantwortungen teilen und sich voll und ganz den Aktivitäten der Gruppe widmen.

Dabei ist die Anwesenheit von »Ältesten«, also Personen, die den Ritus bereits vollzogen haben und als Führer fungieren, innerhalb der Gruppe von Initianden absolut notwendig. In den primitiven Kulturen waren diese Ältesten ordnungsgemäß dazu ermächtigt, die Initianden nicht nur in die komplizierten Praktiken des Ritus einzuweisen, sondern auch in die Anforderungen und Verantwortungen der von ihnen gefeierten Lebensveränderung. Moderne »Älteste« haben eine ähnliche Funktion. Natürlich kommandieren sie die Kandidaten nicht herum. Sie stehen ihnen mit Fragen, Informationen, Unterricht und Liebe zur Seite, damit die Geburt ein Erfolg wird.

Sobald die Initianden das Dorf verlassen, ist der Waschbär für sie verantwortlich. Er sieht, wie verletzlich sie sind, wie die Angst ihre Gesichter verzerrt. Jetzt mehr denn je erkennt er die Weisheit der alten rituellen Praktiken des Wiedergeborenwerdens in eine neue Daseinsweise und merkt, wie wenig er wirklich dazu tun muß. Die Initianden werden von der Schwerkraft der Zeremonie selbst weitergetrieben, sind der unerbittlichen Gewalt des dritten Trimesters unterworfen. Sie gehen schwanger mit der allmählich beginnenden Veränderung. Die Hebamme erinnert sich an ihre eigene Angst und Aufregung und respektiert daher die der Initianden.

Sie kann versuchen, die Gruppe mit Zeremonien wie Singen, Tanzen oder gemeinsamen Diskussionen dazu zu bringen, ihre Gedanken in eine Richtung zu lenken, wohl wissend, daß eine Gruppe nur allzu leicht abgelenkt werden kann, wenn sich die Teilnehmer bei der Zeremonie nicht wohl fühlen oder wenn sie unsicher sind, welchen Part sie dabei spielen. Das Ziel besteht nicht allein darin, die Heterogenität in Kohärenz zu verwandeln, sondern auch darin, dem einzelnen durch seine Teilnahme ein Gefühl der persönlichen Bedeutung zu vermitteln.

Der erste Kontakt mit dem Schwellengebiet kann, besonders für Neulinge, negativ sein. Verstandesmäßig können sie sich zwar mit der Idee anfreunden, daß die Natur ihre wahre Mutter ist. Aber gefühlsmäßig fühlen sie sich am falschen Platz, unbehaglich und ängstlich. Es kann zu Gefühlausbrüchen kommen, und irrationale Ängste können hochkommen.

Wo sind die Palmen, die murmelnden Bäche, die grünen Oasen, die Gebirgslandschaft? »Es sieht gar nicht so aus, wie ich es mir vorgestellt habe.« »Symbolischer Tod hier draußen? Was für eine grauenhafte Vorstellung!« »Was für eine Art von Tier lebt in diesem Loch? Und wenn es sich nun bei Nacht herausschlängelt und mir einen Besuch abstattet?« »Sie haben mir nicht gesagt, daß es hier so viele Insekten gibt.« »Ich bin jetzt schon schmutzig. Wo ist die Dusche?« »Oh Gott, wie ich mein Zuhause und meine Freunde vermisse!«

Man kann auf ihre Ängste eingehen, in dem man sie einzeln oder als Gruppe darum bittet, ihre Verbindung zur Erde auf positive Weise auszudrücken. Durch Zeremonien der Dankbezeugung, der Achtung und des Respekts für die Erde können Ängste zum Schweigen gebracht und die vorhandenen Geister jener, die früher hier gelebt haben, günstig gestimmt werden. Wird beim Aufbruch den Geistern für ihren Schutz gedankt, so entsteht dadurch gleich eine positive Einstellung. Durch die Erinnerung an ihr Gelöbnis und ihre Absicht wird die Gruppe, ihr gemeinsames Ziel vor Augen, erneut enger zusammenrükken.

Durchtrennen des letzten Fadens

Die Schwelle ist nun nahe. Die Zeit zum Sterben ist gekommen. Der Initiand steht kurz davor, die legendäre Zone der Macht zu betreten, die heilige Welt des Fastens, der Einsamkeit und des Ausgeliefertseins, die an den vier Horizonten durch die natürliche Welt begrenzt ist. Der erste Akt des Übergangsdramas in eine neue Welt ist beendet. Nun geht der Vorhang für den zweiten Akt auf. Der Suchende wird nun in einer »Zwischenwelt«[19, 20] leben, in der es kein Entrinnen mehr gibt vor der todbringenden Reise in die Geburt.

Traditionell überschreitet der Initiand die Schwelle bei Sonnenaufgang. Seine letzten Stunden sind bestimmt von Handlungen, die ihm dabei helfen sollen, sich völlig von seinem bisherigen Daseinszustand zu lösen. Ein letztes Mal wird er dazu ermutigt, den anderen seine schlimmsten Ängste mitzuteilen, bevor er sich dorthin begibt, wo es keinen menschlichen Kontakt mehr gibt. Ein letztes Mal berührt er die anderen mit Umarmungen und ermutigenden Worten, bevor er sich dorthin begibt, wo es keinen menschlichen Trost mehr gibt. Ein letztes Mal läßt er seinen Blick schweifen über das Basislager, die Hebammen, die Ausrüstung, das Essen, bevor er sich dorthin begibt, wo die Leere in seinem Bauch rumoren wird. Ein letztes Mal hält er andere bei den Händen und singt: »Wir sind eins mit der unendlichen Sonne/auf immer, immer und ewig«, bevor er sich in die Welt der Wortlosigkeit begibt, aus der alles entspringt.

Ein Schwellenkreis wird in den Staub gezogen. Dieser Kreis stellt den Tunnel dar, die Tür, durch die der Initiand seine bisherige Welt verläßt. Ist er einmal in diesen Kreis getreten, kann er von niemandem außerhalb des Kreises mehr berührt werden. Er nimmt seinen Geistkörper an und wird rasch »unsichtbar« für das körperliche Auge. Ein letztes Mal sieht er seiner Hebamme in die Augen. Das Warten ist vorüber. Nun ist es Zeit, »das große Wasser zu durchqueren«. Kein Wort mehr außer »Auf Wiedersehen«. Umgeben vom Kreis seiner Lebensbestimmung, tritt er in den Tunnel und ist verschwunden. Das Knirschen seiner Schritte geht unter im Rauschen, im Rauschen des Heiligen Flusses.

"Möchtest Du etwas Medizin haben?"

Du sagst, nichts wird neu geschaffen?
Mach dir nichts draus; aus dem Lehm
der Erde mach einen Becher,
aus dem dein Bruder trinken kann.[21]

»Möchtest du etwas Medizinmacht haben?« lautete die Frage, die der Geist von Mutter Natur, der Frosch, stellte. Er richtete diese Frage an den kleinen Mäuserich, der zitternd am Rande des großen Flusses stand. »Ja, ja!« kam die begierige Antwort. Der Frosch hatte in der Zwischenzeit abgeschätzt, wo die »Medizingaben« des Mäuserichs lagen. Mit seinen scharfen Glupschaugen konnte er sehen, worin er besonders gut war. Als er ihm dann sagte: »Spring so hoch, wie du dazu imstande bist!« bezog er dies jedoch nicht nur auf die kräftigen Hinterbeine des Mäuserichs, sondern auch auf dessen Fähigkeit, das Beste in seinem Innern zu erreichen. Und als der Mäuserich dann sprang und die Heiligen Berge sah, sah er geradewegs in die Ferne seines eigenen Herzens.

»Medizin«, wie wir sie definieren, hat sie nur ganz nebenbei etwas mit der Verschreibung eines Heilmittels für ein Problem zu tun. Der Mäuserich befand sich in einer Krise. Aber er sprang nicht, um die Ursache seiner Krise zu erkennen. Er sprang und sah, wo letzten Endes dieser ganze Krisenkram hinführen würde – die visionären Berge. Er erkannte, daß sein momentanes »Problem« nur ein Meilenstein auf der langen gewundenen Straße seines Lebens war. Er würde noch viel schlimmere Krisen als das Rauschen in seinen Ohren überstehen müssen. Und immer wieder würde er dazu aufgerufen sein, die »Medizin«, die der Frosch ihm gegeben hatte, anzuwenden und so hoch zu springen, wie er nur konnte.

Eine klassische Definition von Medizin und deren Beziehung zur Selbstheilung finden wir bei Schwarzer Hirsch, dem großen Häuptling und letzten heilenden Weisen der Ogallalla-Sioux:

Wir sollten verstehen, daß alles das Werk des Großen Geistes ist. Wir sollten wissen, daß Er in allen Dingen ist: in den Bäumen, den Gräsern, den Flüssen, den Bergen und all den vierbeinigen Tieren und den geflügelten Völkern; und was noch wichtiger ist: wir sollten verstehen, daß Er auch über all diesen Dingen und Wesen ist. Wenn wir all das tief in unseren Herzen erfassen, dann werden wir den Großen Geist fürchten, lieben und kennen; und dann werden wir uns bemühen, so zu sein, so zu handeln und so zu leben, wie Er es will.[22]

Das »In-allen-Dingen-Sein« des Großen Geistes, das sich auf alle Erscheinungsformen von Mutter Natur, einschließlich des Menschen, bezieht, ist die Quelle von guter Medizin. Dieses Innewohnen verbindet den Menschen mit der Natur. An der Schnittstelle zwischen der Natur, die den Geist in sich trägt, und dem Menschen, der ihn ebenfalls in sich trägt, tanzt der Medizinlehrer. In unserer Geschichte war der Waschbär der »Medizinlehrer«. Er stellte den kleinen Mäuserich dem Frosch vor. Der Frosch und der Mäuserich sprachen miteinander. Der Mäuserich bekam seine Medizinmacht. Und genau so funktioniert es… Doch in der Praxis ist es nicht immer ganz so einfach.

Wenn Sie ein Medizinlehrer werden wollen, müssen Sie zuerst einmal bei unserer größten Lehrerin in die Lehre gehen, bei Mutter Natur. Sie müssen zu ihr gehen, von ihr lernen und dürfen nie aufhören, von ihr zu lernen. Sie müssen sich mit der Erkenntnis trösten, daß Sie nie genug wissen werden. Nach etwa fünfzig Jahren oder so kann es jedoch sein, daß sie ein ähnliches Niveau an Können erreicht haben wie unser Waschbär. Was uns betrifft, so wissen wir nichts. Deshalb wagen wir es überhaupt, so unverfroren über dieses Thema zu schreiben. Was wir jedoch wissen, ist, daß das Weitergeben von Medizinmacht genauso, wenn nicht noch wirksamer ist wie konventionelle psychotherapeutische Methoden. Wir haben die Ergebnisse gesehen und haben aufgehört, uns darüber zu wundern. Wir akzeptieren sie nun mehr oder weniger als die Norm.

Das wirkliche Geheimnis besteht darin, daß die Hebamme oder der Lehrer eigentlich ganz wenig macht. Sie oder er muß den Mäuserich nur zum Heiligen Fluß bringen und dem Frosch vorstellen, den Rest besorgt Mutter Natur. Sie macht die ganze Arbeit. Sie kümmert sich um das »Problem« des kleinen Mäuserichs. Sie zeigt ihm die Heiligen Berge.

»Wenn du etwas nicht durchlebt hast, ist es nicht wahr«, sagt Robert Bly.[23] Die Art, wie man mit der »Medizin« umgeht, hängt ab von der *eigenen* Erfahrung mit den konkreten, realen, wahrnehmbaren und nicht unmittelbar wahrnehmbaren Phänomenen der Erde. Man kann sich seinen Erfahrungsschatz nicht durch das Lesen von Büchern über die Natur verschaffen. Zu der Erfahrung muß auch ein umsichtiger, aufmerksamer Verstand hinzukommen. Doch noch eine Zutat muß hinzugefügt werden, und das ist Vorstellungskraft. William Blake hat einmal gesagt: »Alles Lebendige ist heilig.« Es geht um die Kraft, sich vorzustellen, daß der kleine Haufen Hasenkot genauso heilig ist wie der Adler, der in den Lüften kreist oder ein Baum voll gloriasingender Engel. Und wenn Sie sich geduldig dabei beobachtet haben, wie Sie die Natur erfahren, wenn Sie sich dabei vorstellen, daß der Große Geist wahrhaftig in allen Dingen ist, werden sie ein anderes Niveau von Wirklichkeit entdeckt haben, die Wirklichkeit des Stimmigen, des Gleichlaufs, der Allegorie, des Zeichens, des Symbols und des Traums, all der Dinge, denen wir in der Schwellenwelt des Übergangsritus in der Wildnis wiederbegegnen.

Ebenso wie der Waschbär den Mäuserich an den Heiligen Fluß geführt und ihn dem Frosch vorgestellt hat, hilft die »Hebamme« oder der »Medizinlehrer« einem anderen, die Schwellenwelt in der Wildnis zu betreten und zu verstehen. »Verstehen« soll in diesem Zusammenhang heißen, daß er den Teil in sich findet, der auf die Stimme der ihm innewohnenden Natur hört und ihr antwortet, diese Stimme, die ihn dazu veranlaßt, so hoch zu springen, wie er nur kann. Natürlich kann man nicht einmal daran denken, einem Menschen auf dieser Ebene zu helfen, wenn man nicht selbst schon einmal auf diese Stimme gehört und ihrem Drängen nachgegeben hat, das weiterzugeben, was man gefunden hat. Die Hebamme muß sagen können: »Ich weiß, daß allen Dingen ein unsichtbarer Geist innewohnt, und ich habe mit ihm kommuniziert. Ich ehre und respektiere seine Kraft und seine Weisheit und suche diesen Geist, wo immer ich auch hingehe.«

Die Hebamme kann die Kräfte der Natur nicht benutzen, um jemand anderem zu helfen, wenn sie nicht selbst aufs engste mit diesen Kräften vertraut ist. Doch »enge Vertrautheit« entsteht kaum durch Lesen von Büchern, Besuchen von Fachkursen oder die Kenntnis wissenschaftlicher Gesetzmäßigkeiten. Es gibt so viele andere Wege, die Natur kennenzulernen, Wege, die mit Blindheit, Leere, Unverständnis, Staunen, überirdischer Klarheit, Liebe und Verrücktheit zu tun haben. Wege zu ihr tun sich auf, wenn man den kalten Hauch des Todes im Nacken spürt und nur noch mit einem seidenen Faden am Leben hängt. Doch auch aus dem Bauch heraus kann man sie kennenlernen, mit durchhängendem Magen und triefend vor Schweiß, mit dem Überlebenshunger des Tieres. Und es gibt die Wege der Stille und Einsamkeit, wo es kein Denken, Fühlen und Spüren mehr gibt. Oder die Wege der Sinnlichkeit, wenn man sich ganz hingibt an das sie Bestaunen, Befühlen und Berühren und ihrem heiligen Zauber verfällt. Doch es gibt auch die Wege des mit ihr Sprechens, indem man mit ihren Kreaturen lebt, mit ihnen kommuniziert und sich auf ihre Stimme einstimmt mit dem Ohr des Großen Geistes. Wenn Sie die Natur auf eine der hier genannten oder eine ähnliche Art und Weise kennengelernt haben, werden Sie sich sicher schon einmal überlegt haben, ob Sie Ihr Wissen nicht dazu nutzen könnten, anderen Menschen bei ihrer Heilung zu helfen.

Gute Medizin und Psychotherapie

Häufig kommt es vor, daß ein Kandidat, der an einem Übergangsritus in der Wildnis teilnehmen will, gesteht, sein Leben sei freudlos, seine Vaterschaft eine einzige Katastrophe, sein Familienleben die reine Hölle. Oder eine Kandidatin erzählt, sie habe ihren Ehemann verlassen, sie sei als berufstätige Mutter ganz auf sich selbst gestellt und wisse nicht, an wen sie sich wenden solle. Oder ein anderer scheint in höchster Not, weil er ein Sklave des Alkohols oder von Drogen und voller Zweifel ist, ob er sich je davon befreien kann. Um welche Art von Krise auch immer es sich handeln mag, meist hinterläßt Ihr bisheriges Leben nur einen schalen Geschmack in Ihrem Mund, und Ihre Hoffnungen sind in alle Winde zerstoben. Ihr Selbstwertgefühl scheint keinen Pfifferling mehr wert. Wahrscheinlich sind Sie nicht einmal mehr in der Lage, einzuschätzen, wieviel Sie schon gelernt haben, oder wie weit Sie auf Ihrem Lebensweg schon vorangekommen sind, denn Ihr Leben hat sich zu einem dunklen Tunnel verengt und alles, was Sie sehen, ist Dunkelheit.

Sowohl die kognitive Psychologie als auch die Verhaltens- und Sozialpsychologie würden das Problem des Menschen behandeln und sich dabei auf die zugrundeliegenden Ursachen seiner Niedergeschlagenheit konzentrieren. Ein Behandlungsplan würde entworfen, Heilungsmaßnahmen empfohlen, ein Rezept ausgestellt, alles mit dem Ziel, seine Not zu lindern. Dem Problem würde mit therapeutischen Strategien zu Leibe gerückt. Gedanken, Gefühle und Emotionen würden je nach bestimmten Verhaltensprofilen in Kategorien eingeordnet oder typisiert. Um die notwendigen Reparaturen an seiner Psyche vorzunehmen, würde der Patient abhängig vom Therapeuten. Aller Wahrscheinlichkeit nach würde das Hauptaugenmerk bei der Therapie auf das gerichtet, *was nicht stimmt*, also auf den negativen Komplex, der den Patienten daran hindert, sein volles Potential zu entfalten.

In der Geschichte von Springende Maus schien sich der Frosch, der auf seinem Seerosenpolster saß, nicht besonders dafür zu interessieren, was mit dem kleinen Mäuserich nicht stimmte oder wenigstens maß er dem keine große Bedeutung bei. Und sein Rezept zeichnete ihn automatisch als nicht besonders begnadeten Therapeuten aus. Er sah einfach, was der kleine Mäuserich besonders gut konnte, und riet ihm, dies zu tun. Doch eine Bedingung war natürlich auch damit verbunden. Der Mäuserich mußte es in der großen äußeren Welt tun, am Ufer des Heiligen Flusses, wo Frau Natur selbst die Therapie übernehmen würde.

Zur Medizinarbeit gehören natürlich auch ein paar Tricks, daher auch ihre Verbindung zur Hexerei oder dem Schamanismus. Einer der wichtigsten Tricks besteht darin, sich in die Abgeschiedenheit zurückzuziehen, wo die Natur und die menschliche Natur dann das ihrige dazu tun können. Aber dieses Sich-in-die-Abgeschiedenheit-Zurückziehen erfordert einige Arbeit von seiten der Hebamme. Die Hebamme sollte jedoch nichts versuchen, bevor ihr nicht von seiten der »Hohen Schule der Wildnis« die Befähigung hierzu bestätigt wurde. Erst wenn sie diese Ermächtigung erhalten hat, kann sie sich wahrscheinlich eine Vorstellung davon machen, wie sie einen Initianden in einen Rahmen, ein Netzwerk oder einen Prozeß »hineinstellen« kann, der auf die Welt der Natur ausgerichtet ist, das heißt eine Form, in der die Maus durch Interaktion mit der Natur Kraft schöpfen kann.

Auch hier liefert die Fabel einen wichtigen Hinweis darauf, wie Medizin wirkt. In seiner Krise wandte sich der Mäuserich an die Welt der Natur und suchte Antworten auf seine Fragen und eine Lösung für seine Unzufriedenheit. Überall um ihn herum waren große und kleine Stücke der Welt, die im Strom des großen Flusses mitgetragen wurden. Was der Mäuserich zu diesem Zeitpunkt nicht wußte, war, daß der Heilige Fluß der Natur der Spiegel ist, der die Symbole, Formen, Bilder, Zeichen und Mythen desjenigen reflektiert, der in diesen Spiegel hineinschaut. Das Besondere, das der Mäuserich sah, als er in den Spiegel des Heiligen Flusses schaute, war der Frosch. Nun war der Frosch selbst ja kein Bauchkriecher. Er war ein Springer, genau wie der Mäuserich; genau das Zeichen, auf das der Mäuserich gewartet hatte, eine natürliche Reflexion/Projektion seiner eigenen Fähigkeit zu springen. In gewissem Sinne hat der Mäuserich den Frosch »erschaffen«; er ließ ihn erscheinen. Er hätte ihn nie gesehen, hätte er sich nicht entschlossen, zum Heiligen Fluß zu gehen.

Wenn ein menschliches Wesen in eine natürliche Umgebung versetzt wird, in sein wahres Zuhause, innerhalb eines allegorischen Rahmens, der auch seinen symbolischen Tod beinhaltet, treten häufig Störungen im normalen Fluß seines Bewußtseins auf, leicht veränderte Bewußtseinszustände, gesteigerte Emotionen, intuitive Reaktionen, Wahrnehmungs- und psychische Störungen. Risse erscheinen in der Schale der Konditionierung. Ein Verlust an Ich-Gefühl macht sich bemerkbar. Doch dann gewinnt man die Balance wieder, alles zieht sich zu einem stärkeren, verwurzelten Ganzen zusammen, eine psychische Integration findet statt. Es ist, als ob die Schwerkraft des alten Lebens die Dinge immer weniger zusammenhalten kann, je mehr die Person in das kohärente Kraftfeld ihres neuen Lebens gerät. In diesem Schwebezustand zwischen dem Alten und dem Neuen ist die Person offen für Auslegungen ihrer Lebensgeschichte, offen für den Blick in den Spiegel, offen für verschiedene Methoden, aus natürlichen Symbolen und Vorgängen ein neues Selbstwertgefühl zu schöpfen.

Da der Medizinlehrer an der psycho-symbolischen Schnittstelle zwischen Mensch und Natur lebt, wandelt er auf einem sowohl profanen als auch sakralen Pfad. Er weiß, daß das Höhere mit dem Niedrigeren übereinstimmt, daß der Mikrokosmos des Ich den Makrokosmos des Selbst beinhaltet, daß eine einzige Stunde, die man in der Natur verbringt, den Keim einer ganzen Lebensgeschichte in sich trägt, daß »in allem der Samen von allem ist« (hermetisches Axiom). Ein Teil der Vorbereitung des Initianden besteht darin, ihm Wege aufzuzeigen, wie er mit dem Spiegel seiner wahren Mutter interagieren kann.

Ein anderer Teil bereitet ihn auf seine Rückkehr aus dem psycho-symbolischen Bereich der Schwellenwelt in der Wildnis vor. Dann muß die Hebamme da sein, um ihm bei der Interpretation seiner Geschichte, Darstellung oder seines Dramas des Schwellenerlebnisses behilflich zu sein, um die Gaben, Trümpfe, Kräfte und Helfer aufzuzeigen, die ihm während seiner heroischen Reise hilfreich zur Seite standen, um ihn wie der Frosch zu fragen: »Was hast du gesehen?« und die ihm innewohnende Medizinmacht zu bestätigen: »Und du hast einen neuen Namen! Er ist Springende Maus.«

An der Schwelle geblendet

Aus der griechischen Mythologie ist uns der Fall des berühmten thebanischen Sehers Teiresias bekannt, der als junger Mann allein im dunklen Wald hinter seinem Haus umherwanderte. Dabei wurde er eines verbotenen Anblicks gewahr. Athene nämlich, die Göttin und Gefährtin seiner Mutter, badete in einer Quelle. Wütend, daß die Augen eines Sterblichen sie nackt erblickt hatten, blendete sie ihn. Danach tat er ihr jedoch leid, und sie verlieh ihm zum Ausgleich andere Gaben: die Gabe, die Sprache der (prophetischen) Vögel zu verstehen; die Gabe des inneren Gesichts und einen Stab aus dem Holz der Wildkirsche, der ihm als Augen dienen sollte.[24]

Fangen wir also an bei dem jungen Mann, Teiresias, dem Initianden, der ins Erwachsenleben übertreten soll. Der dunkle Wald stellt die Schwelle dar. Athene, die Schutzgöttin der Weisheit, der Schiffahrt, des Olivenbaums und der Tonwaren, ist die Göttin der Erde, Mutter Erde. Obwohl das Zusammentreffen zwischen dem jungen Mann und der Göttin rein zufällig erscheint, muß er in Wirklichkeit geblendet werden, wenn er das nächste Stadium seines Lebens erreichen will.

In der Schwellenwelt der Natur muß der Initiand seine rationale Wahrnehmung verlieren. Er muß in sich gehen, in die Blindheit der Intuition und des Instinktes, wo ihn zum Ausgleich andere Gaben erwarten, die ihm von der Göttin verliehen werden. Während er sich in dieser Welt des Gefühls und der Introspektion vorwärts tastet, lernt er, sich den Rhythmen und Kräften der Natur zu überlassen; sich selbst durch das innere Auge des Selbstbewußtseins zu beobachten; sich im Raum der Psyche zu bewegen; mit den Kreaturen zu kommunizieren; auf den Geist, der in allen Dingen ist, zu hören; sich klar zu werden darüber, was zwischen Emotion und Gedanken liegt, zwischen Angst und Verständnis, und die Stimmen seiner kollektiven Ahnen zu vernehmen. Die Göttin lehrt ihn, indem sie ihm Angst macht. Sie berührt ihn mit dem Mantel des Todes, damit er die Macht des Todes erlangen kann. Sie hält ihr spiegelgleiches Schild empor, in dem nur der Blinde etwas sehen kann.

Mit anderen Augen sehen

Mit der Sprache der Logik gesprochen können wir zu dem Schluß kommen, daß andere Lebewesen als der Mensch so etwas wie nichtmenschliche Intelligenz besitzen. Doch in der Sprache der Logik können wir weder mit Delphinen oder Kojoten noch mit Quastenflossern oder Baumwollkapselkäfern sprechen, und mit dem Ohr der Logik können wir nicht verstehen, was sie uns sagen. Wie wenig wissen wir doch über die Intelligenz und das Bewußtsein anderer Spezies!

> *Wir werden verleitet, einer Lüge zu glauben,*
> *wenn wir nicht sehen durch die Augen.*[25]
>
> William Blake, *Auguries of Innocence*

Die Medizinlehre der frühen Kulturen ging meist davon aus, daß auch alle anderen Kreaturen mit Intelligenz ausgestattet sind und daß es eine Möglichkeit gibt, mit ihnen über die heilige Verbindung des Geistes zu kommunizieren, der alle Kinder von Mutter Erde miteinander verbindet. Wer seine Qualifikation durch das Leben mit den Geistern der Wildnis erlangt hat, weiß, daß diese Lehre wahr ist. Er weiß auch, daß Gaia ihre Mittel hat, seine rationale, konditionierte Wahrnehmung von ihr zu ignorieren. Es gibt zu viele Zufälle, zu viele Abweichungen von der Regel, zu viele unlogische – und äußerst bedeutungsvolle – Zusammentreffen, zu viele Rätsel und Fragen, auf die es keine Antwort gibt. Er weiß, daß sie über Möglichkeiten verfügt, ihn zu demütigen, ihm die Sprache und den Verstand zu rauben, ihn vor ihr am Boden kriechen und wimmern zu lassen wie jedes andere Tier. Er weiß, wie plötzlich und unerwartet sich ihre Laune ändern kann, wenn sie ihm ihr wildes, gleichgültiges Gesicht zuwendet und ein Gewitter, Erdbeben, einen Wirbelsturm oder eine plötzliche Überschwemmung über ihn hereinbrechen läßt. Vor allem aber hat er zu fühlen begonnen, daß sie sich seiner bewußt ist; er achtet die Zeichen und Symbole, die sie ihm in den Weg legt. Wenn er zu ihr geht, tut er dies, um ihr zuzuhören und von ihr zu lernen.

Häufig berichten diejenigen, die sich schon einmal in die Schwellenwelt begeben haben, von Erfahrungen mit der außergewöhnlichen Realität. Ein Rabe spricht mit ihnen, ein Adler antwortet auf ihre Gebete, ein Baum trägt die Früchte der Einsicht, eine Primel offenbart eine Erleuchtung, eine Ameise bringt Weisheit, ein Geist erscheint; sie werden von einem Vorfahren besucht, von einer Halluzination herumgewirbelt, berührt von einem Krafttier, Verbündeten, Geistführer, Gespenst oder Dämon. Sie entdecken einen Teil von sich selbst, von dessen Existenz sie nichts wußten. Sie sind erschreckt, fasziniert, erstaunt, verblüfft, verständnislos, und manchmal sprechen sie nur ungern darüber. Mit der Unterstützung einer Hebamme können sie diese Erfahrung in ihre Lebensgeschichten integrieren.

Viele andere berichten, daß nichts Außergewöhnliches passiert sei und beschreiben die Schwellenwelt als etwas äußerst Körperliches, bar jeder psychischen Dimension. Häufig sind sie enttäuscht, daß Großmutter Natur ihnen nicht die Gnade einer Vision zuteil werden ließ. Doch wenn sie ihre Geschichte erzählen, kommt die psychische Dimension deutlich zum Vorschein. Eine Habicht kreiste jeden Tag über ihnen und schrie ihnen etwas zu, das sie jedoch nicht hörten, weil sie zu beschäftigt waren. Der Wind beugte sie mit der Kraft der Wahrheit, aber sie empfanden nur Kälte. Die Eidechse, die vor ihnen in der Sonne Liegestützen machte, versuchte mit ihnen zu reden, aber ihre Gedanken waren diffus. Der Kolibri schwirrte vor ihnen herum und versuchte ihnen etwas über das »Springen-so-hoch-sie-nur-konnten« zu erzählen, aber sie waren von der Hitze des Tages zu sehr abgelehnt. Mit der Unterstützung einer Hebamme können sie sich selbst und ihre Lebensgeschichten im Spiegel der Wildnis reflektiert sehen.

Teilnehmer an einem Übergangsritus in der Wildnis müssen darauf vorbereitet werden, die Schwellenwelt mit Sinnen zu betreten, die offen sind für die Lehren, die dort auf sie warten. Wenn sie schlecht darauf vorbereitet sind, »es zu bekommen«, muß es womöglich die Hebamme für sie holen. Es ist weitaus besser für sie, wenn sie ihre Erfahrungen selbst interpretieren können, als wenn ein anderer ihnen diesen

Dienst erweisen muß. Die Vorbereitung auf die Trennung kann sehr wohl Übungen einschließen, die darauf abzielen, das Außergewöhnliche zu erspüren, auf die innere Stimme zu hören. Allegorien und symbolische Dimensionen zu erkennen und nach Zeichen und Lehren im Spiegel der Natur Ausschau zu halten.

Veränderte Bewußtseinszustände

Fasten, Ausgeliefertsein und Alleinsein sind Methoden, um »high« zu werden. Sie stellen die bewußtseinsverändernde Kraft des Tabus dar, des »Verzichtens«. In den modernen westlichen Kulturen gibt es praktisch niemanden, der solche Tabus freiwillig befolgt. Menschen, die nicht an Verzicht gewöhnt sind, können jedoch äußerst sensibel und empfänglich für veränderte Bewußtseinszustände sein, die durch die Befolgung der Tabus hervorgerufen werden. Oft wird dann die Hebamme zu Hilfe gerufen, um den Initianden zu helfen, sich in einem Dschungel von Verwirrung, Angst oder Ekstase zurechtzufinden, die durch Veränderungen des Bewußtseinszustandes hervorgerufen wurden.

Nicht ungewöhnlich sind Halluzinationen, Trancezustände, lebhafte Wachträume, außerkörperliche Erfahrungen, tiefe meditative Zustände, »Flashbacks«, paranormale Zustände wie Hellsichtigkeit, Hellhörigkeit, Telepathie, mediale Erlebnisse und mystische Visionen. In manchen Fällen tritt die Erfahrung nicht wirklich ein, sondern ist lediglich das Produkt der Wunschvorstellung des Initianden, mit dem Außergewöhnlichen in Verbindung zu treten. In anderen Fällen jedoch ist die Erfahrung offensichtlich echt, ein Geschenk im wahrsten Sinne des Wortes und ein Schlüsselerlebnis auf der Suche nach Individuation. Es ist natürlich wichtig, solche Gaben bei Menschen, die sie besitzen, zu bestätigen und zu fördern. Es ist sogar noch wichtiger, mit Nachdruck zu betonen, daß sie diese Gaben auf ausgewogene Art und Weise nutzen müssen, zum Wohle der Menschen um sie herum, daß sie ihren visionären Eifer in praktische Taten umsetzen müssen.

In welchem Ausmaß die Natur in der menschlichen Psyche veränderte Bewußtseinszustände hervorrufen kann, ist bisher nie hinreichend gemessen worden. Für jemanden, der allein und ungeschützt fastet, kann schon ein kräftiges Gewitter vorübergehend Trugbilder von Bedrohung oder erschreckenden Dimensionen hervorrufen. Ständigem Wind oder ständiger Sonneneinstrahlung ausgesetzt zu sein, kann einen Suchenden in zeitweilige Hysterie oder Trance verfallen lassen. Ein strahlender, wolkenloser Tag kann zu Zuständen absoluter Glückseligkeit oder tiefster Meditation führen. Eine dunkle, mondlose Nacht kann genau ihr Gegenteil bewirken – blendende innere Erleuchtung. Aber die meisten Bewußtseinsveränderungen sind ganz subtil und kommen allmählich durch eine endlose Folge von natürlichen Bildern zustande, die nicht durch Bekanntes oder Zivilisiertes unterbrochen werden. Das Zeitgefühl verlangsamt sich; der innere Dialog kommt zum Erliegen; die Aufmerksamkeit wird konzentriert oder erweitert auf die Einstimmung in die natürlichen Rhythmen und Kräfte.

Die Wahrheit, die dem Menschen in einem veränderten Bewußtseinszustand mitgeteilt wird, ist nicht immer leicht zu verstehen. Oft muß ihre Bedeutung in einem ansonsten ganz normalen Leben erfahren werden. Vor vielen Jahren erlebte ein Mann beim Fasten in der Wildnis eine radikale Bewußtseinsverschiebung. Er saß im Dunkeln, als plötzlich um ihn herum Flammen in die Höhe schossen, die glühend heiß vor seinem Gesicht brannten. Er fand sich in einem engen, kistenähnlichen Behälter eingeschlossen und wurde bei lebendigem Leibe verbrannt, empfand jedoch keinen Schmerz dabei. Durch eine große Willensanstrengung gelang es ihm, sich da herauszuwinden und in die normale Dunkelheit einer Nacht in der Wüste zurückzukehren. Doch noch Jahre später, als er schon viele Veränderungen in seinem Leben durchgemacht hatte, versuchte er die Bedeutung dieser Erfahrung zu entschlüsseln. Das ging sogar soweit, daß er inständig darum betete, noch einmal an diesen Ort und in diese Zeit zurückkehren zu dürfen, um die Wahrheit darüber herauszufinden. Erst an dem Tage als er den Leichnam seiner Mutter einem Krematorium übergab, begriff er, was seine Vision zu bedeuten hatte. Er hatte einen Moment lang die Verbrennung seines eigenen Leichnams erlebt. »Dann begriff ich, daß nicht die Halluzination selbst das Wichtige dabei war«, erläuterte er später, »sondern die Suche nach ihrer Bedeutung war es, die meinem Leben einen neuen Sinn gegeben hatte.«

Wenn ein Initiand eine Erfahrung mit einer veränderten oder außergewöhnlicher Realität macht, braucht er oft Hilfe, um sie in den normalen Kontext seiner Lebensgeschichte einordnen zu können. Die Erfahrung muß im Hinblick auf ihre Bedeutung für sein Wertsystem und seine Hoffnungen interpretiert werden. Es würde überhaupt nichts nützen, ihm zu sagen, er solle sich als Medium sehen, wenn er in Wirklichkeit glücklich ist, ein Buchhalter zu sein. Noch würde etwas dabei herauskommen, einem eingefleischten Christen beibringen zu wollen, daß seine Vision vom Okkulten oder Heidnischen herrührt. Am besten hilft man ihm dabei, die Bedeutung seiner Vision selbst herauszufinden, das heißt ohne »professionelle« Erklärung. Wenn sein Leben eine Entdeckungsreise ist, dann ist es zu seinem Vorteil, es selbst zu entdecken.

Es ist jedoch auch wichtig, die Bedeutung von Visionen oder veränderten Bewußtseinszuständen nicht überzubewerten. Visionen sind nicht der eigentliche Endzweck. Sie bedeuten nicht automatisch Veränderung. Sie sind kein Ersatz für ehrliche Introspektion, das heilende Ausleben von Emotionen oder für die Klarheit und das seelische Gleichgewicht, das erforderlich ist, wenn man den Menschen um sich herum etwas Gutes tun will. Visionen sind nur Vehikel. Und Vehikel müssen gelenkt werden.

Heimsuchung und die Anwesenheit unsichtbarer Geister

Während ihres einsamen Visionsfastens in der südlichen Warner Wildnis wurde sich eine Frau, die den Tod ihres Mannes betrauerte, plötzlich seiner Anwesenheit an ihrer Seite bewußt. Ein Mann, der allein in seinem Bestimmungskreis in den Funeral-Bergen saß, hörte ein plötzliches Krachen am Berghang hinter sich. Im Mondlicht konnte er die Silhouette eines Dickhorn-Schafbocks ausmachen. Das Tier mit seinen massiven, gewundenen Hörnern kam bis auf etwa sechs Meter auf ihn zu, hielt dann an, stand still und sah ihn an. Eine Heranwachsende saß allein am Feuer und feierte das Ende ihrer Kindheit. Plötzlich drehte sie sich zur Seite und sah eine alte Indianerin ihr gegenüber sitzen. »Wer bist du?« fragte die junge Frau. »Ich bin deine Großmutter«, antwortete die alte Frau. Eine Frau, die im Eureka-Tal fastete, fühlte sich von einem Cañon angezogen, an dessen Eingang ein riesiger Felsblock lag. Sie beschloß, ihn zu ihrem Kraftort zu machen. In der Nacht begann der Felsblock sich zu bewegen, seine Gestalt zu verändern und stöhnende Geräusche von sich zu geben. Irgendwie überstand sie die Nacht. Am nächsten Morgen jedoch unterbrach sie ihr Fasten und erklärte, daß sie nicht bereit sei, es mit so einer Kraft aufzunehmen. Ein Mann der in einem Cañon in den Inyo-Bergen fastete, fühlte, daß sich ihm während eines Gewitters irgend etwas von hinten näherte. Es packte ihn um die Taille und schnürte ihm den Atem ab. Eine übergewichtige Frau, die unter Hypoglykämie litt und in den White Mountains fastete, wachte eines Morgens auf und fand alles, insbesondere jedoch ihre Wasserflasche völlig von einem Pelz von Bienen eingehüllt. Eine Frau, die auf Visionssuche in den White Mountains unterwegs war, wurde von einem Schlaffieber befallen. Irgendwann wachte sie auf und schaute zum Himmel. Ein großer goldener Vogel schwebte über ihr. Sie rieb sich die Augen und sagte sich: »Ich muß im Fieberwahn sein.« Aber was sie auch tat, der Vogel war immer noch da. Er schwebte auf geheimnisvolle Weise über ihr und flog schließlich irgendwann nach Osten davon.

Dies sind nur ein paar Beispiele für die Arten von Begegnungen, die die Initianden während ihrer Reise über die Schwelle erleben können. Heimsuchungen von Geistern lebender oder toter Personen, unheimliche Begegnungen mit Tieren und Geistwesen, zufällige Zusammentreffen mit »Verbündeten«, außerirdischen Wesen, Engeln, Führern, Beschützern, Dämonen, Drachen, all dies sind Reflexionen der Psyche im Spiegel der Natur. Man ertappt sich dabei, wie man solche Geschichten durchgeht, sie danach abklopft, was echt und was unecht sein könnte, und gleichzeitig versucht, nicht zu hart zu urteilen. In wieweit bestimmt die Wunschvorstellung solche visionären Erlebnisse? Herr So-und-so behauptet, ein Adler sei auf seinem Kopf gelandet. Na schön, das kann gut sein, aber wie verändert ihn dies? Die Gültigkeit einer Vision steht in direktem Zusammenhang damit, ob er in der Lage ist, ihre Bedeutung zu erfassen und sie in sein praktisches Leben zu integrieren.

Bei den kraftvollsten Heimsuchungen kommt es zu einer Kommunikation zwischen dem Initianden und dem ihm erscheinenden Wesen. Wenn er sich daran erinnern kann, was sie miteinander ausgetauscht haben, hat er bereits den ersten Schritt in Richtung Integration getan. Wenn er sich nicht daran erinnern kann, was gesagt wurde, kann er es vielleicht sehen oder fühlen. Kann er mit keinem seiner Sinne die Bedeutung des Austausches erfassen, so verblaßt der Inhalt der Vision oft sehr schnell wieder.

Die meisten Initianden erleben jedoch die Anwesenheit unsichtbarer Wesen oder Begegnungen mit Geistern weniger intensiv als in den genannten Beispielen. Oder vielleicht sollte man lieber sagen, daß solche Erlebnisse fast immer stattfinden, meist jedoch nicht als solche erkannt werden. Nur wenn sie sich in übertriebener oder sehr eindrucksvoller Weise manifestieren, rufen sie genügend Aufmerksamkeit hervor. Deshalb lautet eine der Ermahnungen alter indianischer Medizinmänner an diejenigen, die sich auf die Suche nach einer Vision begeben: »Sei aufmerksam!« Da die modernen Menschen jedoch die meiste Zeit unaufmerksam durchs Leben gehen, besteht wenig Gefahr, daß ihnen zuviel zugemutet wird. Diejenigen, die die Schwellenwelt im Halbschlaf betreten, werden die Geschichte, die sich ihnen im Spiegel zu erkennen gibt, oft nicht begreifen. Wir beten darum, daß ihnen die Augen für das heilige Detail ihres Übergangsritus geöffnet werden. Diejenigen jedoch, die den Ritus vollziehen, um sich mit ihrer Heiligkeit, ihrer Medizinmacht oder ihrer göttlichen Zustimmung zu brüsten, müssen an ihre Menschlichkeit erinnert werden. Für sie beten wir ebenfalls inständig, und zwar nicht um Heimsuchungen durch Geister, sondern durch schlechtes Wetter.

An der Schnittstelle zwischen Natur und Mensch

Die Übereinstimmung zwischen der inneren psychischen Landschaft und der äußeren Welt, zwischen Mikrokosmos und Makrokosmos, zwischen dem Profanen und dem Heiligen, zwischen Mensch und Natur ist eine typische Erfahrung der Schwellenwelt. Der karmische Tanz des Initianden in der Welt der Natur spiegelt seinen inneren Tanz mit dem Karma wider. Natürlich ist diese Übereinstimmung nicht nur ein Phänomen, das in der sakralen Welt des Übergangsritus auftritt. Sie findet überall und immer statt. Nur werden in einem Übergangsritus solchen Übereinstimmungen, Zusammentreffen und Synchronismen innerhalb der Zeremonie größere Aufmerksamkeit geschenkt und mehr Bedeutung beigemessen.

Eine Frau in den mittleren Jahren, die gerade frisch geschieden ist und »sich unfähig fühlt, ihren Platz im Leben zu finden«, verirrt sich in den Bergen der Schwellenwelt. Ein Zaunkönig zeigt ihr den Weg zurück zu ihrem Lagerplatz. Ein junger Mann, der sich Sorgen macht über seine unsichere Zukunft, denkt an seine Frau, die er erst vor kurzem geheiratet hat und faßt neuen Mut. Er schaut nach oben und sieht zwei Rotschwanz-Habichte über sich kreisen. Eine gerade verwitwete Frau sitzt am Feuer und denkt an ihren verstorbenen Mann. Als sie zu weinen beginnt, heulen Kojoten in der Dunkelheit. Eine überaus gebildete, gelehrte Frau, die sich hartnäckig weigert, ihrem eigenen »Schatten« ins Gesicht zu schauen, fastet, um eine »mystische Erfahrung« zu erlangen. Sie schaut solange mit ungeschützten Augen direkt in die Sonne, bis sie sich die Netzhaut verbrennt und sich vorübergehend selbst geblendet hat. Während sie voller Schmerzen in der Dunkelheit herumtastet, schwirrt immer wieder ein Kolibri um sie herum, der ihren rosa Pullover für eine große Blume hält. Ein Mann tanzt stundenlang, um die Geister herbeizurufen. Als er kurz vor Tagesanbruch zu seinem Schlafsack zurückkehrt, entdeckt er, daß dieser von einem Silberlöwen bepinkelt wurde. Ein junger Mann, der fest entschlossen ist, eine »schamanische Erfahrung« zu machen, bleibt die ganze Nacht über im Regen wach und singt in seinem Bestimmungskreis vor sich hin. Beim ersten Tageslicht fällt er völlig erschöpft um und wird von einem Skorpion gestochen. Ein Mann, der Angst vor der Dunkelheit hat, beschließt seinen Mut durch eine Nachtwanderung zu testen. Er erreicht seinen Zielort ohne Zwischenfälle und setzt sich einen Moment lang hin, um auszuruhen, bevor er sich auf den Rückweg macht. Er hört ein kratzendes, scharrendes Geräusch im Busch hinter sich. Die Haare stehen ihm zu Berge. Er dreht sich um, um nachzusehen. Es ist ein junges Wildkaninchen mit Watteschwänzchen.

In allen Erfahrungen dieser Art steckt eine Geschichte. Diese Geschichte hat ihren Ursprung im Spiegel der Natur, aber der Initiand ist es, der sie erzählt. Die Geschichte ist bei jedem Menschen anders. Nur die Bühne ist für alle dieselbe. Der Held spielt sein Drama in der Welt der Natur. Sein Drama ruft psychische und physische Rückstrahlungen, Bilder und Gesten in dem Spiegel hervor. Irgend etwas in dem Spiegel ist bewußt da. Irgend etwas antwortet, irgend etwas, das sowohl von der Natur als auch vom Menschen geschaffen wurde.

In der Schwellenwelt passiert nichts Zufälliges. Das Chaos des Grenzzustandes wird durch die Wahrnehmungen des Kandidaten in eine subjektive Ordnung gebracht.[26] Diese Ordnung ist geprägt durch den Grundsatz, daß während der Prüfung das Heilige und das Profane ein und dasselbe sind. Was in der materiellen Welt passiert, wird in der spirituellen widergespiegelt und umgekehrt. Wer denkt, Blitze schlügen nach dem Zufallsprinzip ein, beachtet nicht die Schnittstelle zwischen Mensch und Natur (zwischen dem Profanen und dem Sakralen) und sieht nicht, wie sich beide überlagern. Der Initiand steht die Prüfung durch, um den Plan, die Struktur, das Symbol und die Geschichte dahinter herauszufinden, die seinen Lebensmythos und sein Geschenk an seine Gemeinschaft ausmachen.

Das Aufspüren der Medizin

In vielen Fällen muß der Initiand erst darin geschult werden, die Zeichen zu erkennen, die er selbst im Spiegel der Natur hervorgerufen hat. Die meisten zivilisierten Menschen haben gewisse Schwierigkeiten mit der Vorstellung, daß alle Dinge in der Natur sprituelle Spuren hinterlassen, Zeichen ihres heiligen Ursprungs. Während des symbolischen Todes auf der Schwelle sind diese Zeichen im Spiegel klar sichtbar und warten darauf, erkannt und in Anspruch genommen zu werden. Darauf spielt Gary Snyder an in seinem Gedicht *Was Sie kennen sollten, wenn Sie ein Dichter sein wollen.*[27] Als Dichter, so Snyder, sollten Sie kennen:

> *Alles, was Sie nur können, über Tiere und Menschen,*
> *Die Namen von Bäumen und Blumen und Unkräutern, Die Namen der Sterne und die Bewegungen der Planeten und des Mondes.*
> *Ihre eigenen sechs Sinne mit einem wachsamen und edlen Verstand.*

In der Tat begibt sich der Initiand mit der Sensibilität eines Dichters in die Schwellenwelt. Man denke nur an die archetypischen Konnotationen solcher Dinge wie Licht, Schatten, Berg, Sonne, Schutz, Fluß, Quelle, Wüste, Wald, Wiese, Grat, Blume oder Wind. Mit dem symbolischen Tod auf der Schwelle wird ein Kind geboren, welches das sakrale Licht in allem sieht. Wie Adam hat es die Möglichkeit, allem, das es berührt, einen Namen zu geben, es im Zustand der eben erst vollendeten Schöpfung zu betrachten. Außerdem hat es die Möglichkeit, von der Schöpfung berührt zu werden und selbst einen Namen zu bekommen.

Vor einigen Jahren kam eine zwanzigjährige Frau zu uns in die *School of Lost Borders*, um an einer Reise in die Unterwelt teilzunehmen, auf die sie sich sechs Monate lang vorbereitet hatte. Einen Monat vor der Reise machte sie eine Medizinwanderung. Als große Naturliebhaberin wanderte sie in einer wilden Gegend umher und fand dabei das Gerippe eines Hirsches mit Geweih. Sie nahm das Geweih mit. Ein Stück weiter hob sie einen Knochen vom Vorderlauf eines Tieres auf, das zur Hundespezies gehörte, wahrscheinlich einem Kojoten. Sie schrieb uns, weil sie sich fragte, ob diese Zeichen wohl etwas mit ihrer »Tiermedizin« zu tun haben könnten. Wir gaben ihr eine unverbindliche Antwort. Was ihre Wanderung wirklich bewies, war, daß sie sich allein in der Wildnis zurechtfinden konnte. Vielleicht würde ihr nach ihrer Reise klarer sein, was das Geweih und der Knochen für sie bedeuteten.

In den letzten Tagen ihrer Vorbereitungszeit kam sie wieder auf den Punkt zu sprechen. Sie hatte das Geweih verschenkt, wußte aber nicht, ob das richtig war. »Schon als kleines Kind wünschte ich mir immer, Kojote-Medizin zu besitzen«, gestand sie uns. »Meinen Sie, ich soll den Knochen als Talisman mit auf die Reise nehmen?« Wir rieten ihr, einen alten Paiute-Heiler zu befragen, der in unserem Tal wohnt. Der alte Mann hörten ihren begierigen Fragen zu und sagte dann: »Die Leute bekommen Kojote-Medizin erst, wenn sie über 50 sind. Sie haben noch einen langen Weg vor sich.« Dann warf er ihr einen forschenden Blick zu. »Hirsch ist gute Medizin«, sagte er. »Hirsch ist gute Medizin für Frauen.«

Am nächsten Morgen ließen wir sie am Fuße des Crooked Creek in den östlichen White Mountains zurück. Sieben Tage später und etwa dreißig Kilometer weiter würden wir sie an der Kreuzung ihres Cañon mit der Bristlecone Pine Road auf einer Höhe von etwa 3800 Metern wiedersehen. An jedem Tag ihrer Reise würde sie sich einer neuen Prüfung unterziehen müssen, denn insgesamt hatte sie etwa 1700 Höhenmeter zurückzulegen. Resolut kehrte sie uns den Rücken, jedoch immer noch unsicher, was sie von ihrer »Tiermedizin« zu halten hatte.

Die Tage vergingen. Wir überprüften ihre Kontrollpunkte. An der Dead Horse Meadow hinterließ sie eine Nachricht, die besagte, daß sie okay sei, aber daß das Laufen sie ziemlich anstrenge. Weiden und wilde Rosen hätten sie beim Vorwärtskommen in einem engen, weglosen Cañon behindert. Unverhofft sei sie auf Angler gestoßen, und da sie nicht gesehen werden wollte, hätte sie sich durchs Gebüsch davongemacht wie ein Hirsch.

Das klare Juliwetter verschlechterte sich. Gewitter gingen jeden Nachmittag über dem Cañon nieder. Es hatte Überschwemmungswarnungen für das Gebiet der Wasserscheide in den White Mountains gegeben. Am frühen Nachmittag des fünften Tages, ihrem »Tag des Feuers«, überprüften wir den Kontrollpunkt etwa acht Kilometer vor dem Ende des Cañon. Eine neuerliche Nachricht erwartete uns: »Es geht mir gut. Müde. Ungefähr drei Kilometer nach Dead Horse Meadow gab es kein Weiterkommen in dem Cañon mehr. Gott sei Dank waren da Hirschspuren! Warte immer noch darauf, Hirschen zu begegnen.« Am selben Nachmittag braute sich um die Blanco Mountains ein schwarzes Wolkengebilde zusammen und ergoß sich in einem Hagel von eisigem Regen. Das Wasser im Bach stieg um etwa 15 Zentimeter an. Bei Nacht klarte es auf, aber die Temperaturen sanken ab. Nur die Geister sahen ihr zu, wie sie die ganze Nacht hindurch auf über 3000 Meter Höhe tanzte, nur um sich warm zu halten.

Am sechsten Tag, ihrem »Tag des Geistes«, war der Himmel kalt und klar, überzog sich jedoch rasch mit Wolken. Der Nachmittag brachte Graupelschauer und Wind, der so kalt war, daß sie ihm kaum standhalten und atmen konnte. Später erzählte sie uns: »Irgendwann an diesem Tag begann ich daran zu glauben, daß die Hirschgeister mir zur Seite stehen. Ich begann laut mit ihnen zu reden und sang ihnen etwas vor, um sie aus ihrem Versteck zu locken, damit sie mir den Weg zeigen konnten.« Am selben Abend, geleitet durch ein Gefühl, daß ein großer Hirsch mit vielendigem Geweih ihr den Weg weise, fand sie eine schmale Aushöhlung zwischen zwei überhängenden Felsblöcken. Dort richtete sie sich ein warmes, trockenes Lager für die Nacht her.

Am Tag ihrer Rückkehr von der Schwelle wachte sie auf und sah eine wunderschöne Landschaft vor sich. Eine dünne Schicht Schnee hatte alles ringsherum eingehüllt. Die Sonne stieg langsam am knisternd kalten Himmel empor und berührte mit ihren Strahlen die hoch emporstehenden Monolithe der Wheeler Crest im gegenüberliegenden Owens-Tal Richtung Westen. Voller Ehrfurcht packte sie ihre Sachen zusammen und wanderte die letzten paar Kilometer aus dem

Tal hinaus. Als wir am vereinbarten Punkt nicht sofort erschienen, begann sie nachzudenken. Wieso hatte sie wohl keine Hirsche gesehen? Sie drehte sich um, und da waren sie: Ein ganzes Rudel überquerte die Straße keine zwanzig Meter entfernt von ihr. Sie bewegten sich der aufgehenden Sonne zu und schienen sich nicht um ihre Gegenwart zu scheren. Sie zählte ein Dutzend Hirschkälber und -kühe und zwei Hirsche, einer vorn und der größere von beiden am Ende des Rudels. Plötzlich hielt der Platzhirsch inne und schaute ihr eine kleine Ewigkeit lang direkt in die Augen. Dann warf er sein vielendiges Geweih herum, schnaubte und ging wieder seinen Pflichten als Beschützer des Rudels nach.

Die Geschichte von Morgenhirsch, wie sie sich danach nannte, veranschaulicht einige der subtilen Aspekte des »Aufspürens von Medizin«. Echte Medizinmacht offenbart sich einem nicht auf einfache Art und Weise. Geduld ist das Schlüsselwort. Nur wenn der Initiand aufmerksam ausharrt, wird er in der Lage sein, die Umrisse seiner Medizin im Spiegel der Wildnis zu erkennen:

Überlegung ist eine Eigenschaft Gottes.
Wirf einem Hund irgend etwas hin.
Er schnüffelt daran, um zu sehen, ob er es mag...[28]

Rumi, *Mathnawi III*

Beachtenswert ist auch, wie wenig Hilfe Morgenhirsch von ihren Hebammen erhielt. Der alte Indianer gab ihr eine kurze Empfehlung, doch keineswegs wurde von ihr erwartet, sich daran zu halten. Stets wurde betont, daß sie es selbst herausfinden müsse.

Morgenhirsch hatte ihren ersten großen Schritt in Richtung »Hirschmedizin« gemacht. Doch ihre Suche war damit keinesfalls abgeschlossen. Sie mußte erst in ihre Gemeinschaft und zu den Anforderungen eines veränderten Lebens zurückkehren. Wenn der Hirsch ihr in den folgenden Jahren treu bleiben würde, dann würde seine Kraft zunehmen und ihr Leben bereichern. Wenn der Hirsch doch nicht ihre Medizin war, würde sie ihn allmählich vergessen und ihre Pflichten, ihn zu ehren, zu respektieren und für seine Kinder zu beten, vernachlässigen. Der Klang seiner Stimme in ihrem Innern würde vom Krach des Alltagslebens übertönt.

Persönliche Mythenmedizin

Eine fünfunddreißigjährige Frau, die im Alter von fünfzehn Jahren vergewaltigt worden war, hatte sich zur Visionssuche angemeldet. Sie war bereits zweimal verheiratet und zweimal geschieden und gestand nun, daß sie sich in einer Lebenskrise befand. Sie zog in Betracht, wieder zu heiraten, hatte jedoch große Angst vor den Konsequenzen. Die Vergewaltigung hatte in ihr ein derartiges Trauma hinterlassen, daß sie bei ihren beiden vorherigen Ehemännern unfähig gewesen war, »sich sexuell gehen zu lassen«. Sie hoffte nun durch die Teilnahme an diesem Ritus, ihrem Teenagertrauma ein für allemal ein Ende zu bereiten, die alte Wunde zu heilen und der in ihrem Innern angestauten Wut gegen Männer Luft zu machen.

Zur Vorbereitung begab sie sich einige Wochen vor dem eigentlichen Übergangsritus auf eine Medizinwanderung. Nach Beendigung dieser Zeremonie kam sie zu uns, erzählte uns die Geschichte ihrer Wanderung und fragte uns nach ihrer Bedeutung. Hier die Geschichte:

> *Ich machte meine Medizinwanderung in den wilden San-Gabriel-Bergen hinter meinem Haus. Ich ging bei Sonnenaufgang los und hatte nur meinen kleinen Tagesrucksack und meine Wasserflasche dabei. Aus Angst, auf irgendeinen unangenehmen Typen zu treffen, hielt ich mich abseits der Wege. Es war ein heißer, wolkenloser Tag. Ich fing an zu schwitzen und setzte mich in den Schatten einer Eiche, um ein bißchen abzukühlen. Eine Biene fing an, um mich herumzusummen. Sie war so zudringlich, daß ich schließlich wieder aufstand und mich aufmachte, um den Cañon weiter hoch zu wandern. Ich lief an einem kleinen*

Bach entlang, aber das Gestrüpp wurde so dicht, daß ich schließlich im Bach weiterwaten mußte, um überhaupt vorwärts zu kommen.

Schließlich kam ich zu der Stelle, an der der Bach aus der Erde kam. Ich befand mich auf einer kleinen Lichtung. Ich setzte mich auf einen Stein und sah mich um. Ich konnte den Cañon nicht weiter hochgehen. Da war kein Durchkommen mehr, zu steil und zu dicht mit Unterholz bewachsen. Als ich in der heißen Sonne saß und mir überlegte, was wohl als nächstes auf mich zukommen würde, sah ich die Hinterbeine und den Schwanz einer Eidechse. Sie war von irgendeinem Raubtier, vielleicht einem Vogel, in der Mitte durchgebissen worden. In der Nähe fand ich die Vorderbeine und den Kopf. Aus irgendeinem Grunde erregte die durchtrennte Eidechse bei mir Übelkeit. Die Fliegen schwirrten um die beiden Teile herum. Es wurde mir schwindelig und flau in der Magengrube, und ich wurde böse auf mich selbst, daß ich überhaupt hierher gekommen war...

Ich ging zurück zu der Quelle und setzte mich unter einen Kastanienbaum. Ich dachte an John, meinen zukünftigen Ehemann, bei der Arbeit und fragte mich, ob er mich wohl wirklich so liebte, wie ich war, auch ohne Sex. Ich stellte mir vor, daß er meiner schnell überdrüssig werden würde... Aber das bekam mir nicht. Ich trank ein bißchen Wasser und legte mich mit dem Kopf auf dem Rucksack hin. Ich glaube, ich bin dann eingeschlafen. Ich hatte irgendeinen Traum, der mir Angst machte, aber als ich aufwachte, konnte ich mich nicht mehr daran erinnern.

Ich lag eine Weile so da und schaute zum Himmel hinauf. Dann stand ich auf und wanderte im Bach wieder hinunter, glücklich wieder im Tal zu sein.

... Ich saß eine Weile da, baumelte mit den Beinen im Wasser und dachte über alles mögliche nach. Ich stellte fest, daß ich mit John ein Baby haben wollte. Habe jedoch keine Ahnung, was er davon hält. Das

Wasser des Baches kühlte meine Zehen. Ich fühlte mich ziemlich gut. Ich schlenderte ein bißchen umher, um irgend etwas zu finden, was ich mit zurücknehmen könnte. Ich dachte an die Leute bei der Arbeit. Was könnte ich ihnen mitbringen? Aus irgendeinem Grunde ging mir die Eidechse nicht aus dem Kopf. Ich wünschte mir, ein Gott zu sein, damit ich sie wieder zusammenflicken und gesund machen könnte...

Gerade als ich zum Auto zurückgehen wollte, fand ich ein wunderschönes Büschel kalifornischen Mohns am Wegrand. Zuerst nahm ich mir vor, nur eine der goldenen Blumen zu pflücken. Aber es schien mir nicht gerecht, eine zu pflücken, die in voller Blüte stand. So pflückte ich eine Knospe, die noch nicht aufgegangen war, und steckte sie mit dem Stiel in meine Wasserflasche. Und das brachte ich meiner Gemeinschaft zurück.

Die allegorische Landschaft

Die Initiandin bewegt sich in einem Universum der Doppeldeutigkeiten. Die Merkmale der Landschaft stimmen mit ihrer psychischen Landschaft überein. Das Normale und Symbolische, das Sichtbare und Unsichtbare, das Ich und das Selbst sind eins. In welche wilde psychische Gebirgslandschaft begibt sie sich hinein? Der von ihr gewählte Cañon ist im Grunde unpassierbar. Trotzdem muß sie dem Bach bis zur Quelle folgen. Warum muß sie das? Hätte sie nicht umkehren können? Da ist eine Hartnäckigkeit in ihr, sie hat einen Entschluß gefaßt. Ihr Ziel besteht jedoch nur darin, herauszufinden, daß sie in das Gebirge ihrer Hoffnung nicht weiter vordringen kann. Der Weg ist unpassierbar. Der Weg, den sie eingeschlagen hat, führt sie nur ein bißchen über die Quelle hinaus.

Sie entdeckt die zerstückelte Eidechse und identifiziert sich mit ihrem Schicksal. Die Eidechse ist sie selbst, das Opfer eines Raubtieres. Hier trifft sie auf ein stilles Zeugnis des Todes, einen Hinweis auf das Böse. Ihr Vergewaltigungstrauma wird im Spiegel der Natur reflektiert. Der Anblick erregt Schwindel und Übelkeit bei ihr; sie fühlt sich als Opfer ihrer eigenen Entscheidung, diese Medizinwanderung zu machen.

Aber sie überläßt sich nicht hilflos dem Einfluß ihrer Gefühle. Das Trauma ist alt und vom Gestrüpp späterer Erfahrungen überwachsen. Sie kehrt um und geht zurück zur lebenspendenden Quelle, der Quelle, an der ihr zukünftiger Ehemann sie unter einem Kastanienbaum besucht (die Rinde der Roßkastanie wird auch heute noch in der Veterinärmedizin zur Heilung dämpfiger Pferde verwendet). Dort läßt sie ihren Gedanken freien Lauf und stellt sich nur das Schlimmste für ihre neue Beziehung vor. An diesem Punkt erreicht sie gewissermaßen einen Tiefpunkt. Der Spiegel der Natur hat sie an ihr altes Trauma erinnert, und sie sieht ihrer bevorstehenden Ehe pessimistisch entgegen.

Und der Traum – was war der angsterregende Traum? Wurde er durch die zerstückelte Eidechse hervorgerufen? Sie begegnete einer Art Ungeheuer. Wurde sie von ihm besiegt oder konnte sie es bezwingen? Die einzig mögliche Antwort ist aus ihrem darauffolgenden Verhalten abzulesen. Sie liegt eine Weile nur so da und schaut in den blauen Himmel hinauf (blau ist die typische Medizinfarbe der Indianer aus dem Südwesten der USA). Was dachte und fühlte sie dabei, was stellte sie sich vor? War es ein meditativer Zustand? Egal, was es war, auf jeden Fall gab es ihr Entschlossenheit. Sie stand auf und ging wieder ins Tal zurück, wo sie glücklich war. Wieso das Tal? Welche Rolle spielt das Tal?

Von jetzt an schwingt das Pendel in die positive Richtung. Sie läßt ihre Füße im kühlen Wasser hin- und herbaumeln, fängt an, die Situation zu genießen, anstatt sich anzutreiben. Sehen wir hier nicht vielleicht eine Art, wie sie sich regenerieren kann, einen Hinweis darauf, wie sie eventuell ihre Krise bewältigen kann?

Sie stellt sich vor, mit John ein Baby zu haben. Sie sieht seine Haltung dabei nicht als völlig ablehnend. Vielleicht gibt es ja doch Hoffnung. Aber wieso möchte sie ein Kind haben in einer womöglich instabilen Ehe? Geht sie hier nicht auf dieselbe Art und Weise vor wie bei ihrer Wanderung in das steile, gefährliche Gebirge? Vorsicht, nur keinen falschen Tritt hier! Nur ja nicht anstoßen! Spür, wie das kühle Wasser deine Zehen umspielt. Entspanne dich. Denk an irgend etwas anderes. Finde irgendeinen Gegenstand, den du deiner Gemeinschaft mitbringen willst.

Während sie nach einem Symbol sucht, wie sie ihrer Gemeinschaft helfen könnte, gibt sie sich Phantasien hin, in denen sie sich als Gott sieht, der die Eidechse (nämlich sie selbst) heilt. Alles, was sie tun muß, ist, den hinteren Teil mit dem vorderen verbinden, die Genitalien und den Kopf (oder das Herz) wieder zusammenfügen.

Die goldene Mohnblume, die sie schließlich findet, ist ein uraltes Symbol für Schlaf und Heilung. Der Sage nach suchte Demeter, die Göttin der Fruchtbarkeit, lange nach Persephone, ihrer Tochter, die vom Gott der Unterwelt vergewaltigt und entführt worden war. Die Götter erbarmten sich ihrer rastlosen, verzweifelten Suche und ließen auf ihrem Weg Mohnblumen aus dem Boden sprießen. Immer wenn sie anhielt, um eine zu pflücken, fiel sie in einen tiefen heilsamen Schlaf. Ist es möglich, daß diese Frau, wie Demeter, verzweifelt und verbissen in den undurchdringlichen Cañons des wilden Gebirges ihr kleines, vergewaltigtes Mädchen suchte? Vielleicht sagen ihr die Götter: »Entspanne dich. Die Heilung kommt, wenn du dich nicht mehr so sehr an deinen Schmerz klammerst.« Die goldene Farbe des Mohns deutet auf die aufgehende Sonne hin, das Versprechen der Wiedergeburt.

Sie wollte keine Mohnblume pflücken, die schon aufgeblüht war, sondern nahm lieber eine Knospe, die sich dem Licht noch nicht geöffnet hatte. Ganz bewußt wählte sie einen Gegenstand, der Schönheit und potentielle Pracht verhieß, um ihn ihrer Gemeinschaft als Symbol ihrer selbst mitzubringen. Sie verdiente sich dieses positive Zeichen, weil sie sich von ihrer Wunde, symbolisiert durch die durchtrennte Eidechse, abwandte. Ihre ganze Medizinwanderung erzählt uns die Geschichte einer Heldin, die sich von der Dunkelheit weg dem Licht zuwendet. Bald wird sie erblühen.

Sie ist jetzt bereit, sich einem Übergangsritus zu unterziehen, der der Macht der Wunde über sie formal ein Ende setzt.

SUCHE NACH DEM GLEICHGEWICHT

Jede Medizingeschichte gibt, wie die eben beschriebene, wichtige Hinweise auf die Fähigkeit des Initianden, sich auf den kollidierenden Wogen der Krise im Gleichgewicht zu halten. Ein Gleichgewicht zwischen den positiven und negativen Elementen weist beispielsweise auf eine Person hin, die in der Lage ist, sich in die Finsternis zu begeben und dort Licht zu finden oder umgekehrt, eine Person, die in der Lage ist, ins Licht zu gehen, ohne dabei zu vergessen, daß auch die Finsternis existiert. Eine Geschichte, die nur in Schattierungen von Schwarz erzählt wird, weist auf einen Menschen hin, der wahrscheinlich Schwierigkeiten hat, sich selbst zu regenerieren. Eine Geschichte hingegen, die nur in Tönen von Süße und Licht geschildert wird, deutet auf eine Person hin, die krampfhaft versucht, ihre dunkle Seite zu ignorieren oder zu verstekken. In der Geschichte unserer Frau sind die positiven und negativen Elemente ausgewogen. Bei ihr kann man zuversichtlich sein, daß sie sich mit den Jahren vom Trauma ihrer Vergangenheit der Blüte ihrer Zukunft zuwenden wird.

Auch auf eine andere Art von Gleichgewicht muß man achten: auf das Gleichgewicht zwischen Kind und Erwachsenem, zwischen Emotion und Gedanke, Empfinden und Verstehen, Unschuld und Erfahrung. Verbringt der Initiand die ganze Zeit damit, wie ein Kind auf die Verbrechen der Umstände zu reagieren, oder versucht er im Gegenteil, alles ständig aus einer rationalen Perspektive durch die Brille der Erfahrung zu sehen, die keine Wut, Angst oder Tränen zuläßt? Ist er auf die eine oder andere Weise »festgefahren«, sind seine Aussichten auf eine Transformation seiner Person nicht besonders vielversprechend:

> *Deine Hand öffnet sich und schließt sich, öffnet sich und schließt sich.*
> *Wäre sie immer zur Faust geschlossen oder immer offen, so wärst du gelähmt.*[29]
>
> Rumi, *Mathnawi III*

Gute Medizin

Reflektiert im Spiegel der Natur zeigt uns diese Medizingeschichte, wie Selbstheilung funktioniert. Die Art und Weise der Selbstheilung wird bestimmt durch die verschiedenen Handlungsweisen, Wertvorstellungen, Symbole und Archetypen, die den »Weg« des Initianden ausmachen. Die Heilung selbst kommt dann zustande, wenn er seinen »Weg« als für sein Leben ausreichend akzeptieren kann. Seine Methode mag nicht unbedingt perfekt sein (wessen Methode ist das schon?), aber sie bedient sich der ihm innewohnenden Begabungen und seiner ureigensten Verhaltensweisen. Die Frau in unserer Medizingeschichte neigte dazu, sich unpassierbare Cañons auszusuchen in der Hoffnung, dadurch einem unangenehmen Zusammentreffen mit einem Ungeheuer auf dem Weg entgehen zu können. Aber sie konnte dem Ungeheuer in sich selbst nicht entgehen, genausowenig wie der Biene, die ihren süßen Duft roch. Sie verstand es jedoch, auf die richtige Art und Weise mit dem Ungeheuer umzugehen. Sie wandte sich ab von der Quelle ihrer Frustration und riß sich selbst aus der Depression heraus durch Schlaf, das kühle Wasser des Baches, ihren Gedanken an ein Baby und den Wunsch, ihrer Gemeinschaft irgend etwas Schönes mitzubringen.

Die Aufgabe des Medizinlehrers besteht darin, sich mit Mutter Natur zu verbünden und dem Initianden das Gefühl zu geben, daß die Art und Weise, wie er sich um sich selbst kümmert, wie er mit den Ungeheuern tanzt, wie er sich selbst regeneriert, völlig in Ordnung ist. Es geht also nicht darum, ihn auf seine Fehler, Schwächen und Unzulänglichkeiten hinzuweisen, außer natürlich, wenn sein Instrumentarium völlig unzureichend ist. »Wer ist hie billicher ein Lehrmeister denn die Natur selbst? Dieselbige hatt solcher dingen ein wissen/ und legt aller Dingen augenscheinlichen verstand für: Auß diesem augenscheinlichen verstande wirdt der Arzt underrichtet. So nun allein die Natur dasselbige weiß/so muß je auch dieselbige sein die das Recept componiert/unnd ihr kunst der componierung ligt augenscheinlich vor dem Artzt: Auß ihr geht die kunst/nicht aus dem Artzt/darumb so muß der Artzt aus der Natur wachsen mit vollkomenem verstand.« (Paracelsus, *Paragranum*)[30] Der Therapieplan der Natur ist immer gleich: akzeptieren, prüfen, stärken und lehren, und zwar unabhängig von den vermeintlichen Stärken und Schwächen des Kandidaten. Nur wenn er der Fähigkeit, seinen Überlebensmythos auszuleben, völlig entbehrt, zeigt die Natur keine Gnade.

Der Einsatz guter Medizin bedeutet jedoch nicht, die Existenz des wahrhaft Bösen zu verleugnen. In der Medizingeschichte unserer Kandidatin lauert das Böse entlang des Weges in Gestalt eines potentiellen Vergewaltigers und eines verstümmelten Eidechsenkörpers, der zerstückelt, jedoch nicht aufgefressen wurde. Besonderer Nachdruck wird jedoch auf die inneren Quellen der Initiandin gelegt, die es ihr ermöglichen, mit den negativen Mächten umzugehen, die ihr Leben von innen und außen bedrohen. Wo immer ein Ungeheuer auftaucht, sollte man darauf achten, auf welche Art und Weise der Initiand mit ihm tanzt. Je nachdem um was für ein Ungeheuer es sich handelt, kann das Spektrum der Reaktion von Flucht bis Kampf reichen. Im allgemeinen nützt es jedenfalls wenig, das Ungeheuer zu ignorieren. Es wird irgendwann zu einem späteren Zeitpunkt wieder über uns herfallen.

Allen Dingen wohnt das Heilige und das Profane als Einheit inne. In der Schwellenwelt werden die Schatten, Dämonen, das Ich und andere destruktiven Mächte in ihrer heiligen Form wahrgenommen. Sie tauchen nicht rein zufällig auf. Reflektiert im Spiegel der Natur sind sie aus einem ganz bestimmten Grund da. Sie sind da, weil der Initiand (zumindest unbewußt) weiß, daß genau das, wovor er Angst hat, ihm Kraft verleiht und sowohl das Beste als auch das Schlechteste aus ihm herausholt. Aus diesem Grunde können die negativen Mächte auch Verbündete sein und persönliche Ungeheuer kreative Energie verkörpern. Wenn das Böse schon nicht überwunden werden kann, so kann es doch herausgefordert und akzeptiert werden. Man kann ihm begegnen und seine Gestalt im Verdauungstrakt der Erfahrung verändern. Das veränderte Böse kann dann wie die noch nicht geöffnete Mohnblume in die Gemeinschaft mit zurückgebracht werden und sich dort zu voller Blüte entfalten.

Gute Medizin bedeutet also, dem Initianden behilflich zu sein, die Aussage seiner Medizingeschichte möglichst für sich selbst zu interpretieren und ihm dann zu helfen, sie in den Kontext seiner Lebensgeschichte zu stellen. Mit Hilfe eines allegorischen Interpretationsinstrumentariums kann er seine Art, mit der Negativität zu tanzen, akzeptieren oder verändern und damit seine »Methode« zu seinem eigenen Heilungsmythos machen. Er kann sehen, wie seine persönlichen Talente im Spiegel der Natur enthüllt und bestätigt werden. Der Älteste oder die Hebamme bestätigt seine Begabungen, hilft ihm, sich eigene Symbole des Kraftschöpfens und der Heilung bewußt zu machen und »anzueignen«, und stärkt vor allem seine Fähigkeit, die natürliche Ordnung und die Umwelt wahrzunehmen, auf sie einzugehen und sie zu ehren.

Der Trickster

Der kleine Mäuserich sprang so hoch er nur konnte und sah die Heiligen Berge. Dann aber fiel er herunter und landete im Heiligen Fluß. Er krabbelte ans Ufer zurück, naß und fast zu Tode erschrocken. »Du hast mich getäuscht!« schrie er den Frosch an. »Warte«, sagte der Frosch. »Du bist nicht verletzt. Laß dich durch deine Angst und deine Wut nicht blenden. Was hast du gesehen?«

Alle, die im Grunde ihres Herzens Waschbären sind, sind auch Schelme oder »Trickster«. Wie der Frosch, können sie den Mäusen mit völlig ungerührter Miene sagen, sie sollten so hoch springen, wie sie nur können. Natürlich weiß ein Waschbär, daß es nicht ganz so einfach ist. Er hat schon viele kommen und gehen sehen. Er hat schon Bären auf der Visionssuche gesehen, die in Schlangenlöcher gerieten. Er weiß, daß die kleine Maus in einen Haufen Kojotenscheiße fallen kann oder in einen Haufen ihrer eigenen Scheiße oder in ein Schlangennest oder in ein Hornissennest oder in ein Dickicht aus Feigenkakteen. Auf ihre eigene unbeugsame Art wird sie mit dem »Trick« fertigwerden. Vielleicht ist es ja auch nur ein netter, stetiger Wind oder ein Gewitter oder ein Schlafplatz, der nie weich wird, oder irgendeine Art von Unwohlsein oder ein Schwarm Moskitos oder ein nervtötender Regen. Der Waschbär wird den Mäuserich dort draußen im allgemeinen nicht allzusehr bedauern, weil er im Heiligen Fluß untergetaucht wird. Er muß diese Erfahrung machen – damit er als Springende Maus daraus hervorgehen kann.

Es würde hier zu weit führen, die vielfältigen Methoden aufzuzählen, wie gute Medizin durch den Trickster verabreicht werden kann. Die Übergangsprüfung selbst wird schon viele Initianden ohne das Dazutun anderer auf den Kopf stellen. Aber es werden sich genügend Gelegenheiten ergeben. Er wird zur Hebamme kommen, ganz in Selbstmitleid gehüllt, laut sein Schicksal beklagend, ein Opfer der Konsequenzen seiner eigenen Taten, und es allen außer sich selbst zuschreiben. Der Waschbär wird ihm vielleicht zustimmen und sogar noch lauter klagen, und dies mit solchem Pathos und Melodrama, daß der Initiand dem Übergang, den er seiner eigenen Aussage nach vollziehen will, mit größten Bedenken entgegensieht. Ein Waschbär könnte beispielsweise einem krankhaft ängstlichen Initianden, der zum zwanzigsten Mal nach der Gefahr durch Klapperschlangen fragt, mit ernstem Gesicht antworten: »Oh ja, mein Herr. Die Wüste ist nur so voll von Klapperschlangen. Da gibt es keinen Platz, wo man sich hinstellen oder -setzen könnte, ohne eine dabei zu zerquetschen. Aber machen Sie sich keine Sorgen. Es wird Ihnen überhaupt nichts geschehen, wenn Sie sich völlig bewegungslos auf Ihren Rucksack stellen.«

Wenn der Kandidat sich weigert, das Kind in sich zu zeigen, kann man ihn durch einen Trick dazu bringen, in Angst und Schrecken zu geraten. Wenn er sich weigert, wie ein Erwachsener zu handeln und Verantwortung für seine Kindlichkeit zu übernehmen, kann man ihn mit einem Trick dazu bringen, zu arbeiten, hart zu arbeiten. Wenn er sich weigert, aus seinem schwarzen Loch hervorzukriechen und zu sehen, daß er aus Licht gemacht ist, kann er durch einen Trick dazu gebracht werden, die Augen zu öffnen.

Immer läuft der Trick auf die Frage hinaus: »Was ist geschehen? Was hast du gesehen, gefühlt, gespürt oder erkannt?« Ist irgendeine Grenze oder Schranke dabei durchbrochen worden?

Bist du über dich selbst hinausgewachsen? In der Paiute-»Schwitzhütte« wird der »widrige Geist« (Trickster) vom Dolmetscher nicht »hereingerufen«, bevor die Temperatur in der Schwitzhütte nicht unerträglich geworden ist. Wenn wir alle bereits erschöpft sind, nach jedem noch so geringen kühlen Luftzug lechzen und mit unserem Latein völlig am Ende sind, kommt der widrige Geist herein und verkündet: »Diese Hütte ist so kalt, daß man darin erfriert!« »Laßt uns etwas dagegen tun«, sagt der alte Mann und gießt »heißes Wasser« auf die »gefrorenen Steine«. Mit einem Zischen, das einem den Magen umdreht, explodiert der völlig überhitzte, dunkle Teil der Hütte zu einer Art Hölle. Erst dann können wir den wahren Sinn von Gebeten erfassen, wenn die Hütte »kälter« wird und wir dazu aufgerufen sind, noch ein Lied zu Ehren des Schalks zu singen, der uns lehrt, so hoch zu springen, wie wir nur irgend können.

Prototypen der Reise über die Schwelle

Zu diesem Berg sollst du gehen in einer bestimmten Nacht (wenn sie kommt), der längsten und dunkelsten, und achte darauf, daß du dich durch Gebete vorbereitest. Bleibe beharrlich auf dem Weg, der zu dem Berg führt, aber frage keinen Menschen danach, wo der Weg liegt: folge einzig und allein deinem Führer, der sich dir anbieten und dich auf deinem Weg treffen wird.

... Dieser Führer wird dich um Mitternacht zu dem Berg bringen, wenn alles ruhig und dunkel ist. Es ist nötig, daß du dich mit einer guten Portion Heldenmut wappnest, damit du die Dinge, die da kommen, nicht zu fürchten brauchst und etwa zurückweichst ...[31]

7

Eine Reise über die Schwelle in der Wildnis nimmt das Leben, konzentriert es in einer kurzen/ewigen Spanne tatsächlicher/allegorischer Zeit und macht daraus eine Geschichte mit einer realen/symbolischen Bedeutung, deren sterblicher/unsterblicher Held eine Prüfung/Erscheinung in einer begrenzten/grenzenlosen Umwelt erlebt, in der gewöhnliche/außergewöhnliche Wirklichkeiten nebeneinander existieren. Die Geschichte ist gleichzeitig Handlung (Ritus) und Betrachtung (Mythos). Beim Durchlaufen der Geschichte lebt der Held in einer Welt der »Doppeldeutigkeiten«. Ein Tier ist sowohl Tier als auch Seele. Ein Berg ist sowohl Berg als auch Suche. Ein Stern ist sowohl Stern als auch Engel. Eine eingeschlagene Richtung ist sowohl Weg als auch Art und Weise. Ein Traum ist sowohl Traum als auch göttliche Erscheinung.

Jedesmal ist die Geschichte wieder anders, je nachdem welches Leben sie erzählt. Aber egal wie sehr die Geschichten sich auch voneinander unterscheiden, es gibt immer eine grundlegende, strukturelle Ähnlichkeit, eine Art archetypisches Grundmuster oder archetypische Dynamik. Diese Dynamik verleiht unzähligen Heldensagen, ob althergebracht oder modern, ihre Aussagekraft und liegt sowohl dem Christentum als auch dem Buddhismus und vielen anderen Religionen zugrunde. Joseph Campbell nennt dies den »Monomythos«.[32]

Der Monomythos wird oft als Kampf mit dem Drachen dargestellt, als Verlust eines Körperglieds, als Kreuzigung, als Entführung, als Reise durch die Nachtsee, als Aufgefressenwerden von einem Ungeheuer, als herkuleische Aufgabe, als Begräbnis, als Traum- oder Seelenreise, als Grenzüberschreitung, als Aufstieg auf einen Berg oder als Abstieg in die Unterwelt. Der Held nimmt es auf sich, die Schwelle zu überschreiten, um sich selbst zum Wohle seines Volkes zu transformieren. Ein König oder Erlöser etwa wählt den Tod, um sein Königreich zu retten. Eine Göttin steigt in die Unterwelt hinab, wird dort zerstückelt, um dann im Frühlingsmais wieder auf die Erde zurückkehren zu können. Der Held reist an den geheimen Ort der Götter und bringt den Menschen das Feuer mit. Die heiligen Zwillinge fordern die Todesgötter zu einem Spiel auf dem großen Ballspielplatz heraus und siegen. Das häßliche Entlein macht einen harten, einsamen Winter durch, bevor es seine Schönheit als erwachsener Schwan erlangt. Aus Liebe verläßt die Märchenprinzessin den geschützten Bereich des Schlosses ihrer Kindheit und begibt sich in den dunklen Wald, wo schelmische Zwerge leben und Hexen an die Tür klopfen, um vergiftete Äpfel zu verkaufen. Diese Allegorien beinhalten die archetypischen Grundmuster der Übergangsriten und liefern eine physisch-mythische Landschaft oder einen physisch-mythischen Prozeß, in dessen Rahmen der Kandidat seine Transformation in eine neue Seinsweise vollziehen kann.

Gleichermaßen läßt die moderne Maus alles hinter sich und begibt sich allein zum Heiligen Fluß. Dort wird sie von bösen Tieren versucht, die oft ihrer eigenen Phantasie entspringen, erlebt Emanationen und Projektionen und wird von unsichtbaren Geistwesen oder Geistführern heimgesucht. Für das Durchstehen einer langen, dunklen Seelennacht wird sie mit Weisheit, Stärke und Erkenntnis belohnt. Sie wird zu neuem Leben erweckt; ihr inneres Auge wird geöffnet; ihr wird eine Gabe verliehen. Aber die Hauptbedingung für die Verleihung der Gabe ist, daß der Held mit seiner heilbringenden Vision in die Welt der Sterblichen zurückkehrt.

Eine Visionssuche in der Schwellenwelt der Wildnis ist demnach ein »in Szene gesetzter Monomythos« oder eine »erfahrene Allegorie«. Die Geschichte muß auf eine praktische, funktionelle Form oder auf einen praktischen, funktionellen Prozeß reduziert werden. Die Grundstruktur muß zu einem »Drehbuch«, einem Szenenspiel oder einem Drama ausgearbeitet und dem Szenarium einer Umgebung angepaßt werden (dem »Theater« der Wildnis), die der zu spielenden Rolle des Helden entspricht und diese hervorhebt. Jeder Akt und jede Szene muß dazu dienen, die gewöhnliche (materielle) Welt mit der außergewöhnlichen (spirituellen) Welt zu einem kohärenten Ganzen zusammenzufügen. Die Sufis sprechen in diesem Zusammenhang von einer »Zwischenwelt«, einem Königreich zwischen Geist und Körper, das beide zu einem Seinszustand vereinigt. Die Schwellenwelt der Visionssuche in der Wildnis ist eine solche Zwischenwelt.

Prototypen der Schwelle

Die Arbeit der Hebamme besteht im Zusammenfügen der verschiedenen Teile der Geschichte zu einer kohärenten Version des Monomythos, die sowohl in der materiellen als auch in der spirituellen Welt fest verankert ist: Grundthema, Schauplatz, Dauer, Figuren und Ausgang. Die Geschichte enthält des weiteren Elemente des Auf-die-Probe-gestellt-Werdens, wie etwa Durst, Hunger, Finsternis, Abgeschiedenheit, Einsamkeit, Ausgeliefertsein, gefährliche Gegend, giftige Tiere oder Pflanzen und eingebildeter Wahnsinn. Bei der Zusammenstellung dieser im realen Leben stattfindenden Allegorie wird jedoch auf Gleichgewicht und Symmetrie geachtet, wobei vor allem versucht wird, die materielle/spirituelle, gewöhnliche/außergewöhnliche, mythische/weltliche Einheit des Grundthemas und der Bedeutung zu erhalten.

Danach tritt die Hebamme in den Hintergrund. Sie hat eine ihrer schwierigsten Aufgaben erfüllt, nämlich die Bereitstellung eines existentiellen Szenariums, das der Initiand von nun an als seine eigene Lebensgeschichte erfährt. Der »Drehbuchautor« darf sich seinen Erfolg jedoch nicht zu Kopf steigen lassen, sonst entgeht ihm ganz bestimmt irgendein Detail, das für das Überleben des Initianden innerhalb des Szenariums absolut unerläßlich ist. Der erlittene »Tod« muß immer ein symbolischer bleiben.

Modelle und ihr Ursprung

Es gibt eine schier endlose Fülle von monomythischen Varianten der Schwellenprüfung, die von Kultur zu Kultur verschieden sind. Grundthema und Schauplatz werden in einer Vielfalt verschiedener Variationen desselben Themas dargestellt. Allein bei den amerikanischen Indianern gibt es unzählige Arten von Riten in der Wildnis, von Fastenpraktiken und Formen des Visionsfasten, die sich je nachdem, von wem sie durchgeführt werden, unterscheiden. Obwohl es Unterschiede zwischen der Paiute- und der Crow-Version oder zwischen der Cheyenne- und der Ojibway-Version geben mag (oder zwischen den Vorgehensweisen zweier Medizinmänner desselben Stammes), ist doch jedes Modell nur eine andere Variante des Monomythos.

Bisweilen kommt es vor, daß irgendwelche »Medizinmänner« oder »Schamanen« (egal welcher ethnischen Herkunft) behaupten, ihr Modell oder ihre Version des Monomythos sei die einzig wahre und echte. Dies ist, als ob ein Mann sich brüstete, daß seine Version der Wahrheit, die einzig wahre und alle anderen falsch seien. Übergangsriten in der Wildnis gehören nicht einer Nation oder Tradition an. Dieser Monomythos findet sich in unser aller Abstammungsgeschichte, mögen wir nun schwarz, weiß, rot, gelb, braun oder grün sein.

Vielleicht werden die besten und effektivsten Modelle von denjenigen entworfen, die sich am engsten an den Monomythos selbst halten, von denen also, die versuchen, die Ränder zwischen Begrenztem und Grenzenlosem mit ein paar feinen Stichen zu verbinden. Sie entwerfen Modelle, in die sie ihr Vertrauen setzen können und die den Körper und Geist ihres »Patienten« zuverlässig aufnehmen und nähren. Die verläßlichsten Prototypen sind immer noch diejenigen, die von anderen in langer Tradition (und gefahrlos) benutzt wurden. Dies bedeutet, daß eine gute Hebamme erst einmal lernen muß, mit einem traditionellen Prototyp des Monomythos meisterhaft umzugehen, bevor sie sich daran wagen darf, mit selbsterfundenen Versionen herumzuexperimentieren. Auf keinen Fall sollte sie versuchen, ihre Schützlinge durch ein »Drehbuch« zu manipulieren, das einer versteckten, von ihr erstellten Ordnung folgt. Sie weiß im Grunde ganz genau, daß ihre Schützlinge ihre eigene Ordnung finden müssen und daß ihre Aufgabe darin besteht, einen geeigneten Rahmen bereitzustellen, in dem sie diese Ordnung finden können.

Die Prüfung

Da der Monomythos stets auch eine Prüfung beinhaltet, muß das Schwellenmodell auch das Element Risiko oder Probe enthalten. Ohne eine Prüfung kann die Handlung nicht wirklich Übergangsritus oder Initiation genannt werden. Deshalb muß die Hebamme genau die richtige Mischung zwischen Härte und Sicherheit finden. Sie möchte ja nicht, daß die Maus auf einer Bahre zurückkommt. Die Prüfung muß genau so auf die Fähigkeiten des Kandidaten abgestimmt sein, daß er zwar bis zu seinem Knackpunkt belastet, jedoch nicht vernichtet oder verletzt wird. Es gibt viele Möglichkeiten, ihn sowohl körperlich als auch psychisch auf die Probe zu stellen, ohne es zu übertreiben.

Bei den hier aufgeführten Prototypen handelt es sich um Prüfungen, die vor allem Fasten (Verzicht auf Nahrung und manchmal auch Wasser), Einsamkeit (strikte Abgeschiedenheit) und Ausgeliefertsein an die Elemente der Natur (mit minimalem Schutz) beinhalten. Aus der Sicht unserer eigenen Arbeit erachten wir diese drei Bedingungen für ein Transformationserlebnis als wesentlich. Weder wollen wir hier andere Arten von Prüfungen (Feuerlaufen, Durchbohren von bestimmten Teilen des Körpers oder Fleischopfer) behandeln, noch sind die von uns praktizierten Prüfungen extrem hart.

Nicht der Härte- oder Leidensgrad ist Voraussetzung für die Transformation. Eine »bessere Heilung« wird nicht unbedingt durch eine »härtere Probe« erzielt. Manche Nüsse sind schwerer zu knacken, manche leichter.

Viel zu viele Hebammen gehen fehl in ihrer Annahme, die Übergangsriten anderer seien »zu einfach« oder nicht so schwierig wie diejenigen, die sie selbst durchzumachen hatten. Was wirklich wichtig zu sein scheint, ist die Vorbereitung und das innere Wertsystem jedes Individuums. Ein Bösewicht kann auf eine harte Probe gestellt werden und danach nur als noch gemeinerer Bösewicht daraus hervorgehen. »Rühr' her den Kot, rühr' hin den Kot, bleibt's doch immer Kot.« (Martin Buber)[33] Alle Wertsysteme dieser Welt stimmen in der Verurteilung derjenigen überein, die sich das Mäntelchen der Rechtschaffenheit und der Zeremonie umhängen oder ihren Körper kasteien, weil es ihrem Stolz dient: »Derjenige, der nackt und arm einhergeht,/der, der nur einmal in einem Monat ißt,/ist er von Falschheit erfüllt,/so wird er unendlich oft wiedergeboren werden.« (*Sutrakritanga*, I, 2, 9)[34]

Der Kandidat unterzieht sich der Prüfung nicht, um einen Orden verliehen zu bekommen. Er braucht keine Feder am Hut und keine Verzierung an seinem Gewehr, um aller Welt nach außen zu zeigen, daß er die Prüfung bestanden hat. Er trägt die Zeichen tief im Innern seines Herzen und seiner Seele. Das Wissen um das, was er getan hat, strahlt von ihm aus durch das »Handeln« im Sinne seiner Vision, durch die Neuartigkeit seiner Wahrnehmungen und durch die Anwendung seiner »Medizin«.

Moderne Reisen über die Schwelle

Die folgenden Modelle haben sich als »in Szene gesetzter Mythos« für moderne Individuen, die das Erreichen eines neuen Lebensabschnittes zelebrieren wollen, als geeignet erwiesen. Diese Varianten des Monomythos wurden im praktischen Einsatz erprobt. Wir möchten betonen, daß keine im Kern von uns selbst kreiert wurde. Es handelt sich um traditionelle Prototypen, die schon seit vielen tausend Jahren verwendet werden, und dies mit größtem Erfolg. Weshalb sollten wir eine gute Sache verändern? Andererseits ist die Methode, wie wir die verschiedenen Elemente zu einem »Drehbuch« zusammengestellt haben, unsere ureigenste.

Jedem Prototyp haben wir spezielle Erläuterungen für diejenigen hinzugefügt, die solche Wildnisriten in ihrer eigenen Gemeinschaft durchführen wollen. Diese Modelle werden ständig eingehend von uns überprüft und verfeinert. Die Erstellung eines solchen Modells ist eine Lebensaufgabe.

Das einsame Fasten in der Wildnis

Die Mythen, von denen dieser Prototyp abgeleitet ist, spielen sowohl im Christentum als auch im Buddhismus und in zahlreichen anderen Religionen eine herausragende Rolle, so auch in vielen amerikanischen Indianerkulturen.

Und es begab sich zu der Zeit, daß Jesus
aus Nazareth in Galiläa kam und ließ sich
taufen von Johannes im Jordan ...
Und alsbald trieb ihn der Geist in die Wüste;
und er war in der Wüste vierzig Tage und wurde
versucht von dem Satan
und war bei den wilden Tieren, und die Engel dienten ihm.[35]
Neues Testament (Mk. 1.9–13)

Und ich habe mich dann (...) in einen anderen, grauenvollen Wald begeben, dort zu verweilen. In jener gräßlichen Wildnis (...) herrschte solches Entsetzen, daß jedem ungeheiligten Wanderer alsbald die Haare sich sträubten. Und während der kalten, eisigen Nächte im Winter, zur Zeit des Frostes, hielt ich mich nachts in einer Lichtung auf und tags im Dickicht; und im Sommer zur Zeit der Hitze, hielt ich mich tags in einer Lichtung auf und nachts im Dickicht. Und es leuchtete mir (...) dieser naturgemäße Spruch auf, der nie zuvor gehörte:

»Im Sommerbrand, im Wintersturm
Allein im wilden Schreckensfrost
Sinnt ohne Feuer, ohne Herd
Ein nackter Dulder selbstvertieft.«[36]

Die Reden Gotamo Buddhos, Majjhimanikāyo, XII (Das Haarsträuben)

Als er oben auf dem Hügel angelangt war, bemerkte er, daß zwei Helfer ihm ein Bett aus heiligem Salbei bereitet hatten, dessen süßer Duft sich überall um ihn herum verströmte, als er sich näherte; auch hatten sie fünf Stecken aus Wildkirsche aufrecht in den Boden gesteckt, einen ins Zentrum des höchsten Punktes auf dem Hügel, alle anderen ungefähr vier Meter vom Zentrum entfernt in den vier Himmelsrichtungen. Dann verließen sie ihn leise, denn es gab weiter nichts zu tun oder zu sagen, bis er von seiner langen Nachtwache auf dem Hügel wieder herunterkommen würde.[37]

Vinson Brown, *Voices of the Earth and Sky*

Der Monomythos hinter diesen Berichten folgt im wesentlichen folgendem Muster: Für den Helden ist die Zeit gekommen, sein Leben hinter sich zu lassen und sich allein in die Wildnis zu begeben, zum Heiligen Berg der Vision. Allein in der Abgeschiedenheit und Stille, erträgt er Hunger, Entbehrung, Einsamkeit und die Gewalt der Elemente, um für sein Leben und seine Gemeinschaft eine Vision zu erhalten. Während er eine lange dunkle Nacht lang fastet und betet, wird ihm eine Gabe verliehen, eine Gunst, ein Zeichen göttlicher Gnade, ein Geistführer. Wenn seine Nachtwache beendet ist, kehrt er, ausgestattet mit neuer Kraft, zu seiner Gemeinschaft zurück.

Im Normalfall dauert die Schwellenperiode drei bis vier Tage und Nächte. In dieser Zeit ist der Initiand allein und fastet, Wasser und einige lebenswichtige Gegenstände sind ihm jedoch erlaubt (Messer, Schnur, Zeltplane, Schlafsack, Streichhölzer, Halstuch, Jacke, Kleider zum Wechseln und Tagebuch). Außerdem ist er mit Zeremonieobjekten und einigen Gegenständen ausgestattet, die für ihn symbolische Bedeutung haben. Er kann die Schwelle allein oder in Gesellschaft eines Mitkandidaten überschreiten. Sind sie zu zweit, so trennen sie sich an einem Platz, der in der Mitte zwischen den jeweils von ihnen gewählten Stellen liegt, und errichten dort einen Steinhaufen, der ihnen als Kontrollpunkt dient. Ohne vom anderen gesehen zu werden, hinterlassen sie jeden Tag an diesem Steinhaufen Nachrichten füreinander, um sicherzugehen, daß es beiden gut geht. Ist der Initiand allein, so errichtet er gemeinsam mit der Hebamme einen Steinhaufen und hinterläßt dort jeden Tag ein Zeichen, daß er lebt und es ihm gut geht.

Während die Maus allein in der Schwellenwelt ist, wacht der Waschbär über sie und sorgt so für ihre Sicherheit, ohne jedoch gesehen zu werden oder ihre heilige Zeit zu stören. In Notfällen ist die Hebamme zur Stelle und mit geeigneten Hilfsmitteln ausgestattet.[38]

In der Einsamkeit seiner Schwellenwelt steht es dem Suchenden im großen und ganzen frei, seine Umgebung zu erforschen. Obwohl bei manchen Prototypen darauf Wert gelegt wird, daß er an einem Ort innerhalb eines Kreises oder eines Gebäudes bleibt, halten wir es oft für günstig, ihm Bewegungsraum zu geben, in dem er seinen Wunsch nach Suche ausdrücken und in einer nach außen gerichteten und körperlichen Form ausleben kann. Natürlich kann ein Fastender, der sich frei bewegt, in Schwierigkeiten geraten. Es ist immer möglich, daß er sich verirrt, eine Klippe hinabstürzt oder sich sonst irgendwie verletzt. Wir nehmen dieses Risiko jedoch in Kauf, wenn er meint, daß er dies für sein persönliches Wachstum braucht. In annähernd zwanzig Jahren haben wir keinen Unfall mit tötlichem Ausgang oder schweren Verletzungen erlebt. Da der Initiand sich des Risikos bewußt ist und es akzeptiert, neigt er meist dazu, vorsichtig vorzugehen und auf das heilige Leben in seinem Körper zu achten, während er seine Suche nach außen auf seine ganz spezielle Art und Weise darstellt.

Andererseits ist es jedoch auch wichtig, daß der Suchende einen Großteil seiner Zeit an einem Ort verbringt, in seinem ganz persönlichen Bereich auf dem Körper von Mutter Erde. An seinem »Kraftort« oder in der Nähe davon macht er einen Kreis, der ihn in Beziehung zu den sechs Himmelsrichtungen bringt und den Kreis seiner Psyche darstellt. Innerhalb dieses Kreises wacht er zu verschiedenen Zeiten bei Nacht, so auch die ganze Nacht seiner Schwellenprüfung.

Nach drei oder vier Tagen und Nächten überquert er die Schwelle von neuem und kehrt in die diesseitige Welt des Basislagers zurück, wo die Hebamme schon auf ihn wartet. Er wird dann eine Geschichte zum Erzählen haben. Die Geschichte kann als seine Lebensgeschichte interpretiert werden. Der Held seiner Lebensgeschichte tanzte mit Ungeheuern, Prüfungen oder anderen Hindernissen mit Hilfe der »Dinge«, die in ihm lebendig sind (Glauben, Werte, Einsichten, Mut). Es ist nun Aufgabe der Hebamme, sich seine Geschichte genau anzuhören und ihn auf die hervorstechendsten Merkmale hinzuweisen (siehe auch Seite 224 ff.).

Dieser Prototyp eignet sich besonders für Jugendliche, die ins Erwachsenenleben übertreten. Drei Tage und Nächte allein ohne Essen in der unwegsamen Natur reichen ihnen. Es wurde eingewendet, diese Methode sei für zivilisierte junge Menschen zu schwierig. Aber es ihnen leichter zu machen, hieße, eine bewährte Methode der Identifikation und der Bestätigung des Gefühls, erwachsen zu sein, in der Brust eines heranreifenden Jugendlichen zu verwässern. Die Jugendlichen von heute *sind* genauso dazu in der Lage, diese Prüfung durchzustehen, wie ihre Vorfahren. Ein wirklicher Schwellentest bringt diejenigen, die für das Erwachsenenleben bereit sind, dazu, zu ihrer Entscheidung zu stehen. Sie werden kein großes Risiko für sich selbst oder andere darstellen. Die Jugendlichen, die noch nicht reif genug sind, werden sich automatisch von der offensichtlichen Schwierigkeit des Tests abschrecken lassen.[39]

Auch für Erwachsene, die sich gerade in einer Lebenskrise oder Übergangsphase befinden, ist dieser Prototyp geeignet. Trotz der nicht unbeachtlichen Zeit, die auf die Vorbereitung verwendet wird, ist es den meisten im Arbeitsleben stehenden Erwachsenen möglich, sich eine Woche lang in die Wildnis zu begeben. Ein Teil der Woche wird allein für die An- und Abreise zu dem gewählten Ort benötigt. Ein weiterer Tag kann nötig sein, damit die Kandidaten die wichtigsten Camping- und

Überlebensregeln und die Orientierung im Gelände lernen. Noch ein Tag kann nötig sein, um die Neuinitiierten wieder in die Gruppe zu integrieren, bevor sie die Rückkehr in ihre gewohnte Welt wagen.

Viele amerikanische Indianerstämme haben sich traditionell ähnlicher Schwellenmodelle bedient, die drei oder vier Tage und Nächte dauerten. Auch heute noch gehen sie zum Heiligen Berg, ausgestattet mit wenig mehr als einem Schlafsack oder einer Decke – oft ohne Wasser und Nahrung. Richtig vorbereitet kann ein Initiand auch vier Tage lang ohne Wasser auskommen, aber das Risiko kann groß sein, besonders bei Menschen, die in ihrem Leben stets viel Wasser zur Verfügung hatten. Als Betreuer eines Fastenden, der kein Wasser zu sich nimmt, sollte man diesen mindestens zweimal täglich genau beobachten und darauf bedacht sein, daß er sich nicht zuviel umherbewegt und sich während der heißesten Tageszeit im Schatten aufhält. Fängt er an, sich nur noch zu übergeben oder unter Durchfall zu leiden, dann sollte er umkehren oder in Sicherheit gebracht werden. Ein zu hoher Flüssigkeitsverlust kann eine Erste-Hilfe-Behandlung nötig machen. Noch andere Aspekte müssen bedacht werden. Ohne Wasser fällt es dem Körper schwer, sich von Giftstoffen zu befreien. Eine Schwitzhütte oder Sauna am Ende der Schwellenphase kann dem Fastenden helfen, diese Giftstoffe durch die Poren auszuscheiden.

Die Reise in die Unterwelt

Die sterbliche Existenz wurde in den verschiedensten Kulturen (Griechen, Kelten, Tibeter, Mayas, Azteken) häufig als Reise in die Unterwelt dargestellt. In einem allegorischen Sinne stirbt der Held und unternimmt eine Seelenreise durch die Unterwelt des Todes, bis er zur Schwelle der Wiedergeburt gelangt. Auf seiner Reise werden ihm eine Reihe von Prüfungen auferlegt, die ihn von den letzten Überresten seines irdischen Karmas befreien und ihm die Kraft geben, in die »obere Welt« aufzusteigen. Während er sich in der Unterwelt einer Prüfung nach der anderen stellt, erkennt er, daß die Ereignisse, Personen und Orte seines bisherigen Lebens nur reflektierte Trugbilder seiner eigenen Handlungen sind.

Verschiedene rituelle »Anweisungen« an die Geister der Verstorbenen im Hinblick auf ihre bevorstehende Reise ins Reich des Todes (wie etwa das *Totenbuch der Tibeter*[40]) zeigen, wie wichtig solche vertieften Lebenserfahrungen zur Darstellung von Zuständen des Lebens nach dem Tod sind – und umgekehrt. Ein aztekischer Priester salbte den Leichnam mit heiligem Wasser und legte verschiedene Symbole auf den Körper des Toten. Dabei rezitierte er: »Sieh, mit diesem wirst du zwischen den zusammenklappenden Bergen hindurchgehen können... Mit diesem wirst du an der Höhle der grünen Eidechse vorbeikommen können... Und sieh, mit diesem wirst du die acht Wüsten durchqueren können... Hier ist das, womit du über die acht Hügel wirst gehen können... Und siehe, hier ist das, womit du den Platz der Winde, die schneidend sind wie Obsidianmesser, überqueren kannst.«[41] So bestanden die Verstorbenen die neun Prüfungen der Unterwelt und kamen zum Ort der Wiedergeburt.

Ähnliche Reisen sind auch typisch für die Initiationsriten der alten Griechen. Nach Plutarch können »die Erfahrungen der Seele unmittelbar nach dem Tode mit den Prüfungen des Initiierten in den Großen Mysterien verglichen werden.«[42] Initiationserfahrungen, die der Reise des Orpheus durch die Unterwelt ähneln, sind üblich. Von den Initianden der orpheisch-pythagoreischen Bruderschaft wurde erwartet, daß sie alle Koordinaten der »Straße in die Unterwelt« auswendig kannten, bevor sie sich auf die Reise machten:

Zur Linken des Hauses Hades' wirst du eine Quelle finden. Und neben dieser erhebt sich eine weiße Zypresse.
Komm dieser Quelle nicht zu nahe.
Doch du wirst eine andere finden, die dem See der Erinnerung entspringt,
Kaltes Wasser fließt aus ihr hervor, und es stehen Wächter vor ihr.

Sprich: »Ich bin ein Kind der Erde und des gestirnten Himmels;
aber meine Rasse gehört allein dem Himmel an. Dies wißt ihr selbst.
Doch ich bin am Verdursten und Vergehen. Gebt mir schnell vom kalten Wasser, das aus dem See der Erinnerung fließt.«

Odysseus, Orpheus, Hermod (in der nordischen Mythologie), Aeneas und Pilgrim haben solche transformatorischen Reisen unternommen. Als der unerprobte keltische Held Cuchulain sich aufmachte, um auf der Insel der Amazone Scathach die Kunst des Kriegshandwerks zu erlernen, begab er sich ebenfalls auf eine Reise durch die Unterwelt:

Cuchulain ging allein weiter, überquerte die unheildrohende Ebene, auf deren diesseitiger Hälfte menschliche Füße unablösbar festkleben blieben und auf deren jenseitiger Hälfte scharfe Gräser emporschnellten und ihn schnitten, und durch die gefährlichen Schluchten voller wilder Bestien, die ihn verschlingen wollten, bis er zur Brücke an der Klippe kam, deren eines Ende sich hochhob, sobald jemand den Fuß auf das andere Ende setzte, bis sie schließlich aufrecht stand wie ein Schiffsmast.[43]

Squire, *Celtic Myth And Legend*

Der tapfere Held unternimmt diese Reise jedoch nicht nur um seiner selbst willen. Er wird begleitet von einem Geistführer oder Seelen auf der Suche nach Heilung. Jenseitige Wesen kommen zu ihm, während er sich immer tiefer in das hineinbegibt, was Analytiker wahrscheinlich als das Unbewußte bezeichnen würden. Er respektiert die ihm erscheinenden Geistwesen und öffnet sich für deren Einfluß. Er taucht erfüllt von einem leuchtenden Geheimnis im Innern seines Herzens aus der Unterwelt wieder auf. Wie Geburt und Tod so sind auch die »Unterwelt« und die »obere Welt« ein und dasselbe.

Es gibt wesentliche Unterschiede zwischen diesem und dem vorher beschriebenen Modell. Der Kandidat fastet länger (sechs Tage und Nächte) und legt eine vorher festgelegte Strecke in einer bestimmten Gegend in der Wildnis zurück. Die zurückgelegte Strecke sollte etwa zwanzig Kilometer betragen. Dem Kandidaten wird mitgegeben: Wasser, ein Rucksack und verschiedene lebenswichtige Gegenstände wie Messer, Schnur, Zeltplane, Halstuch, Schlafsack, Streichhölzer, Jacke, Kleider zum Wechseln und ein Erste-Hilfe-Paket für den Notfall. Außerdem wird er mit einer Reihe von Zeremonialobjekten ausgestattet, mit Hilfe derer er den verschiedenen Prüfungen, die ihm auf seiner Reise nacheinander auferlegt werden, entgegentreten kann.

Von den in diesem Buch erläuterten Prototypen birgt die Reise in die Unterwelt die größte Gefahr. Der Reisende muß von einem unsichtbaren »Freund« begleitet werden, der jeden Tag oder jeden zweiten Tag nachsieht, wie es ihm geht. Dies kann anhand einer Reihe von Steinhaufen entlang der Strecke geschehen. Immer, wenn der Initiand an einen Steinhaufen kommt, hinterläßt er demjenigen, der sich um ihn kümmert, eine Nachricht, wie es ihm geht. Da solche Steinhaufen in der unwegsamen Wildnis nicht immer leicht zu finden sind, wählen wir für unsere Reisen in die Unterwelt meist breitere Pfade oder Wege, die früher von Geländefahrzeugen benutzt wurden. Folgt der Kandidat dieser Strecke, so kann er die Steinhaufen, an denen Vorräte für den Notfall versteckt sind, leicht erreichen. Jede Nacht schlägt er in der Nähe eines Steinhaufens sein Lager auf, so daß er im Notfall erreichbar ist. Selbstverständlich muß die beaufsichtigende Person mit dem Gelände und den Straßen und Wegen vertraut sein und Bescheid wissen über potentielle Gefahren und Wasserstellen in dieser »Unterwelt«-Landschaft.

Obwohl der Reisende fastet, kann man an bestimmten Steinhaufen entlang der Strecke Nahrungsmittel für den Notfall bereitstellen. Normalerweise wird er das Essen nicht anrühren, weil er kein Bedürfnis danach verspürt. Ein Sechstagemarsch ohne Essen wird ihn nicht ernstlich schwächen. Seine vorherrschende psychische Stimmung wird wahrscheinlich Einsamkeit sein. Die Hebamme muß sich daher schon vorher vergewissern, daß der Initiand gefühlsmäßig ausgeglichen ist. Die größte Gefahr besteht darin, daß er sich verirrt. In der Vergangenheit haben sich einige Unterweltreisende verirrt, obwohl der Weg ganz klar war. Sie konnten jedoch stets wieder gefunden werden oder fanden den Weg selbst wieder, bevor sie ernstlich in Schwierigkeiten geraten wären.

Der Initiand kann sein eigenes Tempo bestimmen, solange er nur jeden Abend den nächsten Steinhaufen erreicht. Er hat sich jedoch an die symbolische Bedeutung der ihm täglich auferlegten Prüfungen zu halten. Insgesamt sind auf der Reise in die Unterwelt sieben Prüfungen vorgesehen (wobei der letzte Morgen, an dem er wieder aus der Wildnis auftaucht, mitgezählt wird):

1. Tag: Bei Tagesanbruch überschreitet der Kandidat die Schwelle des Todes und dringt allein in die Unterwelt vor. Zu diesem Zeitpunkt widmet er seine Reise der Heilung einer anderen Person und bekennt sich dazu, daß der Pfad seiner Seele mit der Straße der Entscheidung übereinstimmt. Die Angst vor dem Tod ist die Prüfung des ersten Tages.

2. Tag: Am zweiten Tag nimmt er von Sonnenaufgang bis zum Sonnenaufgang des nächsten Tages kein Wasser zu sich. Damit feiert er seine Freiheit von menschlichen Bedürfnissen. Die Prüfung des zweiten Tages ist der Durst nach dem Wasser des Lebens.

3. Tag: An diesem Tag wird er mit der Erde verbunden. Vierundzwanzig Stunden bleibt er an einem Platz und hält dort eine Todeshüttenzeremonie ab. Die Prüfung des dritten Tages besteht in der völligen »Nach-Innen-Gekehrtheit« des Begrabenseins.

4. Tag: An diesem Tag arbeitet er daran, ein Zauberlied zum Wohle seiner Gemeinschaft zu finden und es zu singen. Er füllt seine Lungen mit Luft und singt unaufhörlich. Die Prüfung des vierten Tages besteht im Hergeben von Atem.

5. Tag: Am Abend des fünften Tages macht er ein kleines Zeremonialfeuer, das er mit Stäben füttert, die die Ereignisse und Personen seines bisherigen Lebens darstellen. Er sieht dann zu, wie das Feuer ausgeht und hält die ganze Nacht über Wache, um die Morgendämmerung herbeizurufen. Die Prüfung des fünften Tages besteht im Ablegen des persönlichen Karmas.

6. Tag: Am sechsten Tag legt er den letzten Abschnitt seines Weges bis zu dem Ort zurück, an dem er wieder aus der Unterwelt auftauchen wird. Das Karma seiner sterblichen Unterweltexistenz wurde von den Flammen verzehrt. Alles, was noch übrig ist, ist Geist. Also macht er sich unsichtbar, als könne er von anderen Menschen nicht gesehen werden. Er bewegt sich nur in der Dunkelheit. Die Prüfung des sechsten Tages ist die Geistreise.

7. Tag: Bei Anbruch des siebten Tages wird er vom Führer gesehen, er nimmt also die körperliche Form seines neuen Lebens an. Die Prüfung des siebten Tages ist das Überleben als menschliches Wesen.

Nachdem der Reisende über die Schwelle zurückgekehrt ist, muß sich der Führer mehrere Stunden lang Zeit nehmen, um mit ihm über das Erlebte zu reden. Wie auch bei den anderen Prototypen ist die Geschichte seiner Reise gleichzeitig seine Lebensgeschichte und diese wiederum ist nach Ansicht der alten Kulturen identisch mit der Geschichte des Übergangs vom Tod zur Wiedergeburt. Die Prüfungen, die er nacheinander bestanden hat, stehen für die ihm innewohnenden Gaben und Fähigkeiten, die ihn einem nützlichen und sinnvollen Tod (= Geburt) zuführen. Die verschiedenen Erscheinungsformen der Wildnis, die er durchquert (wie etwa Wetter, Gelände, Tier- und Pflanzenwelt, Begegnungen mit Menschen) sind als Aspekte der physischen und psychischen »Unterwelt«, in der er lebt, zu interpretieren.

Die Reise in die Unterwelt ist kein »Ausdauertest«. Der Reisende wandert jeden Tag nur wenige Kilometer, und am dritten Tag bewegt er sich überhaupt nicht fort. Der mit Wandern verbrachten Zeit steht eine hohes Maß an frei verfügbarer Zeit gegenüber. Der Kandidat kann einfach nichts tun, schlafen, auf Entdeckungsreise gehen, Tagebuch schreiben oder meditieren. Das Hauptgewicht wird jedoch auf das Wandern im Gleichgewicht mit und in Einstimmung auf die Landschaft der Unterwelt gelegt.

Bei diesem Prototyp sind zufällige Zusammentreffen mit Fremden nicht ausgeschlossen. Jedem, der sich auf einem Weg oder einer Landstraße fortbewegt, können Menschen über den Weg laufen. Das Auftauchen eines Fremden kann eine Gefahr für den Reisenden darstellen. So gering die Wahrscheinlichkeit auch sein mag, er muß auf diese Möglichkeit vorbereitet sein. Manche haben von solchen Begegnungen berichtet. Manche haben aber auch dafür entschieden, dem Fremden zu begegnen und ihn als potentiellen Lehrer, Führer, Geist, Engel oder als Zeichen anzusehen.

Schon Monate vorher müssen die Teilnehmer auf die Allegorie der Schwellen-Unterwelt eingestimmt und mit der Abfolge der Prüfungen und den verschiedenen Formen selbstgestalteter Zeremonien vertraut gemacht werden, die jeder Tag ihrer Reise ihnen bringen wird. Dem hier beschriebenen Prototyp liegt eine Reise um das Rad der sechs Himmelsrichtungen zugrunde (vgl. Seite 179ff.). Der erste Tag findet im Osten statt, wo Geburt und Tod eins sind. Der zweite Tag spielt im Süden, wo die Unschuld und die Sinne beheimatet sind. Am dritten Tag befinden wir uns im Westen, dem Ort der Erfahrung und der Introspektion. Der vierte Tag spielt im Norden, der Himmelsrichtung des Alters und des Hergebens. Am fünften Tag beschäftigen wir uns im Innern des Kreises mit der Kraft der Erde und der Sterblichkeit. Am sechsten Tag, an dem wir uns ebenfalls im Mittelpunkt des Kreises befinden, befassen wir uns mit der Kraft des Himmels und des Geistes. Und am siebten Tag, dem Tag des Wiederauftauchens, kommen wir zurück in den Osten, zu Geburt/Tod, jedoch auf einer höheren Bewußtseinsstufe.

Reisen in die Unterwelt müssen nicht unbedingt sechs Tage dauern. Ihre Dauer kann je nach Prototyp unterschiedlich sein. Auch der Schauplatz kann variieren, von tiefster Wildnis bis zu abgelegenen Landstraßen. Auch kleine Städte oder andere zivilisationsbedingte Charakteristika können in das allegorische Modell integriert werden. Dasselbe gilt für Flußüberquerungen, Pässe, Campingplätze, Wegweiser, Privatgelände und andere Besonderheiten in der Natur, die für den Menschen von Bedeutung sein können.

Die Erdkammer

Die Bestattung der Toten im dunklen, magischen Schoß von Mutter Erde ist ein alter Brauch der Menschen. In zwanzigtausend Jahre alten Begräbnisstätten wurden Skelette gefunden, die entweder in Embryostellung oder mit den Gesichtern in Richtung der aufgehenden Sonne bestattet waren. Archäologen vermuten, daß unsere Vorfahren schon ganz früh in unserer Entwicklungsgeschichte davon überzeugt waren, daß es ein Leben nach dem Tod, eine Wiedergeburt und eine Transformation von Körper in Geist gibt. Sie legten ihre Toten in die Erde wie magischen Samen. Im wiederkehrenden Frühling sahen sie die Wiederkehr der geliebten Personen aus der Unterwelt.

Die transformatorische Keimzeit im brachliegenden Dunkel von Mutter Erde findet sich in vielen Mythen wieder. So lag beispielsweise Jesus drei Tage und Nächte in seinem Grab. Und jedes Jahr machten Tammuz, Isis, Kybele, Ishtar, Adonis, Mithra, Attis, Osiris und Persephone Zeremonien durch, die Tod, Begräbnis und Wiederauferstehung beinhalten. Diese Mythen haben ihren Ursprung in oder sind die Vorläufer von allegorischen Übergangs- oder Initiationsriten, bei denen die Kandidaten tatsächlich zu ihrer Prüfung in das Innere der Erde hinabstiegen. Apuleius, ein Eingeweihter des Isiskults, spielt auf seine Erfahrung an:

Ich bin an die Grenze des Todes gekommen
und habe die Schwelle der Proserpina betreten,

durch alle Elemente bin ich gefahren
und dann zurückgekehrt.[44]

Metamorphosen, XI,23

Die islamische Religion entstand, nachdem Mohammed mehrfach eine dunkle Höhle in den Wüstengebirgen von Hira aufgesucht hatte. In ihrem Grabesschoß hatte er diese Vision:

Die Offenbarung des Weges (wahy) wurde dem Apostel Allahs (Mohammed) – Allah segne ihn und schenke ihm Frieden – zuerst über wirkliche Träume zuteil, die ihn überkamen wie die Morgendämmerung. Danach begann er die Einsamkeit zu lieben, und er begab sich deshalb des öfteren in eine Höhle am Berge Hira, in der er seine Gebete in bestimmten Nächten praktizierte (tahannuth), bevor er zu seiner Familie zurückkehrte. Dann kam er zu seiner Familie zurück und nahm sich erneut Vorräte für dieselbe Anzahl von Nächten mit, bis ihn ganz unerwartet die Wahrheit überkam.[45]

Islam, Muhammad And His Religion

Auch heute noch begeben sich viele amerikanische Indianer auf Visionssuche in eine Grube, Höhle oder eine dunkle, verschlossene Kammer. Die Suche von »Narrenkrähe«, einem heute lebenden Medizinhäuptling des Teton-Sioux-Stammes, kann als klassische Darstellung des archaischen Begräbnis-Monomythos angesehen werden:

Steigbügel legte mir ein schwarzes Tuch über den Kopf, damit ich nicht sehen konnte, wohin sie mich brachten. Steigbügel ging voraus, und Daniel und Gray halfen mir beim Gehen, als wir den steilen Hügel erklommen. Ich trug zu jenem Zeitpunkt nichts weiter am Körper als einen Lendenschurz, doch sie hatten eine Decke mitgenommen, die ich nachts zum Warmhalten benutzen konnte. Als wir bei der Grube der Suche angekommen waren, nahmen sie mir die Kapuze ab, und ich sah, daß sie für mich hergerichtet worden war. Sie war ungefähr sechzig Zentimeter breit, etwa 1,20 Meter tief und 1,80 Meter lang. Salbei war zur Reinigung der Grube und als Lager für mich auf dem Boden ausgebreitet worden. Ich hüpfte in die Grube und legte mich mit dem Kopf, wie Steigbügel mir befohlen hatte, in Richtung Westen. Daraufhin breiteten die Männer eine Büffelhaut über die Grube, machten sie mit Holzkeilen fest und ließen mich allein.

Ich blieb vier Tage und vier Nächte lang in der dunklen, feuchten Grube ohne Wasser und Nahrung. Am vierten Tag wachte ich auf und entdeckte, daß das Büffelfell auf geheimnisvolle Weise verschwunden war.[46]

Thomas Mails, *Fools Crow*

Man beachte, daß Narrenkrähe sich nicht mit Erzählungen darüber aufhält, was er während der Zeit in der Dunkelheit der Grube erlebt oder wie unwohl er sich dabei gefühlt hat. Am vierten Tag hatte er eine Vision. Die Grabesabdeckung war plötzlich verschwunden. Durch die so entstandene Öffnung trat er am Morgen des fünften Tages nach draußen. Im Herzen trug er das Geheimnis, das von den Alchimisten des Mittelalters so fieberhaft gesucht wurde:

Wer alles vom Himmel zur Erde herabbeschwören kann und alles von der Erde zum Himmel hinauf, weiß etwas über den Stein der Weisen.[47]

Vallis Novi, *The Hermetic And Alchemical Figures*

Die monomythische Herausforderung der Erdkammer lautet folgendermaßen:

Der Sommer ist vorüber. Nun nehmen die Blätter die leuchtenden Farben des Herbstes an. Einer inneren Sehnsucht folgend, die nicht verleugnet werden kann, läßt der Held den Rest der Welt hinter sich und zieht sich an einen dunklen, geheimen

Ort in der Erde zurück, um dort zu sterben und wiedergeboren zu werden. Er erfüllt die Leere dieses kleinen Raumes mit seinem Körper, der die trockene Samenkapsel darstellt, die den wertvollen Geist in ihrem Innern umgibt. Er bedeckt sich selbst mit Nacht und erlaubt der Stille von seinem irdischen Gebein Besitz zu ergreifen. Im Grabesschoß der Großen Mutter heißt die Zeit »Warten«. Geräusche heißer Atem, Magen oder Herz. Die Vision ist eine dunkle Leinwand, die nur von dem erleuchtet wird, was der Held träumt oder auf sie projiziert. Da er nichts zu essen, zu trinken und zu tun hat, kann er seine ganze Aufmerksamkeit auf seine innere Dunkelheit richten. Sein trockener Mund füllt sich mit Watte; sein Bauch schreit nach Nahrung; sein Körper wird so verkrampft und schmerzt so, daß er fast seine Existenz vergessen muß. Er kann diesen dunklen Übergang des Wartens nicht aushalten, ohne dabei die Geheimnisse des Sich-Schickens ins Unabwendbare zu erlernen. Sobald er sich der Situation überläßt, springt die trockene Hülle des Samens auf, der seinen Geist birgt. Er ist nicht länger ein Gefangener seiner selbst oder seiner Umstände.

Sein Geist bricht aus seiner Hülle hervor. Das Grab wird geöffnet. Die Dämmerung fließt in die Leere der Begräbnisstätte hinab. Wo ist der Initiand geblieben? Er ist nicht da. Er ist als Neugeborener erstanden in die Welt.

Die Kammer selbst kann je nach Gelände und verfügbarem Material ganz verschieden gestaltet sein. Die in unserem Falle verwendete Kammer ist ein vom Wasser ausgehöhltes Kalksteinloch, das 1,20 Meter tief ist und einen Umfang von 1,80 Metern hat. Tagsüber ist die Öffnung geschlossen, ohne daß jedoch die Luftzufuhr unterbunden ist. Es gibt natürlich viele andere Arten von Erdkammern – ausgehobene Gruben, natürliche Höhlen, Bohrlöcher, Hügelgräber oder Schwitzhütten. Man kann auch eine kleine Hütte mit lichtundurchlässigen Wänden errichten, eine Art Minischwitzhütte, etwa aus Weiden- oder Birkenzweigen, die mit Zeltplanen, Decken, Pflanzen oder Erde abgedeckt werden. Immer müssen Vorkehrungen getroffen werden, die einen leichten, aber stetigen Luftstrom ermöglichen. Dies kann erzielt werden, auch ohne daß Licht eindringt. In der Kammer muß der Kandidat genügend Platz haben, um sich ausgestreckt hinlegen und umdrehen zu können.

Der Kandidat wird bei Sonnenaufgang zu der Kammer gebracht, häufig nachdem er in einer Schwitzhütte oder Sauna war oder sich einer rituellen Reinigungszeremonie unterzogen hat. Die Kammer wurde mit wohltuenden Kräutern und einem Lager aus Binsen, Gras oder Salbei ausgestattet und mit dem Rauch eines heiligen Krauts gereinigt. Begibt sich der Initiand nackt in die Kammer, so muß dort eine Decke oder ein Schlafsack für ihn bereitliegen. Außer einigen Gegenständen, die für ihn symbolische Bedeutung haben, nimmt er kein Zeugnis unserer zivilisierten Welt mit in die Kammer. Eventuell kann er ein Behältnis für Urin mitnehmen (er sollte vor Eintritt in die Kammer Stuhlgang gehabt haben).

Er bleibt dort zwei oder drei Tage und Nächte lang. 48 Stunden sind im Normalfall ausreichend für einen Menschen von heute. In seiner Samenkapsel begraben schläft er bei Tag und wacht bei Nacht. Die wachen Stunden verbringt er mit Singen, Rezitieren, Weinen, Selbstgesprächen oder Gesprächen mit anderen, Beten um das, was ihm am meisten am Herzen liegt – oder Schweigen. Er ruft ein Geist- oder Kraftlied herbei und schlägt sich mit seinem durcheinanderwirbelndem Verstand herum. Es können ihm Träume und Erscheinungen kommen. Die Zeit vergeht langsam.

Während der ganzen Zeit, die der Initiand in seinem Grab verbringt, ist die Hebamme in der Nähe. Bei Sonnenauf- und -untergang hebt sie die Decke über dem Eingang hoch und spricht kurz mit ihrem Schützling. Das ist der Moment, um ihn zu fragen, wie es ihm geht, und ihm Mut zuzusprechen. Die Gespräche sollten jedoch nur von kurzer Dauer sein. Später hat man noch genügend Zeit zum Reden. Danach wird die Abdekkung wieder verschlossen, und der Initiand ist wieder von Dunkelheit umgeben.

Bei Sonnenaufgang des dritten oder vierten Morgens wird die Kammer geöffnet, und der Initiierte kommt heraus. In den meisten Fällen schafft er dies aus eigener Kraft und tritt in das blendende Licht der Morgendämmerung.

Nach Beendigung der langen Nachtwache ist eine angemessene Angliederungszeremonie angebracht. Zuerst wird eine Schwitzhütte, Sauna oder eine rituelle Reinigung nötig sein. Nach traditioneller Überlieferung wird dem Kandidaten Nahrung (und oft auch Wasser) vorenthalten, bis er mit der Schwitzhütte fertig ist. Dann wird zu seinen Ehren ein großes Fest abgehalten. Am darauffolgenden Tag wird der Initiierte ausführlich über seine Erlebnisse befragt.

Die völlige »Nach-Innen-Gekehrtheit«, die die Erdkammer erzeugt, ist einzigartig und im psychologischen Sinne produktiv. Die Erlebnisse des Kandidaten konzentrieren sich auf seine Geistes- und Gefühlszustände. Langeweile und körperliche Beschwerden sind die Hauptthemen. Die Langeweile ist jedoch nicht unbeweglich und tot, sondern ungenutzt und chaotisch. In dieser ungenutzten Dunkelheit liegen die Muster und Themen seiner »Schwellengeschichte« verborgen. Obwohl er vielleicht der Meinung sein mag, daß während der ganzen Zeit in der Kammer nichts passiert sei, kann man ihm doch behilflich sein, die Ungeheuer, Geistführer oder Erleuchtungen zu erkennen, die ihm während dieser Zeit in der Dunkelheit erschienen sind. Mit jedem Tag seiner Wiedereingliederung wird er mehr verstehen und schließlich soweit kommen, daß er seine Erfahrung in der Dunkelheit als eine Art Wiedergeburt oder Vision ansehen wird.

Bei seiner Vorbereitung kann man den Initianden hilfreich unterstützen, indem man ihm beibringt, wie er intuitiv spüren und sein »Innenleben«, das unablässig von seinem Bewußtsein abgespult wird, erforschen kann. Nützliche Hilfsmittel dabei sind selbstgelenkte Phantasien, hypnagogische Meditation, Mantras, Rezitationen, Lieder und ähnliches. Er selbst kann auch etwas dazutun, indem er sich genau überlegt, warum er diese Prüfung ablegen will. Er kann diesen Grund sozusagen als Litanei benutzen, die er sich selbst vorsingt, wenn er harte Phasen durchmacht.

Um 48 Stunden oder länger ohne Wasser und Nahrung auszukommen, müssen auch gewisse Vorbereitungen in körper- und ernährungsspezifischer Hinsicht getroffen werden.

Beispielsweise muß die Nahrungs- und Flüssigkeitsaufnahme mindestens zwei Wochen vor der Prüfung gesteigert werden. Indianische Medizinlehrer und unsere eigenen Erfahrungen haben uns zu der Überzeugung gebracht, daß es ratsam ist, eine Fastenperiode ohne Wasser und Nahrung mit einem vollen Bauch zu beginnen. Ein gut genährter und mit Flüssigkeit versorgter Mensch von heute kann im Normalfall drei Tage und Nächte an einem von der Sonne abgeschirmten Platz ohne größere Schwierigkeiten überstehen.

Und für diejenigen, die sich hartnäckig weigern, in sich selbst hineinzuschauen, die Verantwortung für das, was sie getan haben, zu übernehmen oder die Notwendigkeit einer Veränderung in ihrem Leben anzuerkennen, kann schon eine Stunde in einer Erdkammer von größtem Nutzen sein – solange nur jemand dabei Wache hält, betet und ihnen hilft, zu verstehen, was mit ihnen und durch sie geschieht, während sie allein in den dunklen Spiegel der Natur sehen. In einige Traditionen ist die dunkle Erdkammer auch der Ort, an dem ein Mann sich seiner weiblichen Seiten (*anima*) und eine Frau sich ihrer männlichen Seite (*animus*) bewußt werden kann.

Andere Prototypen

Die hier besprochenen Prototypen können natürlich auch verändert oder neugestaltet werden. Eine Fastenzeit von vier Tagen und Nächten auf einem Berg kann beispielsweise auf 24 Stunden verkürzt werden und trotzdem noch von therapeutischem Nutzen für die Teilnehmer sein, besonders für junge Menschen. Die Sechstagesreise in die Unterwelt kann je nach Wunsch der Hebamme verkürzt oder verlängert werden. Was wir hier beschrieben haben, spiegelt nur unsere ganz spezielle Auswahl wider, genauso wie eine bestimmte Schwitzhütten-Zeremonie, die von einem indianischen Heiler durchgeführt wird, nicht nur die Tradition oder Mythologie widerspiegelt, sondern auch seine ganz spezielle und persönliche Methode. Jede Hebamme muß ihre eigenen Mythen, Allegorien und Prototypen herausfinden. Sie wird daraus ihren eigenen allegorischen/realen Rahmen erstellen, innerhalb dessen andere zu ihrer eigenen Medizin finden können. Es gibt jedoch eine entscheidende Grundbedingung: Unter keinen Umständen darf eine Hebamme von einer Person verlangen, sich einer Schwellenprüfung zu unterziehen, die sie nicht selbst durchgemacht hat.

Es gibt noch viele Arten von Schwellenreisen, die hier nicht diskutiert wurden, die jedoch ebenfalls die Elemente Fasten, Ausgeliefertsein, Abgeschiedenheit und natürliche Umgebung enthalten. Auch Bergsteigen, Nachtmärsche, Marathonläufe, Bootsfahrten, Trecking, Klettern in Cañons, Skilanglauf-Touren und viele andere Erlebnisse können in allegorische Schwellenerfahrungen umgewandelt werden, besonders dann, wenn die beiden anderen Phasen – Trennung und Angliederung – in geeigneter Weise formalisiert werden. Wie wertvoll es ist, die metaphorischen Dimensionen des in ihren Kursen Erlebten bewußt zu erforschen, haben seit kurzem auch Schulen erkannt, die Erfahrungen in der freien Natur vermitteln, wie etwa *Outward Bound* oder die *National Outdoor Leadership Training Schools* in den USA.[48]

Bei jedem Schwellentyp muß die Herkunft und das Erbe der Hebamme mitberücksichtigt werden, die Stimme ihrer heiligen Vorfahren in ihrem Innern. Wir möchten dringend davon abraten, einen Prototyp *in toto* von jemand anderem zu übernehmen, außer wenn man von der Person selbst speziell ausgebildet wurde, dieses Modell auch einwandfrei anzuwenden. Dies gilt insbesondere für die von den Indianern überlieferten Modelle. Es wäre absolut unangebracht, würde sich ein Weißer, der nie bei einem Indianer in die Lehre gegangen ist, anmaßen, ein traditionelles indianisches Modell zu übernehmen, ohne dieses Modell seinem speziellen Kulturkreis und dessen Lebens- und Vorstellungswelt anzupassen. Natürlich wird es immer grundlegende monomythische Ähnlichkeiten zwischen allen Modellen eines bestimmten Genres geben.

Jedem Schwellenprototyp, der auf Initiation abzielt, muß mit der Angst, dem Zittern und der Haltung begegnet werden, die einem Profi eigen sind. Die Hebamme muß nicht nur ihr Modell genau kennen (es am eigenen Leib erlebt haben), sondern sich auch mit Menschen gut auskennen. Man sollte nicht einmal im Traum daran denken, als Hebamme aufzutreten, wenn man nicht sowohl im Umgang mit der Wildnis als auch im Umgang mit Menschen speziell ausgebildet wurde (oder vergleichbare Erfahrungen erworben hat). Man muß nicht nur die menschlichen Schwächen kennen, sondern auch seine eigenen und darf nicht in die Falle der Selbstüberschätzung tappen, indem man behauptet: »Mein Modell ist das *einzig wahre* Modell.« Niemand hat ein Recht auf sein eigenes Modell, wenn er die Modelle anderer nicht respektieren kann.

Ethik der Lehre

Ich halte die Erde für heilig und unverletzlich und betrachte sie als lebendiges Wesen, dem ich mein Leben und meinen Tod verdanke. Ich achte, beschütze und bewahre sie und hinterlasse nach meinem Aufenthalt oder meinem Durchqueren der Wildnis so wenig Spuren wie nur möglich. Ich lehre andere, es mir gleichzutun.

Ich bin gut ausgebildet, erfahren in den verschiedensten Aspekten meines Berufs und habe die Fertigkeiten, Qualifikationen und die persönliche Meisterschaft eines wahren Profis erworben. Dabei achte ich stets auf die Sicherheit und das Wohlergehen derer, denen ich diene, und tue nichts, was ihrer physischen, emotionalen, mentalen und spirituellen Gesundheit Schaden zufügen könnte.

Ich verwende pankulturelle oder traditionelle Formen, Allegorien, Prototypen, Lehren und Zeremonien, die den Lebenszielen des Individuums entsprechen, dem ich diene. Ich achte die Einheit in der kulturellen Vielfalt, die sich im Monomythos erfüllt, den gemeinsamen Wurzeln der Menschheit. Ich höre auf die inneren Stimmen meines eigenen kulturellen Erbes, wobei ich gleichzeitig der Weisheit vieler anderer Rassen, Kulturen und Hautfarben Beachtung schenke.

Ich entwerfe und benutze sichere Prototypen, mit deren Hilfe Individuen Übergangsphasen in ihrem Leben oder persönliche Krisen markieren und ihren Übergang in der Wildnis als

Teil einer neuen Lebensbestimmung oder einer neuen Lebenssituation sehen können.

Ich erlaube niemandem, sich irgendeiner Prüfung, einem Test oder Ritus zu unterziehen, den ich nicht selbst durchgemacht habe.

Ich arbeite in bester Absicht mit anderen Vertretern meines Berufes zusammen und ehre und achte unsere Unterschiede ebenso wie unsere Ähnlichkeiten.

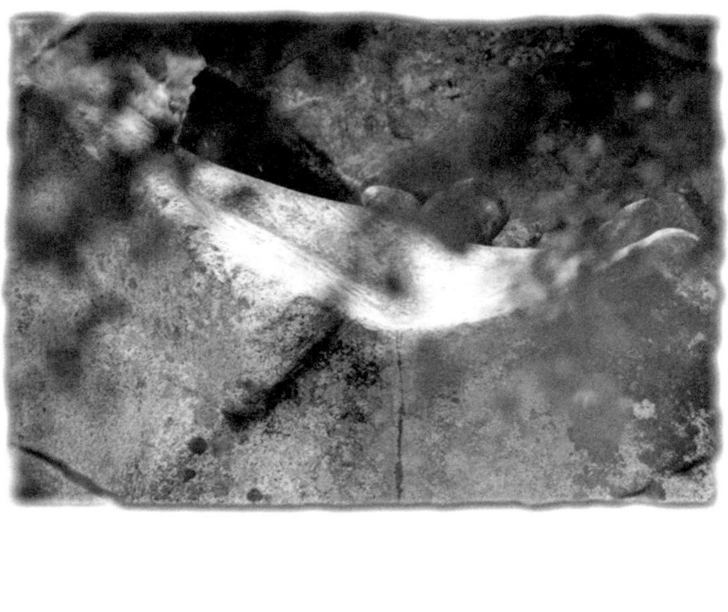

Übergangsriten in der Wildnis

Riten ... und die Mythologien, die dahinter stecken, stellen die zweite Gebärmutter dar, die Matrix des postnatalen Reifens des nachgebürtigen Homo sapiens.[49]

Am Ende hängt alles von einem einzigen Moment im Leben jeder Maus ab. Sie steht allein vor der heiligen Schwelle. Vor ihr liegen die Gefilde der Ewigkeit. Aus eigener Anstrengung ist sie zu einer würdigen Kandidatin geworden. Durch ihr Eintreten in den Tunnel wird die Nabelschnur durchtrennt werden, die sie an ihr früheres Leben bindet. Das ist ein verheißungsvoller und großer Moment.

Zunächst verursacht das Fehlen ganz alltäglicher Annehmlichkeiten unserer Zivilisation eine große Leere im Wahrnehmungsfeld, um die das konditionierte Ich wie eine dem Untergang geweihte Motte herumflattert. Der Suchende nimmt sich kleine Projekte vor, gewohnte Verhaltensformen, um sich die Zeit zu vertreiben. Sein Verstand rast auf eingefahrenen Gleisen hin und her, die er schon längst hinter sich gelassen zu haben glaubte. Er wartet ständig darauf, daß irgend etwas passieren wird, etwas Außergewöhnliches oder Jenseitiges. Doch die Stunden vergehen, ohne daß etwas passiert. Das Gefühl der Leere nimmt zu. Er fragt sich: »Wenn das eine heilige Welt sein soll, wo ist dann der Zauber?« Er vergleicht sich mit den großen Helden, die ebenfalls auf der Suche waren, und möchte Ähnliches erleben. »Ich bin nicht würdig«, denkt er. »Gott hat mich nicht auserwählt. Er wird mir keinen Engel herabschicken, mit dem ich ringen könnte. Ich bin allein und von allen verlassen.«

Mit der Zeit wird er sich gezwungen sehen, die Gefilde der Ewigkeit genauer unter die Lupe zu nehmen. Sein Ego wird anfangen, andere Formen der Nahrung zu suchen. Ohne Essen, Begleitung, Unterhaltung oder (in der Erdkammer) Licht zum Sehen, muß er die Prioritäten seiner Wahrnehmung anders verteilen und nach verschiedenen Fingerzeigen Ausschau halten, um seine Aufmerksamkeit zu beschäftigen. Sein Geist wird noch tiefer nach Nahrung bohren. Seine Augen werden mehr auf kleine Dinge gelenkt. Er wird mehr Zeit damit verbringen, in den Raum zu schauen. Er wird zu spüren beginnen, woraus sich Stille zusammensetzt: aus dem Glanz der Steine, dem drohenden Aufragen der Klippen, der Kahlheit des Staubes, dem Seufzen des Abendsterns und dem Leuchten der Dunkelheit.

Im allgemeinen wird er in weniger gewöhnliche Bewußtseinszustände hinabsinken. Er wird beginnen, die Verbindung zwischen sich und allen menschlichen Wesen zu spüren. Er wird seine Beziehung zu der natürlichen Welt seines Standortes »erkennen«, und zwar nicht als Individuum, sondern als Jedermann. Er wird auf seine Hände und Füße hinabsehen und ihre Verbindung mit der Erde spüren. Er wird Gedanken denken und Emotionen empfinden, die wie ein großer Fluß durch ihn hindurchzufließen scheinen. Er wird beginnen, in der Gangart seiner heiligen Vorfahren zu wandeln.

Es kann auch sein, daß er plötzlich Geräusche wahrnimmt, doch wo kommen sie her? Er wird Stimmen hören, doch keine andere lebende Seele sehen. Er wird genau hinhören, wenn auch nur, weil er nichts Besseres zu tun hat. Die Stimmen werden ihn lehren, daß in der Schwellenwelt Vergangenheit, Gegenwart und Zukunft eins sind im Jetzt. Beim Hinhören wird er sein Gefühl der Ungeduld ablegen. Es wird keine Rolle mehr spielen, daß die Sonne anscheinend stehengeblieben ist oder daß ihm nichts mehr einfällt, was er tun könnte. Er wird die Ewigkeit in den Geräuschen spüren, die die Stille durchbrechen – im Schlagen seines Herzens, im Rumoren seines Magens, im pfeifenden Geräusch der Luft, die er einatmet, im Wind, der durch die Bäume streicht, im Summen einer Fliege, im entfernten Dröhnen eines Düsenflugzeugs, im Kratzen von kleinen Rattenfüßen im Sand.

Vielleicht ist dann der Zeitpunkt gekommen, wenn Jedermann anfängt zu merken, daß ihn irgend etwas beobachtet, daß irgend etwas sich seiner bewußt ist. Erschreckt wird er sich umsehen. Was könnte ihn wohl beobachten, die dunkle Erde, der blaue Himmel, die Pflanzen, die Vögel ...? Alles scheint so unbeteiligt. Doch das Gefühl ist unverkennbar. Da ist ein

Bewußtsein, das sich seiner bewußt ist. Er überlegt sich, ob er mit diesem Bewußtsein wohl auf irgendeine Weise kommunizieren kann. »Ja, ja!« drängen in die heiligen Vorfahren in seinem Blut. »Es gibt Möglichkeiten der Kommunikation. Halte eine Zeremonie ab.«

Die Funktion von Schwellenzeremonien

Die Aufrechterhaltung der Beziehung zwischen dem »Natürlichen« und dem »Menschlichen« (wie sie etwa in dem Begriff »menschliche Natur« zum Ausdruck kommt) ist eine Hauptfunktion von Schwellenzeremonien. Mutter Natur braucht die Zeremonien der Menschen, um vor ihnen ihr heiliges Antlitz enthüllen zu können: »(...) die Natur bedarf des Menschen, um das an ihr zu vollziehen, was kein Engel an ihr vollziehen kann: sie zu heiligen.« (Martin Buber)[50] Dolores LaChapelle stellt die Hypothese auf, daß Zeremonien die Wahrnehmungskräfte des Hirnstamms (»reptilisches Gehirn«) und des Kleinhirns (»limbisches Gehirn«) aktivieren und uns so in die Lage versetzen, mit Tieren, Steinen und anderen Geistwesen, die unsere natürliche Umgebung bevölkern, zu kommunizieren: »Durch solche Rituale kann das Menschenwesen mit der Information in Berührung kommen, die sich über die Jahrmillionen der Entwicklung des menschlichen Gehirns angesammelt hat.«[51] Die Zeremonien der Suchenden stellen einen Beweis für diese Hypothese dar. Die Menschen sind zur Kommunikation mit anderen Kreaturen, Wesenheiten und Geistern in der Lage und kommunizieren mit ihnen auf tiefen Verständnisebenen. Oder wie es ein Suchender ausdrückte: »Es ist, als ob es in jedem von uns einen Hohenpriester oder eine Hohepriesterin gäbe.«

Wenn ein Mensch mit Mutter Natur kommuniziert, kommuniziert sie auch mit ihm. Sie segnet seinen Weg, indem sie seine Schritte wohl ausbalanciert und ihn durch ihre Gnade auf der Hut sein läßt und gesund erhält. Sie paßt auf, daß er nicht fällt: »Und jene, die ihre Mutter lieben, wird sie nie verlassen.

Wie die Henne ihre Küken schützt, wie die Löwin ihre Jungen, wie die Mutter ihr Neugeborenes, so schützt die Erdenmutter den Menschensohn vor allen Gefahren und allem Übel.«[52] Durch das Abhalten einer Zeremonie findet der Suchende die Mythen, die für ihn die tiefste Bedeutung haben, und heiligt sie. Seine Handlungen schaffen die Verbindung zu seinem Platz auf dieser Erde.

Symbole und Zeremonien

Verschiedene traditionelle Kulturen bedienen sich für die Reise über die Schwelle eines ganz bestimmten zeremoniellen Instrumentariums, dessen Elemente im folgenden beschrieben werden. Dieses rituelle Instrumentarium kann der Maus eine gesteigerte Wahrnehmung ihrer Schwellenerfahrung vermitteln. Natürlich steht es ihr frei, mit dieser Information zu machen, was sie will. Will sie sie nutzen, so wird sie damit zur Formung und Umformung ihrer Psyche auf die uralte Kraft des Archetypus zurückgreifen, denn jedes Instrument ist ein Fenster, ein Spalt in der Höhle, durch den die Unendlichkeit wahrgenommen werden kann, ein zeremonielles Mittel, um den Geist-Körper im heiligen Raum schweben zu lassen, um das menschliche Herz in den Mittelpunkt der heiligen Zeit zu stellen.

Die Schwelle

Ramon bückte sich und legte seine Pfeile und seinen Bogen über Kreuz auf seinen Schamanenkorb, wobei Bogen und Köcher nach Osten in Richtung der Wirikuta (heiligen Berge des Huichol) zeigten. Er stand auf und führte einen anscheinend sehr dringenden Dialog mit unsichtbaren übernatürlichen Wesen, wobei er die ganze Zeit mit seinen Muvieri (Schamanenfedern) in Richtung der Weltviertel und des heiligen Mittelpunkts herumgestikulierte.

Was man durch die zusammenprallenden Wolkentore von

dem Durchgang sah, sah undramatisch aus. Ramon trat nach vorn, hob seinen Bogen, preßte ihn mit dem einen Ende gegen seinen Mund und schlug derweil rhythmisch mit einem Pfeil auf die Sehne, dann lief er geradeaus nach vorn ..[53]

Peter T. Furst, *Flesh of the Gods*

Eine unsichtbare Tür liegt vor dem Suchenden. Hinter der Tür wohnt die Gottheit im wilden Gartenschoß der Natur. Der Suchende ist nun an der Grenze seines Egos angelangt, am Rande seines Einflußbereichs. Er muß über die bisherigen Begrenzungen hinaus- und in diesen Bereich verstärkter Kraft eintreten. Er muß sich über die »geschützte Zone« des zivilisierten Lebens hinausbegeben und sich nackt und ungeschützt die Kräfte erwerben, vor denen ihn ein sicheres Leben abgeschirmt hat. Auf einen unvorbereiteten Initianden lauern unzählige Gefahren hinter der Schwelle. Wenn er zuviel Angst hat oder zuwenig Vertrauen, wird die Welt, in die er eintritt, einer dunklen Leinwand gleichen, auf die seine Ängste ungehindert projiziert werden. Die Ungeheuer seiner Einbildung werden ihn verschlingen. »Immer und überall ist das Abenteuer eine Reise ins Unbekannte, jenseits des Schleiers des Bekannten und Vertrauten, sind die Kräfte, die an der Grenze wachen, bedrohlich, es mit ihnen aufzunehmen riskant. Immer und überall aber zergeht auch die Gefahr vor jedem, der Berufung und Mut mitbringt.« (Joseph Campbell)[54]

Das Überschreiten der Schwelle wird dadurch zelebriert, daß man das Tor, die Schwelle oder die Grenze symbolisch darstellt, zum Beispiel mit Torpfosten, Pfeilern oder einem Durchgang, durch den der Initiand hindurchgehen muß. Vor dem Überqueren der Schwelle findet eine formelle Weihe oder Anrufung statt, bei der der Initiand die Hilfe von Zeugen, Geistern, den Mächten der Himmelsrichtungen oder Gott herbeiruft. Dies ist auch die Zeit, um ein Opfer darzubringen. Die Zeremonie ist abgeschlossen, wenn der Initiand durch die Öffnung in den Einflußbereich der sakralen Welt tritt. Das Tor muß anschließend wieder abgebaut und jede Spur der Überschreitung der Schwelle verwischt werden, denn der Initiand möchte nicht, daß ihm negative Einflüsse aus seinem vorherigen Leben folgen können.

Möglicherweise möchte er vor dem Tor noch einen Moment verweilen und sich, bevor er weitergeht, daran erinnern, daß er hierher gekommen ist, um symbolisch zu sterben. Vielleicht ist er auch voller Erwartung und ungeduldig, dann muß er nur ein wenig warten und bewußt seine Fassung wiedergewinnen, und er wird die Schwelle mit Konzentration auf sein Ziel überschreiten, wenn er schließlich den letzten seidenen Faden durchtrennt und über die geschützte Zone hinaustritt.

Die verlorene Seele

Danach führte einmal einen Mann sein Weg in diesen Wald, der hörte die Rabe rufen und ging der Stimme nach. Als er näher kam, sprach die Rabe: »Ich bin eine Königstochter von Geburt und bin verwünscht worden, du aber kannst mich erlösen.« »Was soll ich tun?« fragte er. Sie sagte: »Geh weiter in den Wald (...)«[55]

Brüder Grimm, *Die Rabe*

Ein anderer Name für die Visionssuche ist »Heilungsreise«. Der Suchende macht sich auf, um sich selbst *und* seine Gemeinschaft zu heilen. In den traditionellen Kulturen begaben sich die Schamanen und Medizinmänner und -frauen auf Reisen in ihr Inneres und ins Jenseits, um Geheimnisse zu erfahren, mit denen man Kranke heilen konnte. Der Held und Erlöser Jesus mußte ins Reich des Todes eingehen und wieder auferstehen, damit sein Volk gerettet werden konnte. Auch die Sonne unternimmt eine Reise in die Dunkelheit, damit die verlorene Erde bei Tagesanbruch wiedergefunden werden kann.

Will der Suchende auf seine Reise in die Welt jenseits der Schwelle den Geist eines »verlorenen« oder kranken Freundes mitnehmen, so sollte er dies keinesfalls tun, weil er einen armen Tropf heilen will, der weniger Glück gehabt hat als er selbst. Solche wohltätigen Impulse kommen nicht wirklich aus dem Herzen. Der angebliche Heiler wird seinen Schützling auf halbem Wege vergessen. Zwischen dem Kandidaten und der verlorenen Seele muß eine tiefere Verbindung bestehen, ein Gefühl, daß der Heiler die Prüfung ohne den Beistand dessen, der geheilt werden soll, nicht überstehen kann.

Der Kandidat widmet seine Prüfung formell einer verlorenen Seele, kurz bevor er die Schwelle überschreitet. Er stellt sich die zu heilende Person genau vor und spricht mit ihr. Er erklärt ihr, daß er vorhat, sie zu heilen und bittet sie dafür um Erlaubnis. Die verlorene Seele muß der Obhut von Mächten anvertraut werden, die stärker sind als der Reisende selbst. Ein Symbol der verlorenen Seele wird an der Kleidung des Kandidaten befestigt und nicht vor Abschluß der Schwellenreise wieder entfernt.

Die Heilung erfolgt durch die Abenteuer, die der Kandidat in der Schwellenwelt zu bestehen hat. Im übertragenen Sinne muß die verlorene Seele dieselben Prüfungen durchmachen wie der Suchende und erhält dafür dieselbe Belohnung. Die Medizin des Heilers wird auf den Kranken übertragen. Diese Übertragung beruht auf der Vorstellung, daß wir andere nicht heilen können, wenn wir uns nicht selbst heilen. Umgekehrt heißt dies, wir können uns nur dann selbst heilen, wenn die Menschen um uns herum der Heilung bedürfen. Tief im Herzen sind der Heiler und der zu Heilende eins.

Der Ort der Kraft

Die einzige Art dieses Land (oder irgendein Land) kennenzulernen, die einzige Art es wirklich kennenzulernen, ist mit dem Körper. Zu Fuß. Oder noch besser – nachdem man einen erhöhten Platz erklommen hat – auf dem Hintern. Suchen Sie sich einen guten Platz aus und sitzen Sie dort bewegungslos ein Jahr lang. Halten Sie Ihre Augen offen und sitzen Sie einfach nur da, stundenlang, tagelang, nächtelang, den ganzen Jahreszeitenzyklus hindurch – im Frost des Winters, im grel-

len, gleißenden Licht und der Hitze des Sommers, in der Anmut und der Pracht des Frühlings und des Herbstes – und beobachten Sie, was passiert. Nehmen Sie Ihren Platz ein und verharren Sie dort. Sie werden ein Gott werden.[56]

Edward Abbey, *Beyond the Wall*

Oft machen sich die Initianden Gedanken darüber, wie sie wohl ihren Ort zum Fasten in der Wildnis finden werden. Sie schauen hinauf zu den hohen Bergen und fragen sich, wo in all der Weite wohl ihr ganz spezielles Plätzchen sein mag. Die Entscheidungen, die sie treffen, stehen symbolisch dafür, wie sie ihren Platz in der Wildnis ihres Lebens finden werden. Die Rolle des Waschbären besteht nicht darin, ihnen zu sagen, was zu tun ist. Er ist nur da, um Ratschläge zu geben, die für ihr Überleben wichtig sind. Dann tritt er wieder in den Hintergrund und beobachtet sie, wie sie vorgehen, um ihren speziellen Kraftort zu finden.

Vor Jahren kehrte ein siebzehnjähriges Mädchen ziemlich früh von ihrem Fastenaufenthalt zurück mit der Begründung, es sei ihr einfach nicht möglich gewesen, ihren Platz zu finden. Sie hatte sich einen Platz ausgesucht, sich dort jedoch nicht wohl gefühlt und war dann zwei Tage lang wie benommen herumgelaufen und hatte verzweifelt nach *dem* Platz gesucht. Wenn es dunkel wurde, legte sie sich irgendwo mit ihrem Schlafsack nieder und schlief, jedoch immer in der Angst, nicht zu dem Boden zu gehören, auf dem sie lag. Nachdem wir mit ihr gesprochen hatten, erkannte sie, was passiert war. Die Unfähigkeit, ihre Platz zu finden, spiegelte ihre Entwurzelung im Leben wieder, die dadurch entstanden war, daß sie schon von einem sehr frühen Alter an zwischen ihren geschiedenen Eltern und den Großeltern hin- und hergeschoben worden war. Auch ihre Einstellung ihrem Körper gegenüber war Ausdruck ihrer Heimatlosigkeit. Sie lebte fast überhaupt nicht darin. Seit ihrem dreizehnten Lebensjahr hatte sie ihn mit abhängig machenden Drogen zu Grunde gerichtet. Ohne ein Zuhause in der Welt oder in ihrem Körper zu haben, wanderte ihr Geist ziellos, hilflos und furchtsam umher.

Die Stätte der Kraft oder der Kraftort sagt immer etwas ganz Bestimmtes über die psychische Landschaft des Kandidaten aus. Manche suchen sich Berggipfel aus, andere Schluchten oder Höhlen. Manche mögen Bergrücken, andere lieber Bäume. Manche werden vom Wasser angezogen, andere vom Ödland. Manche lieben weichen Sand, andere brauchen den harten Boden. Wir sind der Meinung, daß der »Ort der Kraft« ein Ort im Suchenden selbst ist (aber natürlich auch ein geographischer Ort), ein Kraftzentrum, das sich selbst im Spiegel seiner Umgebung erkennt.

Ein Mensch, der nach seinem Kraftort Ausschau hält, muß bestimmte Sicherheitsregeln beachten. Ist es auch bei Gewitter noch ein sicherer Platz? Kann es dort zu plötzlichen Überschwemmungen kommen? Bietet der Ort auch im schlimmsten Wetter genügend Schutz? Wo werde ich schlafen? Kann ich, wenn es sein muß, auch ein Zelt dort aufschlagen? Welche Spuren wird mein Aufenthalt dort hinterlassen? Kann ich dort unbekümmert ein Feuer anzünden? Keiner wird auf ihn aufpassen. Er muß die Wahl treffen und mit den Konsequenzen leben, die das Auffinden seines Platzes im Leben mit sich bringt.

Glaubt er schließlich, seinen Platz gefunden zu haben, so sollte er dort zunächst einige Zeit verbringen, um sicherzugehen, daß ihn seine Begeisterung oder seine Ungeduld nicht getäuscht haben. Er legt sich an dem Ort auf den Boden und schläft, träumt oder überläßt sich in sonst einer Weise ganz dem Einfluß dieser Stätte. Er bittet die Geister oder Kräfte des Ortes um Erlaubnis, dort zu verweilen, indem er ihnen ein Opfer bringt oder zu ihnen betet. Es ist sehr wichtig für ihn, zu fühlen, daß er die Erlaubnis derer hat, deren Land er in Beschlag nimmt, der Seelen also, die diesen Ort bewohnen. In jedem Fall wird er ein Zeichen bekommen, ob der Platz genau der Ort ist, den er gesucht hat, oder nicht.

Ein Ort ist dann kraftspendend, wenn der Initiand ihn als solchen ansieht. Man sollte der Entscheidung eines Kandidaten nicht widersprechen, außer wenn der Ort außergewöhnliche Gefahren für sein Leben birgt. Die Ansicht, einige Plätze auf Erden seien heiliger oder kraftspendender als andere, ist rein subjektiv, und jeder Kandidat nimmt das anders wahr. Es ist seine subjektive Wahrheit, und Wahrheit besitzt die Kraft zur Transformation. Wir haben großen Respekt vor dieser Art von Wissen, denn auch wir haben unsere ganz eigenen Orte der Kraft in der Wildnis, die wir aufsuchen, wann immer wir eine Portion ihrer Energie benötigen. Ein solcher Ort ist auf dem Gipfel eines Berges. Der andere ist eine anscheinend unscheinbare Auswaschung nahe der Sohle eines Wüstentales. Ob hoch oben oder tief unten, herausstechend oder bescheiden, jeder Zentimeter der Erde ist heilig.

> *Ich kam zu meinem Platz und nahm meinen Rucksack vom Rücken. Dann nahm ich einen der Stöcke in die Hand, die ich mitgebracht hatte, meinen »Schlangenstock«, der von der Büffelgrasquelle von unterwegs stammte. Ich hatte ihn in der linken Hand. Ich wußte genau, daß ich für meinen speziellen Ort ein Bittgebet sprechen mußte. Ich stand also im Zentrum eines uralten Steinkreises und wandte mich zuerst gen Osten, dann gen Westen, gen Norden und schließlich gen Süden ... Als ich mit dem Bittgebet fertig war, weinte ich inmitten des Steinkreises. Dann stellte ich die Wasserflaschen in den Schatten. Ich sprach zu den Nischen in den Felsen, wo ich mein Lager aufschlagen wollte. Ich sagte:*
>
> *»Schlange, ich bin gekommen, um an diesem Ort drei Tage und drei Nächte zu bleiben. Wenn du da bist, sprich jetzt zu mir.«*
>
> *Dann stocherte ich mit meinem Stock in allen Löchern herum. Ich konnte kein Klappern hören. Danach trank ich drei Schluck von meinem Wasser, versprühte drei Mundvoll im Zentrum der Senke und trank den Rest.*
>
> Ein Suchender, *55 Jahre*

Das Fasten

Wahrlich, ich sage euch, wenn ihr nicht fastet, werdet ihr euch nie aus der Macht des Satans befreien können und von allen Krankheiten, die Satan verursacht. Fastet und betet inbrünstig und sucht die Kraft des lebendigen Gottes für eure Heilung. Meidet die Menschensöhne während des Fastens und sucht die Erdenmutter, denn der Suchende wird finden.

Sucht die frische Luft der Wälder und Felder, und dort in ihrer Mitte werdet ihr den Engel der Luft finden. Zieht eure Schuhe und Kleider aus und erlaubt dem Engel der Luft, euren ganzen Körper zu umarmen. Dann atmet lang und tief, damit der Engel der Luft in euch hineingelangen kann. Wahrlich, ich sage euch, der Engel der Luft wird alle Unreinheiten aus eurem Körper ausscheiden, die ihn innerlich und äußerlich verschmutzten.[57]

Jesus im *Friedensevangelium der Essener*

Fasten ist eine der ältesten und besten Zeremonialmethoden, die in unserer Welt des zivilisierten Komforts jedoch kaum noch eine Rolle spielt, weil dabei eine gewisse Selbstverleugnung gefordert wird. Das heißt nicht, daß die Zeremonie selbst an Kraft verloren hätte. Schon unsere Vorfahren wußten, daß das Fasten emotionale, metaphysische und geistige Dimensionen umfaßt, die der näheren Erläuterung bedürfen.

Fasten ist vergleichbar mit der Vorbereitung des Bodens zur Aussaat neuer Pflanzen. Der Körper wird aufgewühlt und entleert, damit der Geist darin wachsen kann. Fasten hilft dem Körper gegen die instinktive Angst vor dem Tod und vermittelt eine Vorahnung von der endgültigen Leere. Der Kandidat schließt ein Abkommen mit seiner Angst: »Ich werde dir erlauben, meine Leere zu füllen, damit ich und meine Gemeinschaft in größerer Fülle leben können.«

Fasten in der Wildnis verändert das zivilisierte Bewußtsein. Die Psyche ist offen für das wohlklingende Zusammenspiel der Elemente und für die Rhythmen der natürlichen Ordnung. Die Umwelt füllt das Vakuum in der Magengrube. Die Sinne fangen an, auf ungewohnte Weise zu essen. Die Augen verschlingen, die Nase schmeckt, der Mund riecht, die Ohren nehmen Nahrung auf. Der Sonnenaufgang ist Fleisch, die Mittagshitze ist Wein. Der Wind der Finsternis fährt ein Festessen auf. Auch die innere Landschaft verändert sich und wird lebendiger und erschreckender. Das scheinbar Triviale wird bedeutsam; das Vergessene bringt sich dramatisch wieder in Erinnerung; das Vage wird klar. Die Wahrnehmungen trennen das Wichtige vom Beziehungslosen und beschäftigen sich vorwiegend mit Träumen, Überlegungen, Phantasien und plötzlichen Eingebungen. Die Selbsttransformation wird möglich.

Ohne Ballast im Bauch beginnt der Initiand zu begreifen, was es heißt »in Harmonie mit Mutter Erde zu gehen« (Sun Bear)[58] – indem er den Verlust an körperlicher Stärke durch größeres Gewicht des Geistes kompensiert. Er macht vorsichtige Schritte, geht sparsam mit seiner Energie um, ganz im Einklang mit seiner Umgebung. Ihm vergeht jegliche Lust, die er vielleicht einmal verspürt haben mag, einen Geröllabhang hinabzurennen oder einen sieben Meter hohen ausgetrockneten Wasserfall emporzuklettern. Er entfernt sich nicht allzu weit von seinem Platz. Er bestimmt sein eigenes Tempo. Da er nicht unter dem Druck steht, irgendwohin gehen zu müssen, hat er Zeit, um sich auszuruhen, alles genau zu untersuchen und mit Größe, Form, Farbe, Funktion und Spezies zu kommunizieren: mit einem großen ausgehöhlten Kalksteinfelsen, einer Stadt aus Känguruhrattenlöchern, einer Mohnblüte, der Faser einer Cholla-Kaktee, einer haarigen Ameise, einer glatten Fläche aus Quartzsand, einem Obsidiansplitter, Hasenspuren, einem wilden Bienenstock, einer Glockenblume, einem Felsen mit einem Muster aus Vogeldreck, dem Summen einer Fliege, einem methodisch arbeitenden Mistkäfer, einer dahinhuschenden Eidechse, einem Büschel einheimischen Grases, dem Flattern einer Motte, einer verwitterten Salbeiwurzel oder einem Garten aus Steinen. Er geht umher in dieser Fülle von Dingen und mißt alles anhand von rasch an die Oberfläche dringenden Mythen und Werten. Er lernt, seiner Nase nach zu gehen, seiner eigenen Art und Weise zu vertrauen, seinen Weg zu finden und seine »Landkarte« fürs Leben zu erstellen.

Wenn er anhält, um sich auszuruhen, hat er außer Wasser nichts, was er seinem Körper zuführen könnte (und manchmal nicht einmal das). Er kann sich nicht gemütlich mit der Abendzeitung und etwas zum Knabbern hinsetzen und die schöne Aussicht von seiner Terrasse genießen. Alles, was er hat, ist die Aussicht. Da er nichts anderes zu essen hat, ißt er die Aussicht. Er hört, wie sein leerer Magen an der Stille nagt. Ein kühler Luftzug an einem heißen Tag regt seine Geschmacksknospen an, Speichel zu entwickeln. Er erlebt, wie sich die gierige Leere seines Körpers nach innen kehrt und anfängt, die Nahrung bei sich selbst zu suchen. Der Schatten des Todes fällt über seinen Pfad, läßt sein Herz schneller schlagen und erfüllt ihn mit einer seltsamen Lethargie. Sein Körper imitiert nur noch den tierischen Hunger nach Leben, der in allem wohnt, was ihn umgibt. Genau dann, wenn die Gifte seinen Körper verlassen, beginnt seine zivilisierte Hülle Risse zu bekommen. Widersprüchliche Emotionen, Empfindungen und Gefühle fließen in die Bresche. Er bemerkt, auf welche Art und Weise er Raum einnimmt, die Zeichen und Spuren, die er hinterläßt: seine Urinspuren auf einem Stein, seine Stiefelabdrücke im Sand, die abgeknickten Zweige. »Natur« ist nun kein abstrakter Begriff mehr, kein romantisches Ideal, sondern eine wirkliche, ganze, lebendige Einheit. Es wird ihm ganz klar, daß er sie in keiner Weise schädigen oder verschmutzen oder auch nur ein Zeichen seines Daseins in ihr hinterlassen möchte.

Auch die Hebamme weiß, was Fasten heißt. Sie achtet den Kandidaten für das, war er tut. Sie weiß, daß der Fastende sich oft erschöpft, verloren und von allen und allem verlassen fühlt, und daß sein Geist demütig vor dem Thron der Gnade darniederliegt. Sie weiß, wie der Fastende mit ausgetrockneten Lippen und zusammengeschnürtem Magen beten wird. Wenn die Nacht hereinbricht, werden sich viele an den Abendbrottisch setzen, und ihre Wahrnehmungen werden verschleiert sein von Gesprächen und vollen Mägen. Doch die Maus wird am Rande eines Felsen sitzen, hungrig und allein, und wird die Sterne einen nach dem anderen aufgehen sehen.

Vorsicht: Bei Kandidaten, bei denen längeres Fasten aus gesundheitlichen Gründen zu körperlichen Schäden führen könnte, müssen geeignete vorbeugende Maßnahmen getroffen werden. Vor allem Schwangere, Diabetiker und Menschen, die zu verschiedenen Formen von Hypoglykämie neigen, sollten deshalb stets eine Notration an Nahrung mit sich führen.

Der Steinhaufen

Beim Umherwandern in der Wüste trifft man gelegentlich auf Anhäufungen oder Hügel aus Steinen, die allem Anschein nach von Menschenhand geschaffen wurden (...) und ähnlich wie bei Felszeichnungen hat man viel über den Sinn und Zweck dieser Steinhaufen spekuliert; oft nennt man sie »Indianische Postämter«.[59]

Emory Strong, *Stone Age in the Great Basin*

Das Aufhäufen von Steinen ist eine alte Methode, eine symbolische Handlung zum Zwecke der Kommunikation, eine stumme Affirmation: *Das ist der Weg. Das ist der Treffpunkt. Die Grenzen berühren sich hier. Hier ist jemand begraben. Friede sei mit allen, die hier vorübergehen.* Die Steinhaufen, die man in der Wüste findet, sind angeblich bis zu zehntausend Jahre alt. Sie haben nur wenig Ähnlichkeit mit den Steinhaufen des »weißen Mannes«, die meist in Form von breiten Grenzmarkierungen oder als Markierungen für das Vorkommen von Bodenschätzen angelegt wurden. »Indianische Postämter« sind bescheiden und unverdächtig und der Umgebung bestens angepaßt, so daß sie leicht von denen übersehen werden, die nichts über ihr Vorhandensein wissen.

Die Steinhaufen, die von »Fastenkollegen« aus Sicherheitsgründen angelegt werden, sind ebenso klein wie die der Indianer. Aber es handelt sich bei ihnen nicht um dauerhafte Konstruktionen. Wenn sie ihren Zweck als Notzentrale erfüllt haben, werden sie nach Vollendung der Reise wieder entfernt. Sie werden am Rande von Kraftorten an einer auffallenden, leicht einsehbaren Stelle errichtet. Während der Schwellenprüfung gehen die Suchenden jeden Tag einmal dorthin und hinterlassen sich gegenseitig oder ihren Hebammen Nachrichten, daß es ihnen gut geht. Hinterläßt ein Suchender kein Zeichen am Steinhaufen, so muß sein »Fastenkollege« oder seine Hebamme herausfinden, warum er seiner Ver-antwort-ung nicht nachgekommen ist. Vielleicht ist der Suchende verletzt, krank oder wurde aus irgendeinem anderen Grunde an seinem Kommen gehindert.

Der bescheidene kleine Steinhaufen ist ein Denkmal, das im Namen der Liebe errichtet wird. Es kam schon zu Notfällen, bei denen dieser kleine Steinhaufen tatsächlich Menschen davor bewahrt hat, Schaden zu erleiden. Das Verbindungsglied, das uns zusammenhält, das es uns ermöglicht zu überleben, ist zart und wertvoll. Obwohl jeder von uns einzigartig und auf sich allein gestellt ist, haben wir doch ein gemeinsames Schicksal, und wir teilen uns die Erde mit allen lebendigen Dingen. Wir müssen für die mit uns in Verbindung Stehenden Sorge tragen. Ohne sie könnten wir nicht einmal einen neuen Tag erleben.

Der Traum

Der Wasserkäfer zieht die abendlichen Schatten zu sich übers Wasser.

Spruch der Yuma-Indianer

Die Initianden überqueren die Schwelle mit großen Hoffnungen auf eine »Traumvision«. Doch viele kehren zurück und behaupten, es seien ihnen keine Träume erschienen. Sie sagen, sie hätten überhaupt nicht geträumt oder nur über alltägliche, ganz normale Ereignisse in ihrem Leben. Man muß diese Menschen daran erinnern, daß alle Träume wichtig sind (auch diejenigen, an die sie sich nicht erinnern), genauso wichtig wie die alltäglichen Ereignisse in jedem Leben. Die Vision lauert irgendwo – in der Küchenspüle, im Schlafzimmer oder auf dem Dachboden.

Manchmal sind Schwellenträume besonders klar und stark.

Der Träumer findet in ihnen einen Namen, eine Geschichte oder eine Lebensaufgabe. Manchmal sind die Träume verschwommen und unklar wie ein Labyrinth, und die Träume anderer Träumer scheinen mit hineinzuspielen. Manchmal sind die Träume ganz persönlich und emotional aufwühlend, und der Träumer wacht mit Tränen in den Augen auf. Manchmal tauchen die Träume nur vage im Wachbewußtsein auf und sind eher beunruhigend. Und wieder ein anderes Mal kommen und gehen sie wie Ebbe und Flut und hinterlassen subtile Veränderungen am Ufer des Bewußtseins. In vielen Fällen hat der Träumer seine Augen weit offen, wenn die Träume kommen. Tagträume, Träumereien, Wachphantasien und Halluzinationen sollten nicht unterbewertet werden, denn auch sie sind Wasser vom Fluß der Orakel.

Es gibt eine Vielzahl von Methoden der Traumdeutung, derer sich jede Hebamme guten Gewissens bedienen kann. Wir haben eine besondere Vorliebe für die Metaphern von C. G. Jung und gehen davon aus, daß das kollektiv-unbewußte »Traum-Orakel« des Träumers den Traum liefert, damit er ihn in sein Leben integrieren kann. Das Orakel, das uns von unseren Ahnen gesendet wird, ist äußerst weise und möchte dem Träumer dabei behilflich sein, seinen Traum so vollständig wie möglich an seinem Platz auf Erden zu verwirklichen. Gleich einer Äolsharfe ist das Orakel empfänglich für die Schatten der Winde, die die Psyche des Träumers durchziehen, während er sich in seiner Umgebung bewegt. Es taucht zitternd an der Oberfläche des Bewußtseins auf, wenn der Wasserkäfer die abendlichen Schatten in den Mittelpunkt seines hüpfenden Tanzes zieht.

Das Orakel ist sich bewußt, daß der Träumer die heilige Schwellenwelt betreten hat. Kein einziges Detail ist unwichtig. Unglücklicherweise haben viele Kandidaten, aus welchem Grunde auch immer, die Tendenz, Details zu vergessen oder können sich nur an einzelne Fetzen erinnern. Man sollte ihnen raten, ihre Träume in ihrem Tagebuch aufzuschreiben.

Ebenso wie unser Körper zum Überleben Wasser braucht, trinkt unser Geist vom Fluß der Träume, um heil zu bleiben. Träume sind ungeweckte Handlungen. Der Kandidat muß in der Lage sein, sie im Lichte bewußter, sinnvoller Handlungen zu erforschen.

Das heilige Feuer

Schutzlos unter der Nacht
liegt unsre Welt erstarrt;
doch ist besprenkelt überall
von Lichtpunkten der Ironie,
die aufblitzen, wo immer die Gerechten
ihre Botschaften austauschen:
So möchte ich, bestehend aus demselben
Eros und Staub wie sie,
belauert von derselben
Verneinung und Verzweiflung
eine bejahende Flamme zeigen.[60]

W. H. Auden, *September 1, 1939*

Als Symbol, Kraft, Element, Geist, Gott oder Göttin ist das Feuer eines der grundlegendsten Symbole aller Mythologien dieser Welt. Auch in unzähligen traditionellen Zeremonien wie der Übergangssuche in der Wildnis spielt es eine Hauptrolle. Viele Initianden möchten gern Zeremonien an einem heiligen Feuer abhalten, doch allzuoft wissen sie überhaupt nicht, wie man ein Feuer macht und müssen deshalb erst über den Gebrauch und die Bedeutung eines kleinen Feuers, das keine erkennbaren Spuren hinterläßt, aufgeklärt werden. Am besten bringt man ihnen das Feuermachen in der freien Natur bei, wo alles nötige Material vorhanden ist. Beim Vorführen, wie man ein Feuer entfacht, es am Brennen hält und wieder ausmacht, kann der Lehrer in einem Zuge die Symbolik des Feuers und seine vielseitigen Anwendungsmöglichkeiten erklären.

Der Initiand muß sich darüber im klaren sein, weshalb er ein Feuer machen will. Wenn es nur ist, um die Kälte aus seinen Knochen zu vertreiben, verschwendet er unnötig Holz, das der

Flora und Fauna eines geweihten Platzes angehört und ihn unterhält.

Plant er eine bestimmte Zeremonie mit einem Feuer als zentralem Symbol, dann wird sein bescheidenes, sorgfältig entfachtes Feuer hell brennen und ihn viele Dinge lehren. Doch muß er sich Gedanken darüber machen, wie und wo er sein Feuer machen will. In den meisten Nationalparks und sonstigen staatlichen Naturschutzgebieten dürfen nur an ganz bestimmten dafür vorgesehenen Plätzen Lagerfeuer gemacht werden. Auch für das Feuermachen in den National Forests und in der Wildnis oder Wüste gibt es ganz bestimmte Vorschriften, zum Beispiel spezielle Feuergenehmigungen. Wenn große Brandgefahr besteht, sollte man in keinem Fall ein Feuer machen.

Das Feuermachen auf ökologisch sinnvolle Weise ist für sich allein genommen bereits eine Zeremonie. Die Grube für das Feuer sollte nicht tiefer als etwa 15 Zentimeter und im Durchmesser nicht mehr als 30 Zentimeter sein und an einem offenen Platz, wo es Sand oder weiche Erde, jedoch keine leicht entzündliche Vegetation gibt, von Hand ausgehoben werden. Keine Wurzeln sollten in die Grube ragen. Feuergruben sollten nicht gegraben werden in harten Wüstenböden, Wiesen mit jungem Gras, alpinen Riedgras-Gebieten, dichtem Chaparal, mit Tannennadeln bedecktem Boden oder an anderen empfindlichen Stellen. Um die ganze Feuergrube herum werden Steine gelegt, um Funkenflug zu verhindern. Das Brennmaterial wird von verschiedenen, weit auseinanderliegenden Plätzen zusammengesammelt. Nur dürres, abgestorbenes Holz sollte verwendet werden. Außerdem braucht man nur einen kleinen Armvoll Zweige. Das Feuer soll nur ein paar Stunden brennen.

Wenn die Dunkelheit hereingebrochen ist, wird das umsichtig verteilte Reisig mit einem Streichholz angezündet. Wenn die Flamme nach oben züngelt, wird sie mit Holz gefüttert, das das Fleisch und die Knochen des Suchenden verkörpert. Zweig um Zweig überläßt er sich selbst, die Personen, Ereignisse und Symbole seines bisherigen Lebens dem warmen Licht seines sich mit Sauerstoff verbindenden Lebens. Mit dem letzten Ast umgibt ihn die Dunkelheit des Todes. Die Kohlen werden schwarz und kalt. Wenn das Feuer völlig erloschen ist, ist auch sein bisheriges Leben abgeschlossen.

Alle Spuren des Feuers müssen beseitigt werden. Die Kohlen müssen erkaltet sein und mit derselben Erde vermischt werden, die vorher ausgehoben wurde. Die Begrenzungssteine werden unauffällig weit im Umkreis verteilt. Wenn es gottähnlich ist, ein Feuer zu entfachen, so ist es ebenfalls gottähnlich, ein Feuer wieder unsichtbar zu machen.

In der Mythologie der Maya erschufen die Götter die Erde (und das Universum) fünfmal. Die fünfte und letzte Welt, die sie erschaffen hatten, war schön – doch sie war statisch. Es fehlte ihr an Bewegung. Die Sonne hing bewegungslos an ihrem Platz. Die Planeten hingen auf ihrer Umlaufbahn fest. Die Geschöpfe konnten nicht wachsen. Alles sah reif und gut aus, doch alles war unfruchtbar. Die Götter berieten sich untereinander und kamen zu dem Entschluß, daß einer von ihnen sich in das Feuer der Sonne werfen müsse, um ihrer Schöpfung Bewegung und Leben zu verleihen. Alle hatten Angst vor dem Sterben. Doch schließlich erklärte sich Xipe Totec, auch »Keine Haut« genannt, bereit, sich in die Sonne zu stürzen. Er war der häßlichste aller Götter, denn er wurde ohne Haut geboren. Wie ein abgehäutetes Opfer hing ihm das Fleisch in stinkenden Fetzen von den Knochen. Er stürzte sich in die Sonne, und sofort begann alles sich zu bewegen. Auch die Zeit nahm damit ihren Anfang. Alle Dinge des Universums begannen sich im Rhythmus von Geburt, Paarung und Tod zu bewegen. Xipe Totec, der als Märtyrer gestorbene »Keine Haut«, wurde wiedergeboren als Schutzpatron des Frühlings, als Gott der Blumen.[61]

Auf dem kosmischen Rad des Feuers geht eine Jahreszeit in die andere über. Der lachende Junge des Sommers reift heran, trägt Früchte, verliert im Herbst an Kraft und vergeht im Winter, dem »Hautlosen«. Im Tod des Winters, wenn alles kahl ist und still steht, stürzt sich das Alter in das Feuer des Frühlings. Der Kindgott der Blumen wird geboren. Der Winter opfert sich selbst für den Frühling. Das Feuer ist der Durchgang, der sie verbindet. Immer und ewig muß es sich vom Toten ernähren und das Licht des Lebens spenden. Der Funke, der aus dem Leichnam weicht, sehnt sich nach dem Zunder eines neuen Körpers. Immer wird Prometheus seine Faust gegen die Götter erheben, die den Tod im Sinn haben. Es *wird* Feuer geben!

Die Verleihung eines Namens

Jakob blieb allein zurück.

Da rang ein Mann mit ihm, bis die Morgenröte anbrach.

Und als er sah, daß er ihn nicht übermochte, schlug er ihn auf das Gelenk seiner Hüfte, und das Gelenk der Hüfte des Jakobs wurde über dem Ringen mit ihm verrenkt.

Und er sprach: »Laß mich gehen, denn die Morgenröte bricht an. Aber Jakob antwortete: »Ich lasse dich nicht, du segnest mich denn.«

Er sprach: »Wie heißest du?« Er antwortete: »Jakob.«

Er sprach: »Du sollst nicht mehr Jakob heißen, sondern Israel; denn du hast mit Gott und mit Menschen gekämpft und hast gewonnen.«[62]

1. Mose 32:25–29

Der Neuinitiierte kommt häufig von seiner Reise über die Schwelle mit einem neuverliehenen »Medizinnamen« zurück, der das Wesentliche seiner Kräfte oder seiner Fertigkeiten versinnbildlicht. Er hat mit den Geistern gerungen und hat gewonnen. Nun muß er wie der lahme Israel mit den Folgen seines Namens leben.

Während seiner Zeit in der Abgeschiedenheit begibt sich der Suchende auch auf die Suche nach einem geeigneten Namen, denn er ist umgeben von einer Unzahl von Metaphern, die ihm der wilde Körper von Mutter Erde zuträgt. Er erweist sich den besten Dienst, wenn er seine Sinne und seinen Geist ganz offen hält. Er wird bald merken, daß er einen wirklichen Namen nicht durch verbissenes Suchen findet. Für seinen Namen kämpfte Jakob eine ganze Nacht lang mit einem Engel. Es kann gut sein, daß ein Suchender dasselbe tun muß.

Eine gute Faustregel ist die Vorstellung, daß der Name selbst etwas mit der Art und Weise zu tun hat, wie der Initiand nach ihm sucht. Hyemeyohsts Storm erzählt die Geschichte, wie ein junger Mann zu seinen Medizinnamen kam. Eines Tages näherte sich ein Jüngling aus dem Volke seinem Großvater und sagte:

> *»Großvater, ich höre, daß es irgendwo einen singenden Stein gibt, und daß er, wenn er gefunden wird, große Medizin für seinen Entdecker enthalten kann. Ist das wahr?«*
>
> *»Es ist wahr«, antwortete der Großvater. »Geh nach Norden, und du wirst ihn finden.«*[63]

Daraufhin ging der Jüngling nach Norden, um den singenden Stein zu suchen. Nach vielen Abenteuern, kam er im Norden an und traf dort auf seinen Großvater, der auf einem Stein saß und auf ihn wartete. »Der singende Stein befindet sich nicht im Norden«, sagte der Großvater. »Er befindet sich im Süden.« Also begann der Jüngling seine Reise nach dem Süden und nach vielen Abenteuern begegnete er einer Libelle. »Der singende Stein befindet sich nicht im Süden«, sprach die Libelle, »er befindet sich im Westen.« So begann der Jüngling seine Reise nach Westen und begegnete einer Maus. »Ich suche den singenden Stein«, sprach er zur Maus. Die Maus antwortete: »Der singende Stein befindet sich nicht im Westen, er befindet sich im Osten.« Also machte sich der Jüngling in Richtung Osten auf und kam nach vielen Abenteuern zu einem fremden Lager. Er ging auf das Lager zu, doch dann begann er sich zu fürchten, weil die Malereien und Zeichnungen auf den Zelthäusern ihm fremd erschienen. Er entschloß sich trotzdem weiterzugehen, obwohl der »Bogen der Spannung in ihm gedehnt wurde«. Schließlich betrat er den Kreis der Zelthäuser. »Dann kamen seine Schwestern, Brüder, Väter, Großväter, Großmütter, Onkel, Tanten und alle seine Verwandten heraus, um ihn zu begrüßen und sagten: »Willkommen an unserem Beratungsfeuer, Singender Stein.«[64]

Durch die Suche selbst wird der Name verdient und verliehen. Der Suchende wird zu dem, was er gesucht hat. Die Suche findet sowohl in der äußeren Welt statt, in den faßbaren Ereignissen des Lebens, als auch in der inneren Welt, in der Landschaft aus Gedanken, Emotionen, Träumen und Offenbarungen. In welche Richtung soll man gehen? In jede Richtung. Der Name kommt erst dann, wenn die Suche abgeschlossen ist, erst wenn man mit dem Engel gerungen hat.

Der Initiand sollte keine Angst davor haben, in Gefilden zu reisen, wo die Sprache zusammenbricht und anachronistisch wird, wo alle Landkarten, Wegweiser und Straßen fremd sind. Großmutter Natur spricht nicht in unserer Muttersprache mit uns. Ihre Namen für den Suchenden finden sich im Wind und Sturm, in den Wolken und am Himmel, in den Kreaturen und der Schöpfung. Nimmt er diese Dinge nur mit den konditionierten Augen unser Zivilisation wahr und klassifiziert sie mit Etiketten und Nomenklaturen, wird er nie die geheime Namensmagie erfahren, nach der er sucht. Ein Habicht wird seinen Namen rufen, doch er wird ihn nicht hören, weil er denkt, er sehe nur einen Habicht. Eine Ameise wird ihm seinen Namen zuflüstern, doch er wird nicht wahrnehmen, was sie sagt, weil er denkt, er sehe nur eine Ameise. Seine Unfähigkeit einen Botschafter der Großen Mutter wahrzunehmen, ist ein Anzeichen dafür, daß er noch nicht bereit ist, das zu finden, was er sucht.

Die wirkliche Kraft eines Medizinamens liegt in seiner Geheimhaltung. Je mehr er den Namen für sich behält (besonders dann, wenn er versucht ist, gerade dies nicht zu tun), desto größer wird der Name in ihm. Und während die Kraft des Namens in ihm wächst, wird auch er wachsen. Der Name wird in ihm keimen und schließlich Früchte tragen, die für alle offensichtlich sind. Aber wenn er ihn allen und jedem verkündet, entzieht sich der Name vielleicht wieder. Der Mensch fängt vielleicht an, sich einzubilden, daß andere ihn kritisch beurteilen, weil er nicht seinem Namen gemäß lebt, und er könnte sich dann wünschen, er hätte ihnen den Namen nie genannt. Dann wird der Name mehr zur Last als zum Geschenk und wird schnell vergessen werden.

Es kommt auch vor, daß eine Person ohne einen Namen

von ihrem Schwellenerlebnis zurückkehrt. Meist ist sie dann enttäuscht, besonders wenn sie lange und intensiv mit großer Konzentration und Umsicht danach gesucht hat. Offenbar muß sie eine ganz schöne Strecke zurücklegen, bis der Name auf sie übertragen wird. Die Kraft ihres Namens – hat sie ihn erst einmal gefunden – ist um so größer, je mehr sie auf ihrer Suche von sich selbst aufgegeben hat.

Begegnungen mit Fremden

»Jeder, den Genaro auf seinem Weg nach Ixtlan trifft, ist nur ein ephemeres Wesen«, erklärte Don Juan. »Du zum Beispiel, du bist ein Phantom. Deine Gefühle und dein Eifer gleichen denen jener Leute. Das ist der Grund, warum er sagt, daß er auf seiner Reise nur Phantom-Reisenden begegnet.«

Plötzlich erkannte ich, daß Don Genaros Reise eine Metapher war.

»Deine Reise nach Ixtlan ist also nicht real?« fragte ich.

»Die ist real«, warf Don Genaro ein. »Die Reisenden sind nicht real.«[65]

Carlos Castaneda, *Reise nach Ixtlan*

Gelegentlich kommt es vor, daß ein Suchender während seiner Abgeschiedenheit in der Schwellenwelt einem Fremden begegnet. Diese Möglichkeit macht ihm vielleicht Angst. Besonders Frauen haben häufig Angst davor, und dies aus gutem Grund. Obwohl solche Begegnungen selten sind, kann diese Möglichkeit nicht vollkommen ausgeschlossen werden, egal wie sorgfältig eine Hebamme auch versucht haben mag, ihren Schützlingen absolute Ungestörtheit zu bescheren.

Begegnungen mit freundlich oder feindlich gesinnten Fremden während einer Visionssuche oder Seelenreise gehören schon seit Tausenden von Jahren zum zeremoniellen Drama der Übergangsriten in der Wildnis. So folgen die australischen Aborigines während ihrer Geistersuche den Spuren mythischer Helden durch legendäre Landschaften, überqueren Stammes-

und Religionsgrenzen und begegnen Fremden und Gruppen von Fremden, die eine wesentliche Rolle in der allegorischen Entfaltung der Lebensgeschichte des Suchenden spielen. Desgleichen haben sich Pilger und Bittsteller der unterschiedlichsten Glaubensrichtungen zu Heiligtümern und heiligen Plätzen aufgemacht und sind dabei Fremden oder außerirdischen Wesen begegnet – Gespenstern, Geistern, Engeln, Botschaftern oder gar Göttern und Göttinnen in menschlicher Form. Meist sind diese Fremden dem Suchenden wohlgesonnen; manchmal jedoch sind sie auf Zerstörung aus.

Traditionell ist ein Fremder für viele Völker mit übernatürlichen Kräften, Mana oder persönlicher »Medizinmacht« ausgestattet. Man bedenke nur die Wirkung, die das Eindringen eines Fremden in die unverletzte Einsamkeit des Initianden in der Wildnis hat. Diese Wirkung ist ein Maß für das Mana des Fremden – eine möglicherweise gefährliche Kraft, die erst durch bestimmte Handlungen neutralisiert werden kann, die insgesamt als »Angliederungsriten von Fremden« bezeichnet werden und sowohl den »bösen Blick« des Fremden als auch den von ihm auf den Suchenden ausgehenden »potentiellen Fluch« unwirksam machen sollen.[66] Das wichtige Wort in diesem Zusammenhang ist die Angliederung oder Integration, also die Herstellung eines Ganzen oder das Einverleiben. Bei der Begegnung mit Fremden muß man selbst wieder »in seinen Körper zurückkehren«, das heißt eine körperliche Form annehmen. Doch der Reisende muß nicht nur selbst in seinen Körper zurückkehren, sondern auch dafür sorgen, daß der Fremde eine körperliche Form annimmt, denn nur dann kann er richtig wahrgenommen und behandelt werden.

In leicht veränderter Form haben wir oft solche »Angliederungsriten von Fremden« in unsere Vorbereitungen für Reisende in die Unterwelt aufgenommen. Diese formelle Prozedur besteht aus einer Reihe von Handlungen, die ausgeführt werden, um den Fremden zu neutralisieren oder wohlgesonnen zu machen. Sie finden nur dann Anwendung, wenn der Fremde den Reisenden bereits gesehen hat. Ist dies nicht der Fall, so kann der Reisende sich immer noch dazu entschließen, mit der Landschaft eins und unsichtbar zu werden.

1. Anhalten. Hat ein Fremder Sie erblickt, und Sie rennen weg, könnten in ihm Raubtierinstinkte wachgerufen werden. Er wird vielleicht neugierig. Vielleicht verfolgt er Sie auch nur aus altruistischen Gründen, weil er denkt, Sie seien irgendwie in Schwierigkeiten. Natürlich kann es auch sein, daß der Fremde Ihnen wohlgesonnen oder ein hilfreicher Geistführer ist.

Halten Sie an, sammeln sie sich und beziehen Sie Stärke aus ihrem Bestimmungskreis. Machen Sie sich klar, daß Sie sich auf einer Suche befinden. Was sie damit tun, ist eine kraftvolle Medizin für den Fremden. Halten Sie an und fühlen Sie Ihre Verbindung zur Erde, damit der Fremde Ihre Energie spüren kann.

2. Warten. Halten Sie sich zurück, bevor Sie sich bewegen. Nehmen Sie eine neutrale Haltung ein – entspannt, gut geerdet, doch immer darauf vorbereitet zu fliehen, falls Sie bedroht werden. Rufen Sie die Hilfe Ihrer Götter oder sonstiger Mächte an. Beobachten Sie genau, wie sich der Fremde verhält. Versuchen Sie, seine Gegenwart zu spüren. Können Sie raten, was er wohl hier draußen in der Pampa zu suchen hat? Sie stehen kurz vor der Entscheidung, ob Sie bleiben oder abhauen sollen. Wenn Sie beim Anblick des Fremden ein komisches Gefühl bekommen, oder er so aussieht, als habe er keinen rechten Bezug zu seinem Körper oder zur Erde, sollten sie weggehen, indem Sie sich wie zufällig abwenden und ohne irgendwelche Anzeichen von Panik im Dickicht verschwinden. Sind Sie einmal außer Sichtweite, sollten Sie einen möglichst großen Abstand zwischen sich und dem Fremden schaffen. Entschließen Sie sich hingegen zu bleiben, sollten Sie den nächsten Schritt tun.

3. Durchgehen. Wir haben es hier mit einer Schwelle zu tun, die bewußt überschritten werden muß. Bemühen Sie sich also darum, daß Ihr Kreis und der Kreis des Fremden sich näher kommen. Bewegen Sie sich auf den Fremden zu, egal ob dieser auf sie zukommt oder nicht. Beim Überschreiten der Grenzlinie sollten Sie darauf gefaßt sein, das Karma Ihrer Entscheidung, ihm begegnen zu wollen, anzunehmen.

4. Eintreten. Treten Sie ein in den Bereich der persönlichen Macht des Fremden und bringen Sie Ihren Kreis mit seinem zur Deckung. Treten Sie als neutrale oder wohlgesonnene Person, als reale und in sich geschlossene Person ein, die mit beiden Beinen auf der Erde steht. Versuchen Sie nicht, jemand anderes zu sein als Sie sind. Bedenken Sie stets, daß es Ihre Entscheidung war, dem Fremden zu begegnen und daß er deshalb wenigstens vorübergehend unter dem Einfluß Ihrer Energie steht. Versuchen Sie herauszufinden, welchen seltsamen Fisch Sie da an Land gezogen haben.

5. Im Körper sein. Versuchen Sie, ganz in Ihrem Körper zu sein und mit dem Fremden im »Hier und Jetzt« der Unterhaltung zu interagieren. Weshalb ist er hier? Wohin geht er? Will er irgend etwas von Ihnen? Wollen Sie irgend etwas von ihm? Was immer Sie mit ihm besprechen, wird in ihrem Gedächtnis auch nach dem Treffen haften bleiben. Versuchen Sie nicht, irgendwelche Geschichten über Ihre Situation zu erfinden. In allen Traditionen ging man stets davon aus, daß die Mächte eine Person auf ihrer Seelenreise beschützen. Beobachten Sie den Fremden genau. Ist er auch derjenige, der er behauptet zu sein? Oder gibt es etwas an ihm, das dem widerspricht? Sie haben stets die Möglichkeit, sich sachte von ihm zurückzuziehen.

Wohlwollen muß mit gutem Willen begegnet werden. Doch gehen Sie mit dem Fremden nirgendwo hin. Denken Sie stets daran, daß Sie sich nur auf der »Durchreise« befinden und daß nur Sie allein die Richtung kennen, in die sie gehen müssen. Dieser Fremde ist ein »karmischer Geist«, der durch Ihre eigene Entscheidung, die Schwellenwelt zu betreten, geschaffen wurde.

6. Trennen. Das Auseinandergehen muß entschlossen und freundlich erfolgen. Vergessen Sie nicht, Ihren Kreis von dem des Fremden wieder zu lösen. Lassen Sie keine wichtigen Dinge von sich bei dem Fremden zurück. Wenden Sie Ihre Aufmerksamkeit wieder ganz dem vor Ihnen liegenden Pfad zu, und hängen Sie mit Ihren Gedanken der Begegnung nicht nostalgisch nach. Trennen Sie sich klar und vollständig.

7. Zurückkehren auf den Pfad. Versuchen Sie nun, den Abstand zwischen Ihrem Kreis und dem des Fremden zu vergrößern. Mit zunehmendem Abstand beginnen Sie wieder, sich von Ihrem Körper zu lösen. Sie verfolgen nun nicht länger die Absicht, jemandem zu begegnen, sondern gehen weg, und zwar *ohne sich noch einmal umzudrehen und zurückzuschauen.*

8. Loslösen vom Körper. Wenn Sie außer Sichtweite des Fremden sind, sind Sie wieder »unsichtbar«. Sie können sich jetzt einen Moment lang ausruhen und den Staub der Begegnung von ihrem Bestimmungskreis abschütteln. Zum formellen Abschluß können Sie sich mit dem Rauch von Kräutern reinigen, die Hände waschen oder nur tief durchatmen und Dank sagen. Ihre ganze Aufmerksamkeit muß nun wieder auf den Pfad gelenkt werden, der vor Ihnen liegt. War der Fremde wirklich ein »unbewußter Engel« oder ein Geistlehrer, so wird Ihnen der Sinn und Zweck seines Besuches beim Weitergehen klarwerden.

Menstruation

Wenn eine Frau zur Zeit des »dunklen Mondes« durch ein Gefühl der inneren Disharmonie gestört wird, durch Reizbarkeit, Apathie oder Ruhelosigkeit, so sollte sie imstande sein, wenn sie sich vorsätzlich Zeit nähme, mit sich allein zu sein, ihr seelisches Gleichgewicht wiederherzustellen, wie es der primitiven Frau durch Befolgen des auferlegten Tabus gelang. Eine solche Periode der Introversion und der Absonderung ist oft sehr fruchtbar, es muß aber eine wirkliche Introversion sein, ein »Sich-nach-innen-Wenden«, absichtlich unternommen, nicht nur ein Nachgeben gegen die körperliche Notwendigkeit.[67]

Esther Harding, *Frauen-Mysterien*

Das Alltagsleben einer Frau von heute treibt auf der Oberfläche eines tiefen, rhythmischen, durch die Mondphasen bestimmten Flusses dahin. Wie ihre heiligen Ahnen kann sie sich diesem Zyklus nicht entziehen. Doch im Gegensatz zu ihnen feiert sie das Einsetzen ihrer Menses nicht durch Rückzug vom normalen Leben und menschlichen Kontakten. Sie macht mit den Dingen, die sie tun muß, weiter und sieht ihre »Periode« meist als etwas eher Lästiges oder Unbehagliches an. Verstandesmäßig glaubt sie nicht länger an die Tabus in bezug auf »Unreinheit«, »Fluch« oder »Übel«, die während der Menstruation von ihrem Körper ausgehen. Sie vergißt dabei jedoch, daß ihre heiligen Urgroßmütter gute Gründe hatten, sich während dieser Zeit abzusondern – und gute Gründe, die abergläubische Angst der Männer zu ertragen, daß Frauen während ihres Mondzyklus einen unheilvollen Einfluß haben und deshalb vom Dorf- und Familienleben ausgeschlossen werden müssen, bis sie wieder »rein« sind.

Die meisten Indianerinnen ergaben sich gern in die Beschränkungen, die ihnen während ihrer Menstruation auferlegt wurden: »Die Frauen sahen die Menstruations-Tabus im allgemeinen nicht als Last an, sondern als eine willkommene Gelegenheit, von den alltäglichen häuslichen Pflichten wegzukommen und sich einmal auszuruhen. Das Leben der meisten Indianerinnen war nicht weniger hart als das der Männer, doch wurde ihnen dafür im Gegensatz zu jenen wenig Anerkennung und Ehre zuteil. Sie waren froh, wenn sie in Ruhe gelassen wurden.«[68] Feministische Anthropologinnen haben erst vor kurzem darauf hingewiesen, daß die Frauen selbst für die Auferlegung der Menstruations-Tabus verantwortlich waren, die in Absonderungsriten, Reinigungsriten und Riten der ersten Menstruation bestanden. Das Vorhandensein dieser Riten räumte den »primitiven« Frauen ein Vorrecht ein, das die Frauen von heute nicht mehr besitzen – eine Art monatliche Seelenreise.[69] Es wäre wirklich äußerst schade, wenn die modernen Frauen ihre tiefe, intime Verbindung zur Mutter Erde und zu den Mondzyklus-Zeremonien ihrer heiligen Urgroßmütter völlig verlieren würden.

Eine siebzehnjährige Fastende schrieb während ihrer

Schwellenprüfung folgendes in ihr Tagebuch: »Verdammt! Blitz und Donner! Es sieht so aus, als ob es regnen wird. Und rate mal, was noch dazukommt? Ich habe meine Periode bekommen. Eigentlich wäre es erst in einer Woche Zeit gewesen. Was mach ich nun? Krämpfe. Keine Tampons. Ich fürchte mich so und bin so einsam. Oh Gott, ich wünschte, ich wäre wieder daheim.« Ihre Erfahrung ist typisch für viele Frauen, deren Periode in der Einsamkeit und beim Fasten zu früh (oder auch zum richtigen Zeitpunkt) einsetzt. Statt das Einsetzen der Regel als Unglück zu betrachten, sollte man die Initiandinnen dazu ermutigen, es als willkommene Gelegenheit anzusehen, um das Geheimnis ihres Körpers und ihre Zugehörigkeit zur Schwesternschaft aller Frauen zu feiern. Zur Zeit des »dunklen Mondes« wurden den Frauen traditionell übernatürliche Kräfte zugeschrieben, was den Umgang mit ihnen »gefährlich« machte. Man könnte also eher von Glück sagen, daß die Periode gerade während des Aufenthalts in der Schwellenwelt gekommen ist, denn jetzt ist die Frau allein und kann ihren Blick nach innen wenden, um sich zu beobachten, zu hören und zu fühlen. Liegt ihr etwas schwer auf dem Herzen, so kann sie diesen Widersacher jetzt herauslassen und ihre »Mondkraft« dazu nutzen, die Widerstände und die Verwirrung in sich in Einklang zu bringen. Zu diesem Zweck kann sie eine Zeremonie abhalten, mit der sie ihre Beziehung zu Himmel und Erde, Mond und Wasser feiert und zuläßt, daß die Einflüsse von Dunkelheit und Nacht sie reinwaschen, wenn das Blut der Geburt seinen Samen an die Erde zurückgibt. Sie kann der Erde ihr Menstruationsblut schenken als Dank für das Geheimnis ihrer Fruchtbarkeit.

Eine menstruierende Frau kann aus der übrigen Gruppe »abgesondert« werden, indem allen bewußt gemacht wird, daß sie gerade ihre Regel hat. Es ist nicht nötig, sie auf irgendeine andere Weise auszuschließen. In dem Bewußtsein, daß alle anderen es wissen, kann sie die Bedeutung ihres Zustandes schätzen lernen. Sie kann z. B. ihren Umgang mit Männern während dieser Zeit beobachten, denn viele Männer haben noch eine tiefsitzende Angst vor menstruierenden Frauen. Andererseits können die Männer darauf hingewiesen werden, daß auch ihr Körper und ihre Psyche bestimmten Zyklen unterworfen sind, ähnlich dem der Frauen, und sie können dazu ermutigt werden, die Beziehung zwischen ihren Emotionen und dem Mond zu erforschen.

Der Bestimmungskreis

Gott ist ein Kreis, dessen Zentrum überall und dessen Umfang nirgends ist.

Axiom des Hermes Trismegistos

Der Bestimmungskreis oder »Kreis des Selbst« wird für gewöhnlich schon einige Zeit vor der letzten Nacht der Schwellenperiode an einem mit großer Sorgfalt ausgewählten Ort angelegt. Der Kreis sollte nicht unbedacht oder halbherzig angelegt werden, denn er symbolisiert die Beziehung des Initianden zum Universum. Meist wird er aus Steinen gebildet, die nach Form, Farbe, Größe oder danach, wie sie sich anfühlen, ausgesucht wurden. Jeder Stein verkörpert eine geliebte Person, einen Lehrer, ein Tiertotem, einen Geist, eine gerichtete Kraft, eine Persona des Selbst oder irgendein anderes Wesen und beinhaltet den unsichtbaren Kreis seines Lebenszwecks. Es gibt keine Vorschriften in bezug auf die Anzahl der Steine und die Form des Kreises, doch beides sollte für den Suchenden eine bestimmte Bedeutung haben. Es geht nicht darum, einen beliebigen Haufen Material herbeizuschaffen und daraus ein primitives Symbol zu erstellen, sondern darum, ein »lebendiges«, ausgewogenes Bild des unsichtbaren Lebenskreises zu schaffen, das für den Initianden von persönlicher Bedeutung ist.

Zunächst wird der Kreis nach den sechs Himmelsrichtungen ausgerichtet. Nachdem die Hauptpunkte festgelegt sind, kann der Rest ausgefüllt werden. Der Kreis sollte jedoch nicht zu groß sein. Wir schlagen vor, ihn im Durchmesser etwas kleiner zu machen als ein voll ausgestreckt auf dem Boden liegender Mensch. Das hat den Vorteil, daß der Suchende nicht so leicht darin einschlafen kann. Außerdem sollte man darauf achten, auf welchem Untergrund man den Kreis anlegt. Ist der Boden rissig und empfindlich, wie etwa Wüstenboden oder Boden mit alpinem Riedgras, kann ein Tanz, der die ganze Nacht dauert, oder ein unablässiges Herumlaufen um den Kreis nicht gerade das Beste dafür sein. Deshalb sollte ein Ort ausgewählt werden, wo die hinterlassenen Spuren sich möglichst schnell verwischen.

Sind die Steine schließlich zu einem fertigen Muster arrangiert, umringen sie den Mittelpunkt wie der Körper das Herz umschließt und bilden so eine Art Schutzmauer, einen »Kreis der Unantastbarkeit«, einen »magischen Ring«, eine sphärische Schnittstelle zwischen dem Bewußtsein des Selbst und des Universums, das sich gegenseitig einschließt, befruchtet und heilt. Ist der Erbauer mit seiner geduldigen Arbeit fertig, so kann er seinen Kreis zunächst mit Gebeten, Opfergaben, Liedern u. ä. einweihen und dabei den Geistern dieses Ortes dafür danken, daß sie ihm erlauben, sein »letztes Lager« dort aufzuschlagen.

Kurz vor Sonnenuntergang verstaut er seine ganze Ausrüstung außer den Dingen, die er mit in den Kreis nehmen will. Er braucht ganz wenig – seinen Schlafsack, ein bißchen Wasser, vielleicht ein persönliches Symbol, etwas zum Musizieren und das Tagebuch. Bei Einbruch der Dunkelheit, betritt er den Kreis. Er nimmt einen der Steine weg, als öffne er eine Tür und tritt in den Kreis ein. Dann legt er den Stein an seinen Platz zurück, schließt damit die Tür und verschmilzt so das Ich mit dem Selbst. Er bleibt daraufhin im Kreis, bis die Sonnenscheibe die Öffnung seines irdischen Grabes wieder berührt.

Die Momente kurz vor dem Eintreten in den Bestimmungskreis sind besonders ergreifend, wenn man sich vorstellt, daß man nun die letzte Nacht seines Lebens verbringt. Die langen, häufig undramatischen Stunden der Nachtwache erhalten dadurch einen höheren Wert und einen besonderen Reiz. Der Initiand kann jetzt besser unterscheiden, was für seine Lebensgeschichte wichtig und was unwichtig ist. Er sträubt sich gegen den Schlaf, weil er erleben möchte, wie das Sterben wohl sein mag. Obwohl sein Tod nur metaphorisch und imaginär ist, wird dadurch im nachhinein eine geheime Kraft in ihm entstanden sein, eine Selbsterkenntnis, die er nun in sich trägt. Er hat die ganze Nacht hindurch auf einem Berg gesessen und seinen machtvollsten Verbündeten unterhalten – seinen eigenen Tod. Nun besitzt er ein bißchen »Todesmedizin«.

Großer Geist,
wenn wir dem Sonnenuntergang entgegensehen
wenn wir zu dir kommen, um
das letzte Lied zu singen, so möge dies geschehen
ohne Scham, wir singen
»es ist vollbracht in Schönheit,
es ist vollbracht in Schönheit!«[70]

Evelyn Eaton, *The snowy earth comes gliding*

Er bleibt während der ganzen langen nächtlichen Stunden wach und macht in diesem heiligen »Kreis des Selbst« alles, wozu er Lust hat. Manchmal schreitet er zwischen den Hauptrichtungen hin und her und fleht die Kräfte der Himmelsrichtungen an, ihm eine Vision zu bescheren. Manchmal verwendet er den Kreis, um mit sich eins und ausgeglichen zu werden. Manchmal tanzt er die ganze Nacht im Uhrzeigersinn um den Kreis herum und singt sein Anrufungslied. Manchmal sitzt er ganz ruhig im Mittelpunkt und späht in die Finsternis hinaus in Erwartung eines Zeichens. Manchmal schläft er trotz aller guten Vorsätze ein und erwacht dann später voll Reue und Angst, er habe mit seinem Einnicken alles verpatzt. In den Stunden vor Tagesanbruch kämpft er meist mit bleiernen Augen und kann sich nur noch mit Mühe wachhalten. Er wird durch die fast unmerklich schneller heranrückende Morgenröte belohnt.

»In meinem Bestimmungskreis ist überhaupt nichts passiert«, beklagte sich ein gerade Zurückgekehrter. »Wollen Sie etwa behaupten, die Grillen hätten nicht gesungen, der Wind hätte nicht durch Sie hindurch geblasen, der Mond und die Sterne seien nicht über den Himmel geflossen wie ein gewaltiger Fluß und Sie hätten keinerlei Emotionen oder Gedanken gehabt?« fragten wir ihn. »Ach, *das* meinen Sie«, lachte er. »Ich habe wahrscheinlich etwas Spektakuläreres erwartet.« Indem wir etwas »Spektakuläres« erwarten, verpassen wir die Vision dessen, was bereits vorhanden ist. In Wirklichkeit passiert sehr viel in der Zeit, die der Held in seinem Kreis verbringt. Und alles zusammengenommen ergibt dann die Geschichte, wie er die ganze Nacht wach saß, um eine Vision für seine Gemeinschaft zu erflehen. Das Thema lautet: »So verschafft sich der Mensch selbst einen Sinn.« Vielleicht möchten Sie ihn nach seiner Geschichte fragen, wenn er von der Schwelle zurückgekehrt ist.

Tatsache ist, daß zu dem Zeitpunkt, wo er aus seinem Bestimmungskreis heraustritt, bereits etwas passiert ist, ob er sich nun dessen bewußt ist oder nicht: »Aber Kräfte sind ins Spiel gebracht, die sich den Berechnungen der Sinne entziehen. Ereignisketten von den Enden der Welt verschlingen sich allmählich, und ein wunderbares Zusammentreffen läßt das Unabwendbare Ereignis werden ... (Joseph Campbell).[71] Wenn er aus seinem Kreis heraustritt, ist er auf seinen nackten Kern reduziert, endlich frei, denn seine Schale hat sich in der Strömung des Heiligen Flusses aufgelöst. Der Boden, in dem sein neugeborener Geist Wurzeln schlägt, ist das Licht der Morgendämmerung seiner körperlichen Existenz.

Bitten um eine Vision

Wie der Hirsch lechzt nach frischem Wasser, so schreit meine Seele, Gott, zu dir.

Meine Seele dürstet nach Gott, nach dem lebendigen Gott. Wann werde ich dahin kommen, daß ich Gottes Angesicht schaue?

Meine Tränen sind meine Speise Tag und Nacht, weil man täglich zu mir sagt: »Wo ist nun dein Gott?«[72]

Psalm 42:2–4.

Schwarzer Hirsch nannte die Schwelle der Visionssuche das *Hanbletscheyapi*, das »Flehen um ein Gesicht«. In einer würdevollen Zeremonie steckte der »Flehende« einen Kreis mit den sechs Richtungen ab und ging dann zwischen den Kardinalpunkten und dem Mittelpunkt auf und ab, wobei er sang: »O Großer Geist, sei gnädig mit mir, auf daß mein Volk leben möge.«[73] Dieser traditionelle Ruf enthält das Geheimnis des Gebets, mit dem eine Vision erfleht wird. Der Suchende geht nicht nur zum Heiligen Fluß, um zu fasten und für sich selbst zu beten. Wenn er in seinem Bestimmungskreis nichts erlangt, das er zum Wohle seines Volkes mit zurückbringen kann, ist seine Bitte von vornherein unbegründet.

Man kann die ganze Schwellenprüfung mit Beten, Weinen, Flehen, Bitten, Singen, Rezitieren, Beschwören, Appellieren, Suchen oder Anrufen der vorhandenen Mächte verbringen. Zwar gibt es keine vorgeschriebene Methode, um mit Gott in Verbindung zu treten, doch sollte jeder eine Form finden, die ihm behagt. Manche behaupten, sie wüßten nicht, wie man betet. Andere schämen sich, weil es hier ihrer Meinung nach um etwas »Unwissenschaftliches« geht. Und wieder andere wenden verbittert ein, ihre Gebete seien noch nie erhört worden. Es ist in jedem Fall nützlich, herauszufinden, was jede Person unter Beten versteht und wie sie sich als Betenden sieht.

Ist der Suchende erst einmal allein, kann er ganz so beten, wie es ihm beliebt. Niemand wird da sein und ihm für seine Frömmigkeit Beifall klatschen. Er braucht keine Worte. Gefühle, die tiefer sind als Worte, können durch Schreie ausgedrückt werden, die ungeschönt, unkontrolliert und ungehindert durch irgendeine Tradition sind. Auch sie sind eine Form des Gebets. Wenn der Initiand so im Staube daliegt, zu einem erbärmlichen Bündel reduziert, und auf seinen Tod wartet, drückt der Schrei, der sich seiner Brust entreißt, sein tiefstes Verlangen aus, sich selbst und die Welt vollkommen zu machen. Möge er schreien aus Einsamkeit, aus Liebe und Fürsorge, aus Hilflosigkeit oder aus Angst und Zweifel. Möge er schreien so lange, laut und verzweifelt, wie er muß. Niemand hat je behauptet, daß es bei der Suche nach Heilung schmerzlos oder gesittet zuginge.

Das Bitten oder Beten um eine Vision hat nichts mit der Vorstellung zu tun, der Große Geist käme nun in einer fliegenden Untertasse auf uns herab oder unsere Bitten würden nun auf irgendeine andere mystische Weise bestätigt. Anzeichen für eine Antwort hängen im wesentlichen von der Fähigkeit des Flehenden ab, in den Spiegel der Natur zu sehen. Dieser Erfahrungsrahmen wird ihm Erkenntnisse bescheren, Inspiration, Selbstbewußtsein, Selbstbefähigung, einen persönlichen *Mythos*, innere Entschlossenheit, Träume, geistige Revitalisierung, Erdung, Liebe zur Mutter Erde oder persönliche Transformation. All dies sind Bestandteile der Vision. All dies sind Antworten auf die zeitlose Bitte: »Sei mir gnädig, auf daß mein Volk leben möge.«

Die Rückkehr

Und nach all diesen Dingen, wird kurz vor Tagesanbruch eine große Stille anbrechen, und ihr werdet den Morgenstern aufgehen sehen, und die Morgendämmerung wird anbrechen, und ihr werdet einen großen Schatz schauen. Und das Herausragendste, das Vollkommenste daran wird eine bestimmte tiefere Färbung sein, mit der die Welt (...) in reinstes Gold getaucht und verwandelt erscheinen mag.[74]

Eugenius Philatethes, *Lumen de Lumine*

Während der Nachtwache in seinem Bestimmungskreis muß der Initiand symbolisch das »Wehenfeld« passieren, das seine eigene Geburt umgibt. Sein Singen, Schreien, Träumen, Fühlen und sogar seine Versuche sich wachzuhalten stellen die Geburtswehen dar. Mit dem ersten Lichtstrahl der Morgendämmerung steht die Geburt kurz bevor. Bald wird sein suchender Geist über die Schwelle zurückkehren und anschließend vom Körper der »profanen Welt« umfangen sein. Er wird ganz neu in eine Welt der Erfahrung hineingeboren und nicht länger ein »Initiand«; sondern ein »Initiierter« sein.

Das erste Tageslicht wird auch häufig als »Scheindämmerung« bezeichnet. Bereits das geringe Licht der noch nicht aufgegangenen Sonne verscheucht die Schrecken der Nacht. Die Gegenstände und Umrisse zeichnen sich klar ab und nehmen Farbe an. Das helle Sonnenlicht ist jedoch noch eine Stunde lang nicht zu erwarten. Aus verklebten Augen sieht der Initiand eine unmerklich heller werdende Welt, die mit Vogelgezwitscher und Insektengesumm zu neuem Leben erwacht. Er zittert im Lichte der Morgendämmerung und kann es kaum noch erwarten. Der letzte Kilometer ist der schwerste. Jetzt muß er das Trickspiel der Scheindämmerung spielen. Das geht folgendermaßen: »Ich werde dich glauben machen, daß an diesem von allen Morgen die Sonne nicht aufgehen wird, wenn du nicht irgend etwas dafür tust, daß sie aufgeht.«

Das neugeborene Kind kommt singend in die Welt. Vielleicht möchte der Suchende es ihm gleichtun. Vielleicht fällt ihm aber auch eine andere Methode ein, die Sonne auf die Welt zurückholen, denn gelingt es ihm nicht, sie zum Aufgehen zu bringen, kann es sein, daß er seine eigene Geburt damit vereitelt. Sein Kopf krönt den Schoß von Mutter Erde. Während sie drückt, erblickt er aus eigener Anstrengung das Licht der Welt und singt aus Dankbarkeit für die Gnade, die ihm zuteil wurde. Dann muß er ganz entschlossen die Nabelschnur durchtrennen, die ihn mit seinem Ort der Kraft verbindet, der Plazenta, die ihn während seines Reifungsprozesses mit dem Lebenswichtigsten versorgt hat.

Danach müssen die Steine des Bestimmungskreises wieder entfernt und unauffällig in der Umgebung verteilt werden. Vielleicht möchte er die Kardinalpunkte liegen lassen. So kann er später, wenn er einmal an diesen Platz zurückkehrt, über die vier Steine genau die Stelle wiederfinden, wo sein Kreis war. Ist er damit fertig, bedankt er sich mit einer Zeremonie bei der Erde und den Geistern, die diesen Ort bewohnen, für den Schutz, den sie ihm gewährt haben, und opfert den Rest seines wertvollen Wassers dem Leben dort. Er sterilisiert das abgetrennte Ende der Nabelschnur, indem er mit größter Sorgfalt alle offensichtlichen Spuren seines Aufenthaltes verwischt. Jetzt ist nicht die Zeit für Wehmut, sondern für Entschlossenheit. Er darf seine Prüfung noch nicht als abgeschlossen betrachten. Die hat gerade erst begonnen. Er setzt seinen Rucksack auf und verabschiedet sich von seinem Platz Dann geht er weg. »Hast du dich von deinem Haus entfernt, so wende dich nicht mehr um; sonst werden die Furien dein Gefolge sein.« (Pythagoras)

Bei seiner Rückkehr über die Schwelle überschreitet er die Grenze zur Welt der Menschen, wo ihn andere Augen wieder sehen können und er wieder einen Körper, eine Persönlichkeit, ein Selbstbewußtsein, einen Bestimmungkreis und eine Vision hat. Möglicherweise widerstrebt es ihm, dorthin zurückzukehren. Dieses Widerstreben ist eine Form des Sichgehenlassens. Er muß sich dem Leben stellen, das ihm durch seinen Übergang geschenkt wurde. Er muß diese magische Welt verlassen und in das vertraute Dorf zurückkehren. Die Zeit ist gekommen, die Rückkehr freudig anzutreten und der Herausforderung einer körperlichen Existenz mit Freuden entgegenzusehen.

Egal wie schwankend oder ausgeliefert er sich in diesen Augenblicken des anbrechenden Tages auch fühlen mag, es ist eine Gegebenheit seines Lebens, daß er nun wieder unter Menschen wandelt und das für sein Überleben notwendige Verhalten an den Tag legt. Die Rückkehr in die Welt durch die Geburt bedeutet einen Verlust an Freiheit. Er muß sich wieder mit der Schwerkraft abfinden. Der Gott muß wieder sterblich werden; das Selbst muß wieder zum Ich werden, der Geist muß in den Körper zurückkehren. Mit der Zeit wird er sich an seine Schwellenprüfung als einen Moment der Ewigkeit erinnern – im Vergleich zu dem Sumpf, in dem er momentan gefangen ist. Könnte man dies nicht als Hinweis darauf sehen, wie er sich eines Tages vielleicht mit Freuden an sein Leben erinnern wird, wenn er an der wirklichen Schwelle zum Tode steht und das Rauschen des Heiligen Flusses in seinen Ohren zum Donnern geworden ist?

Verwende auf das Ende genauso viel Sorgfalt wie auf den Anfang.[75]

Lao Tse, *Tao Te King*, 64

Die sechs Richtungen der Schwellenwelt

*Die vier Himmelsrichtungen plus das Oben und das Unten stellen das räumliche Kontinuum dar (*yu*). Was in der Vergangenheit passiert ist und was in der Zukunft kommen mag, ist das zeitliche Kontinuum (*chou*). Das Universum (dieser Kontinua) ist mein Verstand, und mein Verstand ist das Universum. Weise hat es schon vor Zehntausenden von Generationen gegeben. Sie hatten Anteil an diesem Verstand; sie hatten Anteil an diesem Prinzip. Weise wird es auch in Zehntausenden von künftigen Generationen geben. Sie werden Anteil an diesem Verstand haben; sie werden Anteil an diesem Prinzip haben. Die Weisen kommen über die vier Weltmeere. Sie haben Anteil an diesem Verstand; sie haben Anteil an diesem Prinzip.*

Will man über die sechs zeremoniellen Richtungen der Schwelle in der Wildnis reden, so muß man beim Kreis beginnen. »Es liegt viel Kraft im Kreise«, sagte Schwarzer Hirsch. »Die Vögel wissen das, darum fliegen sie in Kreisen und bilden ihre Nester in dieser Form; die Kojoten wissen es auch, denn sie leben in runden Erdhöhlen.«[76] Der alte Häuptling unterstrich die Bedeutung dieses Symbols in den Zeremonien seines Volkes. Im heiligen Umfang, im Raumzeitlichen des Kreises begingen die Ogllala-Sioux die heiligen Riten des *Uiwanyak Uatschipi* (Sonnentanz), *Inipi* (Schwitzhütte) und des *Hanbletscheyapi* (»Flehen um ein Gesicht« oder »Visionssuche«).

Wie Schwarzer Hirsch andeutete, ist die Kreisform überall im Universum, vom subatomaren bis zum interstellaren Bereich, in einer endlosen Vielzahl von Gebilden, Formen und Formeln vorgegeben. Von frühester Zeit an hat die menschliche Rasse diese Form verwendet und in ihre Zeremonien eingebaut. Von Kindheit an als solches erkannt, ist der Kreis das einfachste, gleichzeitig aber auch das perfekteste Symbol der Menschen: »Der Kreis (oder die Kugel) ist ein Symbol des Selbst. Er drückt die Ganzheit der Psyche mit all ihren Teilaspekten einschließlich der Beziehung zwischen dem Menschen und der gesamten Natur aus.«[77]

Von allen symbolischen Hilfsmitteln, die beim Visionsfasten in der Wildnis verwendet werden, ist der Kreis das wichtigste. Alle anderen Riten und Symbole sind seiner alles in sich vereinigenden Bedeutung untergeordnet. Der Initiand macht sich einen Kreis aus Steinen (den »Bestimmungskreis«), in dessen Mittelpunkt sein höchster Sinn und Zweck konzentriert und sein winziges Leben ausgerichtet ist auf das große Universum. Der Initiand muß darauf vorbereitet werden, dieses Symbol mit all seinen Vorteilen zu nutzen. Die Vorbereitung auf die Trennungsphase muß deshalb auch die althergebrachte Lehre über den Kreis und seine sechs Richtungen einschließen.

Der Kreis des Selbst

Um die Bedeutung der sechs Richtungen nachvollziehen zu können, stellt man sich hin und zieht einen Kreis um sich herum. Man stellt sich nun mit dem Gesicht in Richtung der aufgehenden Sonne in den Mittelpunkt des Kreises und markiert den östlichen Punkt des Kreises mit irgendeinem Gegenstand. Dann dreht man sich mit dem Gesicht in die entgegengesetzte Richtung, nach Westen, wo die Sonne untergeht. Auch dieser Punkt wird markiert. Danach zieht man eine Verbindungslinie zwischen den beiden Markierungen und erhält somit eine Ost-West-Achse. Nun dreht man sich um neunzig Grad nach Norden in Richtung des Sternbilds des Großen Bären und seinem Fixstern, dem Polarstern. Auch hier bringt man eine Markierung an. Wieder dreht man sich mit dem Gesicht in die entgegengesetzte Richtung, diesmal nach Süden. Man markiert auch diesen Punkt und zieht dann eine Verbindungslinie zwischen den Markierungen im Norden und im Süden. Jetzt ist der Kreis viergeteilt. Wo sich die beiden Linien im Zentrum schneiden, ist Ihr Platz im Kreis.

Heben Sie nun Ihren Kreis hoch und halten Sie ihn um sich herum wie einen Reifen. Damit sind zwei weitere Richtungen hinzugekommen: oben und unten. Das macht aus dem Kreis einen Ball oder ein Gyroskop. Stellen Sie sich Ihren Kreis um sich herum, oben und unten vor. Laufen Sie mit ihm herum und beachten Sie dabei, daß der Kreis beim Bewegen stets in derselben Position bleibt, wie ein Kompaß ausgerichtet auf die sechs Richtungen. Sie im Mittelpunkt des Kreises können sich bewegen, die Richtung ändern und sich um die verschiedenen Punkte des Kompasses im Kreis herumbewegen. Doch wo auch immer Sie auf dem Antlitz von Mutter Erde hinwandern, die Richtungen bleiben konstant. Unsere Vorfahren nannten diese Richtungen »Mächte« oder »Geister« und ordneten ihnen bestimmte Symbole, Zeremonien und Namen zu, denn sie glaubten, daß diese Kräfte sowohl innerhalb als auch außerhalb ihres Körpers vorhanden seien.

Die Unterscheidung zwischen dem, was innerhalb des Kreises ist, und dem, was außerhalb ist, zwischen dem Ich und dem Selbst, ist eine notwendige Illusion, der alle Menschen anhängen. Die Unterscheidung wird gemacht, weil wir in einer materiellen Welt überleben müssen. Dennoch sind das Innen und das Außen ein und dasselbe (und auch wieder nicht). Der »Wissende« und das »Wissen« sind ein und dasselbe (und auch wieder nicht).

Sooft ein Wesen auch entsteht,
sei es beweglich oder fest,
Es wird durch die Vereinigung
des Felds und des Feldkundigen.[78]

Bhagavadgita, XIII, 26

Wenn die Maus in ihrem Bestimmungskreis in der Wildnis sitzt, muß sie sich bewußt machen, daß auch ihrer winzigen Nagerbrust die zeitlose, allmächtige Kraft innewohnt, die häufig als das Selbst bezeichnet wird. Sie kann versuchen, sich selbst glauben zu machen, daß sie die Welt nur aus Mäuseaugen sieht. Doch das unsterbliche Selbst schaut mit heraus und sieht eine große Anzahl von kleinen Ichs. Zusammengenommen ergeben diese kleinen Ichs eine Symphonie des Selbst. Ein grundlegendes Ziel des Bestimmungskreises ist es, das kleine Ich im Bestimmungskreis mit dem großen Selbst des Außen und Innen in Kontakt zu bringen.

Das Selbst umschließt und umgibt auch das Ich. Die Kräfte der sechs Richtungen des Selbst sind Antriebsräder, die den Kreis im Gleichgewicht halten. Sie sind Gleichgewichtspunkte wie die Federn eines Habichts, der sich in tückischen Winden emporschwingt. Der Kreis mit den sechs Richtungen stellt die Verbindung zwischen dem Ich und dem Selbst her. Und in umgekehrtem, jedoch gleichermaßen gültigem Sinne binden die Richtungen das Selbst an das Ich.

Doch genug dieser theoretischen Diskussion. Der Kreis mit den sechs Richtungen ist nicht nur ein transpersonales Konstrukt, ein philosophisches System oder eine geometrische oder mathematische Formel. Er ist statistisch weder meß- noch quantifizierbar. Er ist jedoch ein Prozeß, ein natürlicher Plan, ein Wahrnehmungsrahmen. Am meisten gleicht er einem Mandala. Er schließt alle Dimensionen des Daseins ein – die helle Seite (Osten) und die dunkle Seite (Westen), die emotionale Ebene (Süden) und die geistige Ebene (Norden), das Profane (Erde) und das Heilige (Himmel). In gewisser Weise sind die sechs Richtungen eine Geschichte, die gleichzeitig in Episoden und an einem Stück erzählt wird. Die Richtungen sind wie Sprungbretter von der einen zur anderen Richtung, gleichzeitig sind jedoch alle in jeder enthalten.

Offensichtlich ist es unmöglich, die sechs Richtungen aus einer rein verstandesmäßigen Perspektive heraus zu betrachten. Es ist jedoch genauso unmöglich, sich ihnen von einer rein emotionalen, phänomenologischen, imaginativen Perspektive aus zu nähern. Also muß man bei der Erörterung der sechs Richtungen das Poetische (Osten) und das Psychologische (Westen), das Sinnenhafte (Süden) und das Intellektuelle (Norden), das Grobe (Erde) und das Feine (Himmel) miteinander vermischen. Wir verankern den Kreis unserer Bestimmung in den sechs Richtungen und stellen somit eine Verbindung her zwischen den Worten des Ich und dem Herzen des Selbst.

Die sechs Richtungen

Was wir hier darstellen, ist eine Synthese aus verschiedenen Lehren anderer kombiniert mit unseren eigenen Vorstellungen.[79] Dieses Material soll nicht als Dogma oder Doktrin aufgefaßt werden, sondern als weiße Leinwand, auf der die Farben und Bilder eines archetypischen Mandalas als Anregung erscheinen. Es handelt sich hier nicht um ein Abbild der Wirklichkeit, sondern um das Abbild einer Möglichkeit, die Wirklichkeit wahrzunehmen. Der Leser wird feststellen, daß manche Zuordnungen zu den Richtungen rein subjektiv sind. Und ganz unverfroren wollen wir noch hinzufügen, daß wir in einer jüdisch-christlichen Kultur aufgewachsen sind und unsere lokale Flora und Fauna der Wüstenumgebung entstammt.

Wir beginnen unsere Beschreibung im Süden mit den Kräften der Kindheit und der Unschuld. Wir hätten auch im Osten beginnen können mit den Kräften der Geburt. Doch wir ziehen es vor, mit dem naiven Vertrauen in den Süden zu beginnen, mit dem Verstand des Kindes. Unsere Metapher des Wachstums wird sich im Uhrzeigersinn um den Kreis herumbewegen, im Sinne des Sonnenlaufs. Schließlich werden wir im Osten ankommen, wo das inzwischen älter gewordene Kind des Südens neu geboren wird.

Wer mit den Krisen und Übergängen menschlichen Wachstums vertraut ist, mag sich fragen, wie lange ein Individuum wohl braucht, um die sechs Richtungen seines Wachstums zu durchlaufen. Ein Leben lang? Das Mandala kann nicht in einem zeitlichen Netz eingefangen werden. Obwohl es offensichtlich etwas zu tun hat mit den Jahreszeitenzyklen (Sommer – Süden, Herbst – Westen, Winter – Norden, Frühling – Osten) und den wichtigsten Lebensphasen (Kindheit – Süden, Erwachsenenalter – Westen, Alter – Norden, Tod/Geburt – Osten), ist die zyklische, sich spiralförmig drehende Wachstumskurve der sechs Richtungen ebenfalls fest verwurzelt in der Dynamik der menschlichen Transformation (Ablösung – Süden, Schwelle – Westen, Integration – Norden und Erleuchtung – Osten). Außerdem wird sie auch noch beeinflußt von der ständig, fast von Moment zu Moment wechselnden Anpassung an die sich ändernden Stimuli der Umgebung (Reaktion – Süden, Verinnerlichung – Westen, Orientierung – Norden und Erkenntnis – Osten). Das Schwellenabenteuer eines Initianden kann mit Hilfe dieses Richtungsgitters interpretiert werden, indem man darauf achtet, auf welche Weise die Kräfte durch seine psychische Verfassung und seine Wahrnehmungen genutzt, ignoriert oder behindert werden.

Von Natur aus wachsen wir mit dem Wechsel der Jahreszeiten: die ersten unschuldigen Schritte (Süden), das Fallen (wie die Blätter) (Herbst), die Erkenntnis (Norden) und die Erleuchtung (Osten) – und dann fangen wir wieder mit den ersten unschuldigen Schritten an (Süden). Aber jedesmal, wenn wir an unseren Ausgangspunkt zurückkommen, sind wir um eine Stufe höher gestiegen, sind wir ein Stückchen gewachsen, haben wir den Kreis unserer Lebensbestimmung erweitert. Wir kehren nie an denselben Ausgangspunkt zurück. Jede Drehung um den Kreis bedeutet einen Stufenwechsel im persönlichen Wachstum: *Non sum qualis eram* (»Ich bin nicht, was ich war«). Unsere endlose Bewegung im Kreis ist in Wirklichkeit eine Spiralbewegung, ein sich immer höher Drehen, das gleichzeitig mit einer tieferen Verwurzelung einhergeht. Wir kehren zum Ausgangspunkt zurück und stellen fest, daß der Pfad eine Kurve macht, daß die Gegend und das Wetter sich geändert haben. Wir haben laufen gelernt. Jetzt müssen wir rennen lernen.

Die Kräfte des Südens

Sommer: Unsere Reise durch die sechs Richtungen beginnt im Sommer mit seinen langen, heißen Tagen und kurzen Nächten. Die kraftvolle Sonne bringt die Vegetation mit ihrem grünen Blut zum Wachsen und zum Früchtetragen. Vögel, Kleintiere und Insekten wachsen und gedeihen und schwärmen umher. Die Wurzeln lechzen nach der glühendheißen Erde, während die »Steinfresser« sich der Mittagshitze entgegentasten. Alles reift, während die Kräfte des Sommers ihren glühenden Atem, brütende Hitze und Schwüle aussenden.

Kindheit: Die Kindheit ist der Sommer des Lebens. Unser wachsendes Bewußtsein von der bevorstehenden Lebensreise verdrängt unsere Erinnerung daran, woher wir kamen. Wir machen unsere ersten Schritte auf die Reife zu. Ganz unschuldig erfreuen wir uns der ungezähmten Kraft des Blutes und des Gefühls. Wir haben uns noch nicht abgelöst und verweilen noch in der Sicherheit, die uns Eltern, Zuhause und Familie bieten, weil wir noch zuviel Angst haben, uns den Schattenungeheuern des Erwachsenendaseins allein zu stellen. Nach und nach lernen wir, unseren Verstand zu gebrauchen, unsere Emotionen unter Kontrolle zu halten, von unseren Sinneswahrnehmungen zu lernen und die gesellschaftlichen Rollen eines unabhängigen Lebens zu beherrschen. »Des Mannes Vater ist das Kind.« (Wordsworth)[80]

Unschuld: Eine Kraft des Südens ist das unschuldige, verspielte, vertrauensvolle Kind in uns allen. Wir springen, bevor wir schauen wohin, denn wir sind »noch nicht alt genug, um es besser zu wissen.« Wie Adam und Eva vor dem Sündenfall wandeln wir entzückt durch den Garten Eden und benennen alle Dinge. Wir gehen mit fröhlichem Lachen auf unserem Lebenspfad entlang wie vergnügt zwitschernde Vögelchen und sind uns der bevorstehenden Gefahren nicht bewußt. Wenn plötzlich Schwierigkeiten auftauchen, sind wir empört und überrascht.

Vertrauen: Zuerst lernen wir die Verläßlichkeit der Dinge, dann ihre Gültigkeit. Die Mutter kommt, wenn wir weinen. Grünes Licht bedeutet »Gehen«. Alles wird von einem wohlwollenden Gott gelenkt, dem es nicht gleichgültig ist, was mit uns passiert. Wir nennen dieses Vertauen »kindlich«, doch wir brauchen viel davon, um überleben zu können.

Spiel: Im Süden ist uns das Talent gegeben, uns von den wirklichen oder eingebildeten Bedrohungen abzuwenden und herumzutollen und zu spielen. Dadurch erwerben wir die Fähigkeit, Vorgetäuschtes zu durchschauen (»Des Kaisers neue Kleider«). Im endlosen Spiel beginnen wir, unser Ego, unsere

Gefühle und unseren Verstand in den Griff zu bekommen, spielen Rollen und Szenen, in denen wir die Hauptdarsteller sind, und lernen dabei, daß die Wahrheit größer ist als das, was wir mit unserem beschränkten Horizont erfassen können.

Sinneswahrnehmung: Sensibilität, Sinneseindrücke, Sinnlichkeit, Feingefühl und Empfänglichkeit sind Kräfte des Südens. »Es sind die Sinne, durch die sich die Seele in diesem Alter vornehmlich Luft macht.« (Blake) Sehen, Hören, Riechen, Tasten und Fühlen stellen die Musik und den Rhythmus dar, nach denen wir durch unsere Erfahrungen tanzen.

Emotionen: Das Kind in uns empfindet Emotionen und Verletzungen tief und unmittelbar. Instinktiv zeigen wir Furcht, Feindseligkeit, Zuneigung, Liebe, Verzweiflung, Rache, Mitleid, Kummer, Genuß, Ungestüm, Erfüllung des Herzens und alle anderen leidenschaftlichen Gefühle. Ohne unsere Emotionen würden wir nie lernen, uns in den Griff zu bekommen oder erwachsen zu werden. Auch Gewalt ist eine Kraft des Südens, ebenso wie Krieg und andere Formen der Aggression, die aus dem menschlichen Gefühl herrühren.

Das Ego: Im Lateinischen ist *ego* der Ausdruck für das »Ich«. Das Ego ist ebenfalls eine Kraft des Südens. »Meins«, sagt das Kind in uns, das ohne seine »Besitztümer« unfähig zur Individuation oder Entwicklung wäre. Das Kind lernt, etwas für sich zu behalten und zu verteidigen, was ihm gehört. Diese Unterscheidung zwischen »meinem« und »deinem« ist die Ursache für viel Leid beim Heranwachsen. Das Ego ist der sprichwörtliche Narr, der alles, was er braucht, auf dem Rücken trägt. Jedoch weiß er nicht, was alles in seinem Rucksack ist. Deshalb sucht er überall nach Dingen, die er bereits hat.

Erotische Liebe: Sie ist eine der stärksten Kräfte des Südens und beinhaltet alle Merkmale der sexuellen oder romantischen Liebe: Zuneigung, Anhänglichkeit, Leidenschaft, Inbrunst, Verehrung, Entzücken, Vernarrtheit, Galanterie, Lust, Ehebruch, Eifersucht und alle Facetten des Liebesaktes selbst. Sie ist Cupidus, der *puer aeternus* der Liebe selbst. »Denn die Liebe ist ja stets blind und kann nicht sehen.« (Chaucer)[81] Berauscht von den süßen Gefühlen der Liebe, geleitet von den Launen der Sinne und der Phantasie, sind wir fasziniert, betört, bezaubert, bestrickt, versucht, verlockt, frustriert, durcheinander, zurückgewiesen und lassen uns sogar zu Gewalt verleiten. Die Liebe als Kampf: »In der Liebe und im Krieg ist alles erlaubt.«

Die Farbe Rot: Rot ist die Kraftfarbe des Südens und ist vital, frisch, entflammt, erregt, glühend, blühend, heißblütig. Rot ist die Farbe des Blutes, der roten Flagge, die Wut hervorruft, der entfachten Glut, die Farbe des Fiebers, des Begehrens, der Lust: unser »Rotlichtbezirk«.

Das Element Wasser: Hier ist der Ozean, der Lebensursprung, das Meerwasser in unserem Blut, das universelle Lösungsmittel, in dem wir eine große »Wandlung« durchmachen: Verflüssigung, Ausspülung, Sättigung. Der Süden ist die Kraft der anschwellenden Wasser, der uralten Flüssigkeit in unserem Hirnstamm oder »reptilischen Gehirn«. Im Sommer unseres Lebens verdampft die Hitze der Sonne das Wasser an der Oberfläche unserer tiefen Wasser, kondensiert es zu Emotions- und Gefühlswolken, die sich wiederum in einem Gewitter und einem Schwall von Gefühlsausbrüchen ergießen. Hoch oben in unseren Bergen der Ambitionen schmilzt der Schnee und fließt donnernd die Schluchten unseres Handelns hinab. Doch kein einziger Tropfen geht verloren. Sie sammeln sich in unseren Brunnen und tiefgelegenen Sammelbecken und werden von den Turbinen der Kindheit in Energie umgewandelt. Erhitzt und schwitzend beugt sich das Kind in uns an einem Sommertag über den Gartenschlauch. Kaltes, klares Wasser spritzt in seinen Mund. In diesem Moment erkennen wir die Kraft des Wassers des Südens.

Rinnend in einzelnen schweren Tropfen,
in Tropfen wie Zähne,
in dicken Tropfen aus Sirup und Blut,
rinnend in schweren Tropfen

fällt das Wasser
wie ein Schwert in Tropfen,
wie ein zerreißender Fluß aus Glas,
fällt es, ätzend,
und trifft die Achse der Symmetrie,
heftet sich an die Nähe der Seele,
wobei es aufgegebene Dinge zerbricht,
das Dunkel durchtränkt.[82]

Pablo Neruda, *Sexuelles Wasser*

Die Schwerkraft: Wir schauen nicht, bevor wir springen, denn wir lernen, in Raum und Zeit zu reisen. Alles, was hoch fliegt, muß auch wieder herunterkommen. Die Schwerkraft holt uns in unsere Grenzen zurück. Allmählich lernen wir, inwieweit wir Ballast auf dem Lebensboot der Erde sind. Der hochfliegende Geist der Kindheit muß mit der Anziehungskraft und der Trägheit tanzen. Wir lernen, den komplizierten Akt des Aufrechtstehens zu beherrschen.

Medizintier – Die Maus: Die Maus ist das Symbol der Kindheit in uns; sie ist ängstlich, lernbegierig und entfernt sich nie weit von der Sicherheit ihres Nests. Wir sammeln und verstauen geschäftig die Samen der Erfahrung für Zeiten der Dunkel- und Trockenheit und sehen dabei kaum jemals über das Ende unserer Barthaare hinaus. Wir denken nicht viel über das Morgen oder über unsere Feinde nach, von denen es eine Unzahl gibt. Doch jeden Tag gehen wir ein bißchen weiter von unserem Nest weg. Bei so einem Ausflug hat unser kleiner Mäuserich zum ersten Mal das Rauschen des Heiligen Flusses gehört.

Medizinsymbol – Die Trommel: Das über den Rahmen gespannte Fell ist das Fleisch, das das schlagende Herz umhüllt. Die Hand, die die Trommel schlägt, ist die Hand des Großen Geistes auf den Herzen der Menschen. Beim Schlagen der Trommel werden Symbole und zeremonielle Rollen wirklicher als das Leben selbst:

Ich werfe mich nach links,
ich wende mich nach rechts,
ich spiele den Fisch,
der im Wasser dahinschießt, der dahinschießt,
der in alle Richtungen schnellt, der springt –
alles lebt, alles tanzt und alles ist laut.

Gabon Pigmy

Der Gottessohn (die Tochter der Göttin): Der Süden versinnbildlicht die Gottheit in ihrer menschgewordenen Form, den Knaben Jesus als »Gottessohn« oder »Menschensohn«, Kore oder Persephone als Mädchen, als Tochter der Göttin oder Tochter der Frau. Der Süden steht für die Sterblichkeit des Gottes oder der Göttin, die reine Körperlichkeit des Geheimnisses der Inkarnation.

Unter dem Einfluß der Kraft des Südens bauen wir unsere Häuser auf einem schlafenden Vulkan und sind uns in unserer Naivität nicht bewußt, was darunter brodelt. Scheinbar unsichtbare Kräfte bestimmen unsere Gefühle, Emotionen und Handlungen. Unschuldig essen, schlafen, spielen, gehen, sprechen wir und lernen schließlich, uns zu paaren. Im Süden reifen wir wie wilde Äpfel in der Sonne. Der Lebenssaft steigt in unseren Körpern auf und durchpulst unsere Glieder. Wir bereiten uns langsam auf die Initiation des Herbstes und die Trennung von den Armen des Mutterbaumes vor.

Das Geheimnis der Kraft des Südens lautet: Es ist immer Sommer, und wir sind immer Kinder.

Die Kräfte des Westens

Herbst: Die Wärme und das Sonnenlicht nehmen ab, wenn wir die Früchte des Sommers ernten. Kalte Winde, Frost und fallende Blätter rufen uns den bevorstehenden Tod des Winters in Erinnerung. Etwas Schneidendes liegt in der Luft des Herbstes. Wir sind von unseren ausgelassenen Lektionen des Sommers mit dem Motto »Genug! Oder zu viel!« (Blake) erwacht. Wir werden mit der Realtität des Alterns, des Zerfalls und des Todes konfrontiert. Das Blatt muß sich wenden und verwelken; die Frucht zieht den Ast nach unten und fällt schließlich herunter. Während die Sonne die Sonnenleiter herabsteigt, bricht von Westen die Dunkelheit herein. Sogar am Mittag gibt es Schatten. Wir erleben nun die andere Seite des Lichts, während »Schwalben schwirrn und zwitschern in den Lüften.« (Keats)[83]

Erwachsenenalter: Die Unschuld wird durch die Erfahrung initiiert. Die Jungfrau wird entjungfert. Die Emotionen und Empfindungen der Kindheit werden zum »Gefühl« und zur Einsicht des Erwachsenenalters. Mit dem Herbst und dem damit verbundenen »Fallen« kommt das Bewußtsein des Bösen – und der Reife. Mit der Reife kommt eine Fähigkeit, nach innen zu schauen, selbstbewußt aufzutreten, Veränderungen zu akzeptieren, mit den Folgen der eigenen Handlungen zu tanzen, sich den Drachen der Lebenssuche zu stellen und innerlich zu wachsen. Jetzt sind wir aufgefordert, unseren Platz auf Erden zu finden, indem wir unseren Platz in unserem Körper finden. Die Kraft des Westens ist die fühlende Kraft des Erwachsenen, die innere Stärke dessen, der seinen Blick nach innen richtet. Hier finden sich Schuldgefühle, Selbstbezichtigung, Unterdrückung, Abhängigkeit und andere »psychische Knoten«, denn die Psyche ist ein Sinnbild des Westens.

Introspektion und Einsicht: Beim Blick nach innen sehen wir das Ich im dunklen Spiegel unserer eigenen Natur widergespiegelt. Indem wir uns sehen, wie uns die anderen sehen, lernen wir aus dem, was uns durch Selbstprüfung, das Hören auf unsere innere Stimme, Innenschau und das »Aus dem Bauch heraus«-Fühlen klar wird. Der Westen ist ein Magen, ein Ort des Verdauens. Erfahrungen, seien sie gewollt oder ungewollt, umgesetzt oder nicht, vermischen sich hier, gären und können sowohl Krankheit als auch Gesundheit an Körper, Geist und Seele verursachen.

Selbstbewußtsein: Die Unbeholfenheit des jugendlichen »Outsiders« geht über in das verfeinerte Selbstbewußtsein des Erwachsenen. Ohne Selbstbewußtsein gibt es keine Selbsterkenntnis. Bisweilen zieht sich dieses Selbstbewußtsein nach innen auf sich selbst zurück und artet aus in Narzißmus, Ohnmacht, Selbstbetrug oder Autismus. Hier lauert die Sucht, geschürt von Schuld und verbotenem Verlangen.

Eigenliebe: Nicht die Liebe zum eigenen Körper ist damit gemeint (wie beim Eros des Südens), sondern die Liebe zum eigenen Geist, zum eigenen Charakter: das Selbstbild, die Selbstbejahung, die Selbstachtung; das Annehmen der dunklen, »sündigen« und Schattenseiten; das Akzeptieren der Lebensveränderungen und des Alterns. Diese Eigenliebe, die es uns erst möglich macht, andere zu lieben, ist auch die innigliche Liebe zur Großen Mutter, der Schöpferin des dunklen Spiegels unseres Bewußtseins.

Wandel: Im Herbst findet eine Verwandlung vom Vollen zum Leeren statt. Der Westen ist die Kraft der Veränderung, Umwandlung, Umkehrung, Modulation, Umlenkung. »Absurd ist der sich niemals ändert.« (Barthelemy) Die reife Psyche ergibt sich in die Krisen der Veränderung: Vermählung, Elternschaft, Altern, mittlerer Lebensabschnitt, Verlust einer geliebten Person, Unfall oder Naturkatastrophe. Der Westen ist die Kraft der »Wandlung«, die nötig ist, um Stimmungen, Gedanken, Empfindungen und Inspiration zu verändern.

Die Farbe Schwarz: Die Sonne geht unter, und schwarze Nacht hüllt die Erde ein. Die *anima* oder der *animus* verleiht der Psyche dunkle Schwingen. Das Unbewußte erhebt sein riesenhaftes Haupt und erschauert vor den Augen der Blindheit. Dann erkennen wir, daß die Kraft des Schwarzen etwas zu tun hat mit Pech, Kohle, Ruß, dem Teufel und Schlaf. »Ich sah, wie die Nacht herankam, schwer ...« (Wallace Stevens)[84] Die Kraft des Westens ist die notwendige Dunkelheit, ohne die es keine Erleuchtung gäbe.

Träume: Wir lesen die Geschichte unserer Vorfahren, geschrieben in den Hieroglyphen des Traums, die eingeritzt sind in die schwarzen Tore des Westens, unsere dunkle Seite, unseren Schatten. Mit unseren Träumen als Schlüssel schließen wir die Türen auf, hinter denen die giftigen Schlangen lauern, denen wir nicht wagen, bei Tageslicht zu begegnen. Hinter unseren träumenden Augen, seien sie nun hellwach oder schlafend, erzittert die Harfe des Wahrsagers unter den Fingern unserer gemeinsamen Ahnen. Der Westen symbolisiert unsere Traumsuche im dunklen Wald der Archetypen.

Das Element Erde: Der Westen ist die Kraft der Erde. Dieses Element symbolisiert die Masse aller Dinge. In dieser Masse verbirgt sich das Geheimnis von Gaia, der großen Göttin, die die Wasser des Südens aufnimmt, absorbiert, festhält und umwandelt in Energie, die in den Falten ihres dunklen Schoßes gespeichert wird. Wenn der Süden das Herz und das Blut verkörpert, dann steht der Westen für den Magen und die Exkremente, die Verdauung und die Ausscheidung. Die große Masse von Mutter Tellus ist nie statisch. Sie bebt vor sichtbaren und unsichtbaren Kräften. Aus dem Schoß unserer Mutter, von dem alles seinen Ursprung nimmt, gehen wir und alle Spezies hervor, leben und kehren wieder dorthin zurück.

Die schwache Kraft: Die atomische Kraft des Westens, die symbolisiert wird durch die W- und Z-Teilchen oder die »radioaktive Kraft«, spaltet sich auf oder zersetzt die Kerne der radioaktiven Atome. Eine derartige Zersetzung oder ein derartiger Zerfall ist überall sichtbar. Wir können die Kraft dieser »schwachen Kraft« im Altern unseres Körpers und an dessen Veränderungen beobachten. Die Jugend hält nicht ewig an. Das ist es, was wir als Erwachsene erleben. Wir versuchen, geistig jünger zu werden, während wir unseren Körper der Kraft des Zerfalls überlassen.

Medizintier – Die Klapperschlange: Das Krafttier des Westens ist die Klapperschlange, die bei Nacht lebt und nach ihrer Beute jagt. Wenn wir die Klapperschlange in uns zulassen, üben wir unsere Fähigkeit, uns nach unserem inneren »Gefühl« zu richten, blind die Quellen zu suchen, von denen Wärme ausgeht, mit Gleichgesinnten lange Winter zu überstehen, ruhig dazuliegen, völlig ruhig und in der Stille darauf zu warten, daß sich die Wahrheit auf irgendeine Weise bemerkbar macht oder zu Wort meldet. Wir passen uns unserer Umwelt an, häuten uns, schlagen hart zu und lähmen die Dinge, die wir jagen. Wir verschlingen (internalisieren) unsere Beute als Ganzes. Wenn die Zeit reif ist, öffnet sich unser Schlangenschoß, und neues Leben kommt hervor.

Medizinsymbol – Die Rassel: Der hohle Kürbis ist der Schoß der Erde, der geschüttelt wird, um die Samen zum Leben zu erwecken. Was passiert im Innern der dunklen Zauberwelt der Kürbisrassel? Lebt dort die Mutter der Klapperschlange, diejenige, die Leben schenkt und nimmt? Der Schoß voller Samen, der vom Herzschlag der Trommel angetrieben wird, wird den Winter überdauern und die Menschen ernähren.

Die Muttergöttin: Alles wird aus der Mutter geboren. Die Kraft des Westens ist Gott als Mutter, als die Großmutter, als die unsterbliche Frau des Gottes, als das weibliche Gesicht des Gottes: Isis, Ishtar, Demeter, Maria, Gaia oder einfach nur die Erdmutter.

Man kann sich der Kräfte des Westens bewußt werden, wenn man einen Sonnenuntergang beobachtet und dabei den westlichen Himmel die ganze Zeit über beobachtet, wie er zuerst vom Orangen ins Blaue und schließlich ins Schwarze übergeht. Dann gehen die Sterne einer nach den anderen auf. Die Sternbilder wandern an ihre Plätze im westlichen Raum der Nacht. Wenn das Licht erlöscht, beginnen sich die Gedanken und Emotionen nach innen zu kehren, werden gedämpft und dunkel. Die Finsternis ist hereingebrochen – und wird immer wieder hereinbrechen. Es wird immer Veränderungen, Abschlüsse, Abschiede, Tode und zerschlagene Hoffnungen geben. Das Licht der Sterne wird uns immer einen Stich in unser Innerstes versetzen. Das Leben ist kurz, und die Hälfte der Zeit bringen wir mit Träumen zu. Wir überlassen uns also der Dunkelheit in dem festen Glauben, daß ein neuer Morgen anbrechen wird.

Das Geheimnis der Kraft des Westens lautet: Es ist immer Herbst, und wir stehen immer in unserer Reife.

Die Kräfte des Nordens

Winter: Wir sind von den heißen Landstrichen des Südens durch die innere Dunkelheit des Herbstes in den Tod des Winters gereist. »Man muß winterlich gestimmt sein« (Wallace Stevens)[85], denn ohne Winter gibt es keinen Frühling. Das Leben schläft, wartet, aber die Zeiten sind hart. Es gibt nur wenig Wild. Es gibt so wenig zu essen. Wir leben von den Früchten des Sommers, die wir in den dunklen Behältern des Herbstes aufbewahrt haben. Doch wir dürfen der todverheißenden Kälte nicht nachgeben. Wir müssen uns zusammenreißen und für das Überleben unserer Gemeinschaft zusammenarbeiten. Wir müssen arbeiten, oder wir werden vom alten Wintermann bearbeitet werden.

Alter (die späten Jahre): Das ist die strenge Kraft unserer Winterjahre, in denen wir unsere Tage in den kalten, eingeschneiten Bergen der Nordpassage beschließen. Doch wir sind zufrieden. »Kein kluger Mensch hat sich jemals gewünscht, jünger zu sein.« (Jonathan Swift)[86] Wir machen unsere Zeit als »Älteste« durch. Unsere Erfahrung hat uns mit der Weisheit des Überlebens unserer heiligen Vorfahren ausgestattet. Unsere Bestimmung liegt darin, das weiterzugeben (zu vermitteln), was wir besitzen, denken, wissen und verstehen. Wir nehmen unseren Platz als Seniorpartner, Häuptling, Präsident, Großvater oder -mutter oder Botschafter ein. Wir werden zu dienenden Lehrern und zu lehrenden Dienern. Wir können unsere Gebrechen und die offensichtlichen Zeichen des körperlichen Zerfalls nicht länger leugnen. Doch wir bestehen darauf, den Winter zu überleben, denn wir wissen, wieviel noch getan werden muß, bevor wir schließlich dem Ruf des Todes Folge leisten.

Vernunft (Gedanken): Der Süden ist die emotionale Kraft, der Westen die psychische und der Norden die rationale. Die Kraft des Nordens ist die Sucht des Schöpfers nach Ordnung, die im menschlichen Verstand verkörpert ist. Der Verstand als der berechnende, der Sammler, der Ingenieur, der Jäger, der Ordnende, der Vereinende, als Quelle des Scharfsinns, der Urteilskraft, des Verständnisses, der Weisheit, der Diplomatie, der Berechnung und des selbstsicheren Auftretens. Die Griechen und Ägypter personifizierten die Verstandeskraft im eulenköpfigen Gott Thoth. Die Alchimisten nannten sie »sophistisches Quecksilber« oder das »Quecksilber aller wahren Philosophen«. Mit dieser Kraft orientieren wir uns in Raum und Zeit, bauen unseren Bestimmungskreis und finden die rechte Sprache, um mit Gott zu kommunizieren.

Weisheit: Die Kraft des reifen Geistes wird bereichert durch die Erfahrungen aus den verborgenen Tiefen unserer Erinnerung und quillt davon über. Die Menschen in unserer Mitte verhungern aus Mangel an Nahrung und Liebe und erfrieren aus Mangel an Schutz und Verständnis. »Das Alter und der Zahn der Zeit lehren viele Dinge.« (Sophokles) Die Weisheit vereinigt, verschmilzt und integriert Emotionen, Gefühle, und Gedanken zu angemessenen Handlungen. Wir sind klug, tiefsinnig, ausgeglichen und leidenschaftslos. In den Ältestenräten unseres Volkes treten wir für Vernunft, Ordnung und das Überleben der Menschen und der Erde ein.

Arbeit (das Hergeben): Das ist Beschäftigung, Eifer, Ausführung, Tun, Anstrengung, Sorgfalt, die Gelegenheit erkennen, Fortschritte machen. Je kälter der Winter, desto härter arbeiten wir, um zu überleben. Wir arbeiten für uns, unsere Familien und unsere Welt. Wir arbeiten zum Wohle aller. Wir arbeiten, weil wir darin Perfektion, Vollendung und eine gewisse Freude finden. Am Ende bringt uns unsere Arbeit um. »Arbeite, während die Nacht sich verfinstert,/wenn die Arbeit des Menschen vorüber ist« (altes protestantisches Kirchenlied). Unsere letzte Arbeit besteht darin, unseren Körper einem guten Tod anheimzugeben.

Kommunikation: Hermes, der Götterbote, dessen Name für »Dolmetscher« oder »Mittler« steht, verkörpert die Kraft des gesprochenen Wortes, den *Logos spermaticos*. Hermes ist das menschliche Nervensystem, das zweigeteilte Gehirn, der Inspirator sprachlicher Gewandtheit, der Gott der Straßen und Wege. Die Kraft des Nordens ist die Seite in uns, die verstanden werden möchte, die Klänge und sprachliche Wendungen zum Leben erweckt, so daß sie als Sprachbrücken zwischen Ohren, Augen und Körpern fungieren können. »Denn es ist nichts verborgen, was nicht offenbar werden soll, und es ist nichts geheim, was nicht an den Tag kommen soll.« (Mk. 4. 22)[87]

Charakter: Das ist Veranlagung, Temperament, Neigung, Art, Haltung, Werte – die Jahre fordern ihren Tribut von Körper, Ego und Psyche. Wie oft sterben wir »kleine Tode«? Wie oft legt sich der Schatten der Prüfung über unseren Weg? Mit Schlägen vom Hammer der Umstände prägt uns das Leben. Die Persönlichkeitsmerkmale werden deutlich. Wir reifen zu dem heran, wozu uns das Leben gemacht hat.

Nächstenliebe: Sowohl der Eros (Süden) als auch die Eigenliebe(Westen) sind im wesentlichen ichbezogen. Die Liebeskraft des Nordens ist jedoch auf andere bezogen und gekennzeichnet von Kameradschaft, Gemeinschaft, Verbundheit, Wohlwollen, Großzügigkeit, Mildtätigkeit, Altruismus, Verantwortung und Vergebung. Wir erfreuen uns des großen Reichtums, den die, die wir lieben, für uns bedeuten. Die Familie ist eine Kraft des Nordens; sie ist die erste und beste Lehrerin im Lieben der Nächsten wie sich selbst.

Die Farbe Weiß: Der Norden ist »die Farbe aller Farben« (Melville), ist der gleißende weiße Schnee auf den Hängen des Lebensbergs, den wir erklimmen; Weiß ist die Farbe eines Bettlakens im Wind, die Farbe des Schleiers über dem Geheimnis, der vor dem Allerheiligsten hängt. Das ewige Licht der Vernunft wirft Regenbogen auf die Leinwand, doch was liegt hinter der Leinwand? Das weiße Licht der Vernunft allein kann das Geheimnis nicht lüften.

Das Element Luft (Atmosphäre): Der Äther, der unserem Blut Sauerstoff zuführt, versorgt unser Gehirn mit Vitalität. Die unsichtbare Substanz, die von unserer lebendigen Erdmutter geatmet wird, fällt als Regen, Hagel und Schnee auf uns herab – das Lebenswerk der Lungen, das Spenden des Atems, das Ausstoßen von Klängen in Form von Sprache. Der Geist von Großmutter Natur ist Wetter, Klima, Atmosphäre, unsichtbar und doch allgegenwärtig; er umgibt uns und schickt uns unsere Gedanken. »Luft muß kalt und aggressiv sein wie die Luft auf den Gipfeln der Berge.« (Nietzsche)

Die starke Kraft: Das hypothetische atomare Teilchen, genannt »Gluon« oder »starke Kraft«, verbindet Quarks zu Protonen und anderen Elementen des Atomkerns und schafft so Stabilität und Ordnung zwischen den grundlegenden Bestandteilen der Materie. Diese »Kernkraft« ist ein Hinweis auf das Wirken des Verstandes vom subatomaren bis zum makrokosmischen Bereich des Universums.

Medizintier – Das Dickhornschaf: Wie der inzwischen fast ausgerottete amerikanische Büffel opferte sich auch das Dickhornschaf, um das Überleben der Menschen zu sichern. Jeder Teil von ihm wurde verwendet: das Fleisch als Nahrung, das Fell als Kleidung, Knochen und Horn für Werkzeuge, Pfeifen und Schmuck. Als Erklimmer der Berge und Wegbereiter ist das Dickhornschaf auf seinen Reisen ohne Wasser ein Meister der Selbstdisziplin. Nach seinem Vorbild stehen wir auf den Höhenrücken der Winterberge und schauen zurück auf unsere Spuren im Schnee. So weit sind wir schon durch unser Weitergeben an die Menschen gekommen. Bald wird ein weißer Teppich alles bedecken.

Medizinsymbol – Der Fächer: Die Kraft der Luft ist verkörpert in der Kraft der Flügel, die sich auf ihr emporschwingen. Mit der Feder eines heiligen Vogels berührt der Heiler die von Krankheit befallene Stelle und zieht damit die Krankheit oder den unheilvollen Einfluß heraus. Ein indianischer Medizinmann aus unserer Gegend, der sich schon auf die Achtzig zubewegt, verwendet den Fächer in der Schwitzhütte. Mit einer Adlerfeder versprüht er kaltes Wasser und fegt Krankheiten beiseite. Man könnte denken, die glühend heiße Schwitzhütte würde einen Mann in seinem Alter zu sehr schwächen, aber er wurde gerufen, um anderen zu dienen. Die Kraft des Gebens, die für den Norden steht, wird durch den Fächer aus Adlerfedern in seiner Hand symbolisiert.

Gottvater: Der Gott, der für den Norden steht, ist Gott als Vater, Gottvater, der unsterbliche Mann der Göttin: das männliche Gesicht der Gottheit, Jehovah, Allah, Mazda, Zeus, Osiris, Tezcatlipoca, Großvater Himmel. Er ist der Gott der Vernunft, »Urizen« (Blake)[88], der Schutzpatron von Handel und Industrie, Wissenschaft und Philosophie, Gesetz und strenger Religion, Technik und Bauwesen.

Wenn wir die Kräfte des Nordens anrufen, sind wir der Hohepriester, der am Eingang zum Allerheiligsten steht. Wir sind der Buddha, der die Menschen mit seiner Fähre über den Heiligen Fluß bringt. Wir sind Jehovah, der seine Schafe sicher durch die Wüste führt. Wir sind Eltern, die für ihre Kinder sorgen und sich aufopfern, damit sie leben und wachsen können. Wir berufen uns auf unsere klarsten Verstandeskräfte, um anderen zu dienen, denn die Verantwortung als Vater, Mutter oder Ältester ist schlußendlich entscheidend für das Überleben des *Homo sapiens*. Nach und nach wird der Schnee auf den Bergen des Nordens schmelzen. Die Erde wird sich durch die Feuer des Frühlings erwärmen; aber jetzt haben wir noch zu arbeiten.

Das Geheimnis der Kraft des Nordens lautet: Es ist immer Winter, und wir befinden uns immer in unseren späten Jahren.

Die Kräfte des Ostens

Frühling: »Die Stimmung, die bekannt all jenen,/ welche nach langem Warten sehnlichster Natur/ gesegnet wurden/ mit dem Glück, das nie zu hoffen sie gewagt.« (Wordsworth)[89] Die Wiedergeburt trägt das Totenhemd des Wartens. Denn wer würde schon denken, daß es der »kalte, vertraute Wind« ist, der diese Schößlinge aus grünem Feuer schneller wachsen läßt? »Denn aus seinem toten Leichnam werden alle Pflanzen und Kräuter wachsen, die die Erde mit ihrem grünen Kleid schmücken, und aus seinem Stamm gehen alle Spezies der Tiere hervor.« (Mithras) Die Kräfte des Frühlings sind die Kräfte des Zurückkommens an einen Ausgangspunkt, der Elastizität, der Transmutation, der Umwandlung, der Transformation und der Entschlossenheit. Die Erde hat »eine kindliche Gestalt hervorgebracht, wo vorher noch ein Würmlein ward.../ein Aufschrei gellt durch die Ewigkeit.« (William Blake)

Tod/Geburt: Das große Rad der Jahreszeiten dreht sich unaufhörlich weiter. Wer kann es genau im Moment des Todes anhalten? Vielleicht sollte man besser sagen, es gab ein Sterben. Doch Tod? »Tod, wo ist dein Stachel? Hölle, wo ist dein Sieg?« (Neues Testament, 1. Kor. 15,55)[90] Das große Rad dreht sich immer weiter. Im Osten erblicken wir immer wieder das Licht der Welt mit großen verwunderten Augen. War da wirklich ein harter, kalter Winter? In dem Moment, als wir unseren letzten Atemzug taten, wurden wir bereits vom strahlenden Glanz neugeborener Augen empfangen. Unsere Runzeln, unsere Lahmheit, unsere Gebrechen schwinden dahin im glühenden Wunsch nach Geburt. Wie Winter und Frühling berühren sich auch Tod und Geburt. Und dort, wo sie sich berühren, findet Transformation statt. »Es gibt keinen Tod, nur eine Veränderung der Welten.« (Häuptling Seattle)[91]

Kreativität: Der Osten steht für Imagination, Phantasie, Mythogenese, den Hang zum Ausdenken, Ersinnen, Erfinden, Erstellen, Aushecken, Improvisieren; für das Sehen »nicht mit dem Auge, sondern durch das Auge« (Blake), das Begreifen nicht mit dem Körper, sondern durch den Körper. Visionen, mediale Fähigkeiten, intuitives Erkennen, Halluzinationen, Divination, Prophetie, Vorahnungen, Mystizismus und Hellsehen, all das sind Kräfte des Ostens. Sie werden nicht beliebig verteilt, sondern müssen verdient werden. Dem Sonnenaufgang muß die Nacht vorausgegangen sein, dem Frühling der Winter. Und der Erleuchtung muß ein Zustand der Blindheit vorausgegangen sein.

Der Trickster: Das Gegenteil, das Umgekehrte, das auf dem Kopf Stehende, das Unerwartete sind Merkmale des Ostens. »Ohne Gegenteile gibt es keine Weiterentwicklung.« (Blake) »Läuft der Bach/in dieser Welle nicht sich selbst zuwider?/Das ist der Grund, in dem wir ruhten, lange bevor wir aus der Kreatur entstanden.« (Robert Frost)[92] Egal welche Form die Kraft des listigen Schelmes annimmt, sei es nun die eines Kojoten, Fuchses, Raben, Waschbären, Blitzes, Erdbebens oder einer Überschwemmung, sie will uns immer daran erinnern, daß wir unser Leben in jedem Moment völlig umkehren und einen neuen Anfang machen können: »Aus diesem Urgrund stammen wir. Das *sind* wir.« (Frost)[93]

Die Transzendenz: Der Osten versinnbildlicht die Schöpfung, die Materie unabhängig von der Form, das Unkörperliche, das Immaterielle, die Spiritualität, die astrale Ebene und den Animismus. Zuerst also die körperliche Welt der Empfindungen (Süden), dann die innere Welt der Psyche (Westen), dann die rationale Welt des Verstandes (Norden) und schließlich die kreative Welt der Imagination (Osten). Die Kräfte des Ostens sind die Hüter von *samadhi*, der Erleuchtung und der mystischen Ekstase.

Die Liebe zum Großen Geist: Die Macht der Liebe des Menschen zu Gott oder dem Ursprung aller Dinge steigert die erotische Liebe (Süden), die Eigenliebe (Westen) und die Nächstenliebe (Norden). Es ist die Liebe zum Spender von Leben und Tod, Anbetung, Verehrung, Andacht, Ehrfurcht, Respekt und Gebet: die mystische Liebe der heiligen Theresa von Avila zu

Christus, die Liebe des Odysseus zu Athene. Im Banne dieser Kraft verwandelt sich das Leben der Menschen.

Die Farbe Gold: Das goldene Blut, das von der wiederauferstandenen Sonne für uns vergossen wird, erstrahlt in den Blumen des Frühlings: Safran, Ringelblume, Narzisse, Löwenzahn, kalifornischem Mohn und Wüstengold. Dasselbe goldene Licht des Frühlings leuchtet auch im Azoth, dem Schamajim, dem Stein der Weisen, der »Vollendung«.

> *Wo sich der Jüngling verzehrt im Sehen,*
> *Wo die Jungfrau wie Schnee erbleicht.*
> *Sie erstehn aus dem Grab und wähnen,*
> *Meiner Sonnenblume Land sei erreicht.*[94]
>
> William Blake, *O Sonnenblume*

Das Element Feuer: Alles wird stimuliert, entfacht, erregt, geweckt, aufgewühlt, beschleunigt und verbrannt durch die glühende Energie des Feuers. Das Feuer in den Chromosomen ist das Feuer der Sterne. Wie das Spermium das Ei sucht, so sucht das Feuer nach Brennbarem. Gleichermaßen finden Worte ihren Weg ins Gedächtnis, in das sie unauslöschlich eingebrannt werden, und Licht findet seinen Weg in Herzen, die es entflammt. »Vieltausendfach gespeist, brennt der Natur Freudenfeuer fort.« (G. M. Hopkins)[95] Das allumfassende Feuer spendet Wärme und bringt Erleuchtung.

Die Kraft des Lichts: Das Photon ist das »Energieteilchen« das die »elektromagnetische Kraft« aussendet, die die Elektronen auf ihrer Kreisbahn um den Atomkern hält. Kreisende Elektronen verhalten sich wie Quanten. Entweder bleiben sie auf festen Kreisbahnen oder sie machen Quantensprünge in neue Kreisbahnen, indem sie Energie aussenden oder aufnehmen. Die letzendliche Unvorhersehbarkeit der Quanten macht es nahezu unmöglich, gleichzeitig die genaue Geschwindigkeit und die Position eines subatomaren Lichtteilchens zu messen (»Unsicherheitsprinzip«). Das Verhalten der Quanten ist jedoch die Ausgangsbasis für jegliche materielle Transformation. Man könnte also das Photon als elektromagnetischen Trickster bezeichnen.

Medizintier – Der goldene Adler: Mit behenden Flügeln, gespannt wie ein Bogen, erheben wir uns mit den Schwingen der Erleuchtung über den Rest der Menschen. Mit ausgebreiteten Federfingern, um jede Nuance des astralen Lichts einzufangen, schwingen wir uns empor, ziehen unsere Kreise und tauchen ein in die wechselhaften Strömungen des Sonnenflusses. Im Frühjahr paaren wir uns, um neues Leben zu schaffen und bauen unsere Nester auf den höchsten Felsen und Gipfeln. In unserer Ekstase reiten wir »am Zaum einer wimpelnden Schwinge« (Hopkins)[96] hoch in die Lüfte und sehen weit in die Ferne. Unsere Beute, die kleine Maus, hat sich zu weit von ihrem Mauseloch weggewagt. Doch auch wir werden dahingehen. Unsere Federn werden zu heilenden Fächern gebunden, und aus unseren Knochen werden Sonnentanzflöten geschnitzt werden.

Medizinsymbol – Die Pfeife: Weiße-Büffelkuh-Frau erschien im Morgengrauen und trug das heilige Medizinbündel auf dem Rücken. Mit ihrem Geschenk, der Medizinpfeife, für die Plainsindianer, brachte sie ihnen die heiligen Zeremonien, die die Stämme miteinander verbanden. Wird die Pfeife richtig geraucht, so werden alle Richtungen und Mächte in einem einzigen Feuer im Kopf oder Herzen der Pfeife vereint. Mit dem Einatmen des Rauches, nimmt der Zeremonienteilnehmer das ganze Universum in sich auf. Damit ist der Unterschied zwischen Ich und Selbst ausgelöscht. Der Duft des süßen Tabaks erreicht die Nasenflügel des Großen Geistes. Der Rauchende ist offen für Erleuchtung und mystische Vision.

Die Göttin des Heiligen Geistes: Die Göttin des Ostens ist die Anima Sola, die Engelskönigin, die Hohepriesterin, Stella Maris, die Taube, die Muse, Kalliope, die Tochter der heiligen Quelle, Weiße-Büffelkuh-Frau, die Grazien, Persephone, »das kleine Mädchen mit goldenem Haar, das immer am östlichen

Rande der Welt tanzt« (Hyemeyosts Storm). Zum Pfingstfest kam sie in Form von Feuerzungen auf die Auserwählten herab, und die Vision des Christentums war geboren. Für den Künstler ist sie der Geist der Inspiration und der visionären Erleuchtung.

Im Osten überströmt das blendende Licht der Erkenntnis die Seele des Winters. Aber mit den ersten Lichtstrahlen der Morgendämmerung wird eine weitere Schwelle im Süden sichtbar. Der Glanz der Erleuchtung wird wieder verblassen. Die Wolken der himmlischen Pracht werden sich wieder auflösen. »Geburt ist nur ein Schlaf und ein Vergessen.« (Wordsworth)[97] Wir steigen den Berg wieder hinab ins Land der Kindheit. Im Bett unseres sterblichen Blutes werden wir wieder einschlafen. Doch man betritt das Allerheiligste im Osten nicht und kehrt dann unverändert in die profane Welt zurück. Man ist auf einer anderen Stufe angelangt. Das Ich hat einen Quantensprung in eine neue Kreisbahn gemacht. Es kommt zu einem Energieschub, und das Wachstum wird von neuem beginnen.

Das Geheimnis der Kraft des Ostens lautet: Es ist immer Frühling, und wir werden immer in eine neue Erleuchtung hineingeboren.

Die fünfte und sechste Richtung gibt es deshalb, weil der Mensch aufrecht geht und dadurch die Richtungen oben und unten oder die Pole schafft. In welche Richtung der Suchende auf dem Kreis seines Lebenszwecks auch immer geht, die Polrichtungen bleiben konstant. Traditionell sind die Pole im Zentrum des Bestimmungskreises lokalisiert, wo der Suchende oder Klagende steht und sich in die vier Richtungen dreht, die er anruft. Daraufhin ruft er die Kraft der fünften Richtung an (Erde), indem er im Mittelpunkt steht und mit der Erde zu seinen Füßen spricht. Dann ruft er die Kraft der sechsten Richtung (Himmel) an, indem er in das Himmelsgewölbe über sich hinaufruft.[98]

Die Kräfte der Erde

Die Erde verkörpert den unteren Pol unseres Körpers, die Tellus Mater, den Urgrund unseres stofflichen Seins. Es ist die Kraft in uns, die grob ist, unkultiviert, elementar, derb, roh und irdisch. In mythischen Begriffen ausgedrückt, ist die Erde der Ort der Unterwelt, der Hades, das Niflheim, die organische oder rohe Materie, wo die Herren der Sterblichkeit regieren.

Die Christen nennen die Kräfte der Erde die »niedere« oder »sündige« Natur des Menschen, das »Fleisch«» über das der Satan regiert. Andere stellen sich diese unteren Regionen als ein Reich vor, das bevölkert ist von Gnomen, Waldgöttern wie Satyr und Pan, von Dryaden, Elfen, Zwergen oder Kobolden. In der Freudschen Psychologie würde man diese Kraft als das »Es« bezeichnen, das von Trieben und Verhaltensweisen aus den dunklen, vom Tod regierten Tiefen der menschlichen Natur bestimmt wird. Der astronomische Begriff des »Schwarzen Loches« oder nach innen kollabierenden Pulsars ist die ins Extrem getriebene, erdwärts gerichtete Kraft. Die erdwärts gerichtete Kraft ist das, was nach dem Austausch der Elemente noch übrig ist. In der Alchimie wird dieser Überrest »die Kröte« genannt.

Die Kräfte der Erde sind jedoch nicht unbedingt böswillig. Die dunkle Masse der »Kröte« ist erfüllt vom Geist der Magie. Sie ist unter unseren Füßen und verbindet uns mit dem Erdhaften in uns selbst, mit dem, was grundlegend, fundamental, elementar, ursprünglich, primitiv, echt, zuunterst, tief verwurzelt in uns ist und uns trägt, aufrecht erhält und stützt. Sie bestätigt alles in uns, was dicht, fest, kompakt, fundiert und stofflich ist – den Staub, die Asche, den Kalkstein und den Bimsstein, das Plasma und den Keim, den Mutterboden und die Unterschicht, das diamantene Quecksilber unserer körperlichen Existenz. Denn unsere Wurzeln enden nicht an der Oberfläche des Bodens. Sie reichen hinab bis in die finsteren Tiefen. »Unter jedem Tiefen eröffnet sich ein noch Tieferes.« (Emerson) Schließlich kommen wir zum tiefsten Punkt der Erde – der Macht des Nichts:

Und ich sagte... »Geh hinunter in die Tiefen und mach dich dort fest und werde zum Grundstein für die niedrigeren Dinge«, und so geschah es; und es ging hinab, machte sich dort fest und wurde zum Grundstein für die niedrigeren Dinge, und unter der Dunkelheit ist nichts anderes mehr.[99]
Das Buch Henoch

Im gleichen Moment wie uns die zur Erde gerichtete Kraft nach unten ins Nichts zieht, zieht uns die zum Himmel gerichtete Kraft nach oben ins Licht des Alles. Die Erdmutter ist das Ei des Nichts. Der Himmelsvater ist das Spermium des Alles. Aus ihrer gegenseitigen Durchdringung wird neues Leben geboren – und stirbt wieder. Das Ei bricht auf, und wir kommen im Mittelpunkt unseres Bestimmungskreises zur Welt.

Das Geheimnis der Kraft der Erde lautet: die Erde ist über uns.

Die Kräfte des Himmels

Der Himmel verkörpert die aufgerichteten Pole unseres Rückgrats. Wir stehen aufrecht auf zwei Beinen mit erhobenem Kopf. Gen Himmel richtet sich die Krone, die Zinne, der Grat, der Gipfel, der Zenith unseres Strebens. Mit dieser kaiserlichen Macht steigen wir empor, erheben wir uns, erklimmen wir, erklettern wir, überwinden wir, schwingen wir uns hinauf und streben empor auf den Flügeln unserer Seele. In mythischen Begriffen ausgedrückt bedeutet himmelwärts zu Gott in den Himmel, in Richtung Olymp, zum Berg Meru oder zum Paradies – wo die Unsterblichen leben in der vergeistigten, feinstofflichen und erdentrückten Ewigkeit.

Die Christen nennen die Mächte des Himmels das »Höchste«, das »Göttliche« oder die »Erlösung«, das, was vom Allerhöchsten gelenkt wird. Andere glauben, daß das Himmelreich bewohnt sei von Göttern, Göttinnen, Engeln, Sylphen, Feen und anderen luftigen Wesen, die zum Himmel hinauf- und hinabsteigen auf feurigen Wagen, Treppen oder Flügeln. Auch das Lebenswasser der Natur steigt auf aus den Tiefen des Ozeans und wird zur Sonne emporgesogen, wo es kondensiert und daraufhin in Form von Regen und Schnee in die Tiefen zurückfällt. Himmelwärts ist die Kraftrichtung der auferstandenen und verklärten Heiligen und Erlöser.

Wie ein grüner Sproß aus der Kröte sich am Spalier der Zeit emporrankt, so strebt die Seele an der zum Himmel gerichteten Achse der Kraft des Ideals zu, des Erdentrückten, des absoluten Höhepunkts. Wir befreien uns von den Fesseln, mit der die Erde uns an sich bindet. »Ich hebe meine Augen auf zu den Bergen, von welchen mir Hilfe kommt. Meine Hilfe kommt vom Herrn, der Himmel und Erde gemacht hat.« (Psalm 121)[100]

Aber die Kräfte des Himmels sind nicht notwendigerweise wohlwollend. Das Himmelszelt ist erfüllt vom Immateriellen. Wir können nicht sehen, wohin wir gehen, wenn wir unsere Augen ständig zu den Sternen erheben. Wir müssen den Balanceakt zwischen Erde und Himmel, zwischen Finsternis und Licht, zwischen unserem Verwurzeltsein mit der Erde und dem Fliegen erlernen. Wir müssen lernen, Erde mit Luft und Wasser mit Feuer zu mischen. Wir steigen hinab in unser Innerstes und dann wieder den Berg des Tausendblättrigen Lotus hinauf. Doch schließlich kehren wir in unser Innerstes zurück. In der einen Hand halten wir die Kröte, in der anderen eine Feder des himmlischen Adlers.

So wird der dunkle Leib unserer Erdverbundenheit befruchtet durch unser Sehnen nach dem himmlischen Geist. Wir steigen zum Himmel empor wie der altaische Schamane:

Über dem weißen Himmel
jenseits der weißen Wolken
über dem blauen Himmel
jenseits der blauen Wolken

schwingt sich der Vogel zum Himmel empor...

Blauer Hügel, wo kein Hügel
war zuvor: blauer Himmel
allüberall: blaue Wolke

geschwind sich drehend

die niemand erreichen kann:
ein blauer Himmel, den niemand
erreichen kann . . .[101]

Das Geheimnis der Kraft des Himmels lautet: Der Himmel ist unter uns.

Zusammenfassung

Es gibt also sechs Richtungen, in deren Mittelpunkt der Initiand steht. Jede Richtung durchdringt ihn mit ihren unsichtbaren Kraftlinien. Er hängt in ihrem Netz fest wie eine Larve in einem Kokon. Eingewickelt von diesen Kräften ist er ihnen weder auf Gedeih und Verderb ausgeliefert noch kann er sie nach seinem Willen beeinflussen. Je bewußter er sich über ihr Vorhandensein in seiner Erfahrung wird, desto mehr wird er sie respektieren und in Harmonie mit ihnen tanzen.

Die Nacht ist nun hereingebrochen. Der Initiand sitzt in einem dunklen Kreis aus Steinen. Der Nachtwind bläst. Er erschauert in der Kälte. Er fühlt sich so unbedeutend, so machtlos. Wohin führt sein Pfad in diesem weglosen Universum? Er ruft die Kräfte des Südens an: »Erwecke das Kind in mir, das voll Unschuld und Vertrauen ist.« Er dreht sich etwas und betet zum Westen: »Hilf mir, in mich zu gehen und mich selbst zu erkennen, denn ich muß mich verändern.« Dann dreht er sich weiter und betet zum Norden: »Gib mir Stärke und Verständnis für diejenigen, die ich liebe und denen ich diene.« Danach dreht er sich gen Osten und betet: »Gewähre mir die Macht der Erleuchtung; laß mich wieder auferstehen.« Er blickt zur Erde hinab und ruft: »Nähre meine Wurzeln. Halte mich fest in den alles verschlingenden Tiefen.« Dann blickt er zum Himmel hinauf und betet: »Erhebe mich aus dem Staub und zeige mir den Weg über die Sterne hinaus.«

Die Kräfte der sechs Richtungen werden seine Gebete erhören. Noch während sein Körper vor lauter Leere und Müdigkeit zusammensinkt, werden sie ihn mit symphonischer Ausgeglichenheit erfüllen. Noch während der Wind kalt in der Finsternis weht, werden sie ihm seinen Platz am rauschenden Heiligen Fluß zeigen.

Integration -
Angliederung
an die Gemeinschaft

Geh. Geh also«, sagte der Frosch, »Kehre zu deinem Volk zurück. Es ist leicht, es zu finden. Behalte das Geräusch des Medizinflusses in deinem Rücken. Geh in entgegengesetzter Richtung zu dem Geräusch, und du wirst deine Mäusebrüder finden.«

Springende Maus kehrte zur Welt der Mäuse zurück. Aber er fand Enttäuschung. Keiner hörte ihm zu. Und weil er naß war und er keinen Weg wußte, dies zu erklären – denn es hatte nicht geregnet, – hatten viele der anderen Mäuse Angst vor ihm. Sie glaubten, er sei aus dem Munde eines anderen Tieres ausgespuckt worden, das versucht hatte, ihn zu fressen. Und sie wußten alle, daß, wenn er für das Tier, das ihn begehrt hatte, keine Nahrung gewesen war, er auch für sie Gift sein mußte.

Springende Maus lebte wieder unter seinem Volk, aber er konnte seine Vision von den Heiligen Bergen nicht vergessen.[102]

Wie hätte der winzige Held aus Storms Fabel auch im voraus wissen sollen, was für ein Empfang ihm bevorstand, als er zu seinem Volk zurückkehrte? Er hatte nicht mit der Tatsache gerechnet, daß die Mäuse im Land der Mäuse ihr Leben einfach wie zuvor weitergelebt und keinen Gedanken an ihn verschwendet hatten. Sie sahen nur, was ihnen ihr enger Horizont erlaubte: eine nasse, verdreckte Maus, die unmögliche Geschichten über irgendwelche Frösche, Hochsprünge und das Schwimmen in heiligen Flüssen erzählte. Niemand hörte überhaupt zu oder interessierte sich dafür. Manche bekamen sogar Angst. Wie konnte Springende Maus naß sein, wenn es nicht geregnet hatte? Keine Maus, die recht bei Sinnen war, würde in einen – wie nannte er es noch gleich – »Fluß« springen. Sie kamen zu dem Schluß, daß Springende Maus von einem Ungeheuer verschlungen worden sein mußte. Ihre Angst ließ sie Vorstellungen ablehnen, die ihnen aufgrund ihrer eingeschränkten Sichtweise durch das Leben mit der Nase am Boden fremd waren.

Eine ähnliche Verständnislosigkeit wird jedem Initiierten bei seiner Rückkehr von einem Übergangsritus in der Wildnis entgegenschlagen. Gäbe es dieses Hindernis in der Entwicklung des modernen Helden nicht, so würde die Rückkehr keine Herausforderung darstellen. Alle seine Freunde würden mit ihm zurück zum Heiligen Fluß rennen. Sie würden alle fasten, um eine Vision zu erlangen, und alles wäre Friede, Freude, Eierkuchen. Aber so geht es im wirklichen Leben nicht zu. Das Unverständnis von seiten seiner Freunde *muß* da sein wie eine große, unüberwindbare Mauer. Wenn es nicht da wäre, hätte der Mäuserich ja gar keine heldenhaften Taten vollbringen müssen. Jetzt ist die Zeit gekommen, um seine Medizin zu *leben*, »sich in seinen eigenen Mythos zu ergeben«.

Die Irrfahrten des Odysseus waren nur ein Weg, um die »Medizin« zu erlangen, die der Held benötigte, um den realen Gegebenheiten zu Hause begegnen zu können. »Wir stellen nicht nur fest, daß kein Empfangskomitee am Hafen auf uns wartet, sondern daß wir uns sogar den Weg zu unserem rechtmäßigen Platz werden erkämpfen müssen.«[103] Wird unser moderner Held in dieselbe Falle laufen wie Odysseus, der alle Unbilden seiner Unterweltreise erfolgreich überstand, nur um dann alles, was er gesucht hatte, in einem tragischen Moment des Zweifels opfern zu müssen? Er muß seine Suche in der rauhen, alltäglichen, eingefahrenen, verständnislosen Welt seiner neuen Lebenssituation beginnen. Genau das ist der erste Schritt, den er in Richtung der Heiligen Berge unternimmt, die in der Ferne glänzen. Er muß der menschlichen Stimme seines Wesens gehorchen, zum Fluß gehen, der Zivilisation genannt wird, und hineinspringen.

Er hat gute Gründe, sich vor seiner Rückkehr ins Land der Mäuse zu fürchten. Es ist ein angsteinflößender, gefährlicher, wilder Ort, viel grausamer und zerstörerischer als die Wildnis von Mutter Natur. Im Land der Mäuse muß er arbeiten und den Alltagstrott, den Druck, die Krisen, Beziehungen und Prüfungen überstehen, die seine neue Stellung im Leben mit sich bringt. Er muß die Flamme seiner Bestimmung am Brennen halten und ihre Wärme bis in die dunkelsten Winkel verbreiten. Er muß soweit kommen, daß er auch das Land der Mäuse als eine heilige Welt betrachtet.

Die ersten Stunden

Die Wiedergeburt in die profane Gemeinschaft der Zivilisation ist fast immer mit irgendwelchen Komplikationen verbunden. In gewisser Weise ist der Neuinitiierte ein unschuldiges Kind, das sich dem schmerzhaften Prozeß des Erwachsenwerdens unterziehen muß. Die Verwirrung und Bestürzung kann durch persönliche Vorbereitung und Zeremonien der Wiedereingliederung abgeschwächt werden. Trifft man geeignete Vorkehrungen, so können die Schwierigkeiten verringert werden. Die im folgenden beschriebenen Punkte sind entscheidend für die ersten Stunden nach dem Wiedereintauchen in das Meer der Gleichgültigkeit im Land der Mäuse.

Rückkehr in die Gemeinschaft

Wenn der Suchende wieder im Blickfeld der anderen »erscheint«, muß er durch einen postpartalen Prozeß geführt werden, der dem eines neugeborenen Babys ähnelt. Zuerst wird er sachte durch die Öffnung gebracht (siehe auch »Durchtrennen des letzten Fadens«, Seite 73), und zwar mit einer einfachen Willkommenszeremonie, die die feierliche Einsetzung in seinen neuen Lebensstatus und herzliche Umarmungen beinhaltet. Dann läßt man ihm Zeit und Raum, sich zu sammeln. Man bombardiert ihn nicht sofort mit Fragen oder Kommentaren, sondern läßt ihn langsam wieder zurückkommen im Vertrauen darauf, daß der natürliche Fluß der gesellschaftlichen Ereignisse ihn nach und nach in den Kreis der Gruppe zurückbringen wird.

Dann wird das »Kind« der Mutter übergeben, um die »Bindung« zwischen den beiden zu festigen. In unserem Fall ist das »Bindungsmedium« Nahrung – das Essen vom Körper der Großen Mutter und das Teilen mit den anderen in der Kommunion. Darüber hinaus ist es wichtig, daß der Initiierte jetzt alle Geschenke verteilt, die er mitgebracht hat, etwa einen besonderen Stein, ein Stückchen Holz, ein Gedicht, ein Lied oder irgend etwas Selbstgemachtes. Das stellt den Kontakt zu den anderen wieder her und stärkt die sozialen Bindungen. Das Schenken symbolisiert seinen Wunsch, seine Vision mit den anderen zu teilen und ist ein Hinweis auf das »Hergeben« der Erinnerung an sein vergangenes Leben. Wurde ihm als Geschenk für sein Volk Kraft zuteil, so ist nun die Zeit gekommen, diese Kraft auf die anderen zu übertragen.

Das neugeborene Wesen muß nun auf sein allgemeines körperliches und geistiges Wohlbefinden hin untersucht werden. Eine Hebamme sollte besonders auf Kandidaten achten, die noch nicht recht wissen, was sie mit sich anfangen sollen, die noch in den Wolken schweben, die mürrisch sind und in sich gekehrt oder hysterisch und aufgedreht. Es kommt vor, daß manche unter Bauchweh, Kopfschmerzen, Verstopfung, Schwindelgefühl, totaler körperlicher Erschöpfung oder anderen quälenden, doch vorübergehenden Symptomen leiden. Besondere Aufmerksamkeit muß denjenigen geschenkt werden, die Schwierigkeiten haben, sich wieder im sozialen Umfeld zurechtzufinden.

Obwohl es sehr anstrengend sein kann, muß nun Raum geschaffen werden, damit sich jeder die Dinge von der Seele reden kann, die ihn am meisten bedrücken. Emotionale Äußerungen werden angeregt, damit der Heimgekehrte nicht von seinen zurückgehaltenen Gefühlen vergiftet oder gequält wird. Das Ziel ist, ihn zu »erden«, sicherzustellen, daß er die Gegebenheiten seiner neuen Lebenssituation akzeptiert. Jetzt ist nicht die Zeit, sich ausführliche Berichte über seine Schwellenabenteuer anzuhören. Mit der Zeit wird er selbst herausfinden, was davon wichtig und was unwichtig war. Im Moment muß er sich dringenderen Dingen zuwenden, die ihn vielleicht daran hindern, seinen Platz in der Gemeinschaft einzunehmen.

Das Neugeborene wird von der Mutter getrennt. Die Nabelschnur zwischen dem Initiierten und der Wildnis wird durchtrennt, wenn Waschbär und Maus dem Heiligen Fluß den Rükken kehren und bewußt weggehen. Länger zu verweilen, zögert nur das Unvermeidliche hinaus und läßt denjenigen, der gerade aus der Gebärmutter herausgekommen ist, in gefährliche Nostalgie verfallen. Die wirklichen Gefahren liegen noch vor ihm. Die wirkliche Arbeit muß erst noch getan werden.

Der Ritualplatz muß von menschlichen Spuren gereinigt werden. Im Basislager sollten keine Spuren hinterlassen werden, die nach dem nächsten Regen noch zu sehen wären. Diese Reinigung des Trennungsplatzes kann durch eine einfache Zeremonie erfolgen, in der man den Geistern dieses Ortes für ihre Gnade dankt. Jeder hat noch einmal die Möglichkeit, sich allein zurückzuziehen und vom Heiligen Fluß zu verabschieden. Dann werden die Rucksäcke auf den Rücken geschnallt, und alle verlassen diesen Ort der Erleuchtung und Prüfung.

Binnen eines Tages und einer Nacht muß das Neugeborene gebadet und in die Windeln der Zivilisation gewickelt werden. Nun folgt eine zeremonielle Waschung, egal welcher Art, und dann steht der Wiedereintritt in das Reich des Komforts und der Annehmlichkeiten unserer Zivilisation bevor. Es gibt viele Arten von rituellen Waschungen: Baden in einem Fluß, einer heißen Quelle, Abreibungen mit einem Schwamm, Kopfwäsche, Dampfbad, Sauna oder Schwitzhütte. Wir bevorzugen Saunen und Schwitzhütten. Die Initiierten kehren damit tatsächlich noch einmal in den dunklen Schoß der Mutter zurück, wo sie ihr ihre Dankbarkeit für den von ihr gewährten Schutz ausdrücken, sich vom Staub ihrer Reise in die Wildnis befreien und für das Wohl ihrer Gemeinschaft beten. Starker Schweiß löscht jede Nostalgie aus, besonders wenn er heiß ist. Teilnehmer mit ernstlichen körperlichen Beschwerden oder Phobien sollte man nicht zwingen, an dieser Zeremonie teilzunehmen. Sie können ihre Waschungen auch auf andere Weise vollziehen.

Wir weisen dringend darauf hin, daß Schwitzhütten- oder Saunazeremonien nur von Hebammen durchgeführt werden sollten, die sehr versiert in deren Anwendung sind. Alle Mitglieder der Gruppe sollten vorher über die Bedeutung dieser Erfahrung aufgeklärt werden. Ist das verwendete Modell im großen und ganzen indianischer Herkunft, solle man dies dankend erwähnen. Sind keine Indianer unter den Teilnehmern einer Schwitzhüttenzeremonie, so sollten deren heilige Lieder auch nicht gesungen und deren Geister nicht angerufen werden. Nicht-Indianer sollen die Lieder singen, die ihrem eigenen Herzen und kulturellen Erbe entstammen, und die Namen ihrer eigenen Götter und Göttinnen anrufen.

Auf die rituellen Waschungen folgt das Fest, die Zeremonie der Fülle, der Zivilisation, die es uns ermöglicht, unsere Tische mit Speisen aus fremden Ländern zu überhäufen, die uns die warme Wolldecke liefert, das weiche Bett, das elektrisch geheizte Zimmer, die prall gefüllte Brust von Mutter Wohlstand. Auf diese Art und Weise kehrt der neue Mensch zurück zu den materiellen Einflüssen und Absicherungen der Zivilisation.

Der Weg nach Hause ist gesäumt von Schildern wie »Bei uns speisen Sie fürstlich«, »Hier kaufen Sie preisgünstig«, »Rein ins Vergnügen«. Der Überfluß unserer Kultur gibt den von ihrer Suche Zurückgekehrten Gelegenheit, ihr inneres Gleichgewicht zu testen. Wie leicht ist es doch, sich zu überlasten (weil alles angeboten wird). Der Rückkehrer akzeptiert die Reklameschilder, regt sich nicht darüber auf, daß es so etwas überhaupt gibt, wird nicht davon verführt und bekommt kein schlechtes Gewissen, wenn er einen Fehlkauf tätigt. Er unterscheidet zwischen Wollen und Brauchen. Er kann dies nun mit einem feineren Sinn für die Unterschiede, nachdem er die Einsamkeit und das Fasten in der Schwellenwelt überstanden hat.

Jede Art von Transaktion, die in diesen ersten Stunden in einem Supermarkt, einem Restaurant oder einem Drugstore durchgeführt wird, ist eine weitere Gelegenheit, sich wieder im Hier und Jetzt zu verwurzeln. Man sollte die Rückkehrer darin bestärken, Menschlichkeit und Schönheit in jeder Person zu sehen, die ihnen begegnet. Wie verabscheuungswürdig und absurd ihnen die Zivilisation auch erscheinen mag, so leben doch hier die Menschen, die sie lieben, ihre Freunde und ihre Familie, und ihre eigenen Orte der Kraft erwarten sie zu Hause.

Das Überschreiten der heimatlichen Schwelle

Man sollte mindestens einen vollen Tag zum Nachdenken und für die Integration vorsehen, bevor man sein neues Leben in Angriff nimmt. Lebt der Rückkehrer nicht allein, kann es sein, daß er während dieser Zeit bereits wieder mit anderen zusammensein muß. Trotzdem muß er eine Möglichkeit finden, sich zurückzuziehen. Kraftvolle Erleuchtungen kommen häufig während der ersten paar Stunden zu Hause. Sie müssen assimiliert werden. Im Idealfall sollte der Initiierte für diese mehr oder weniger starke Abgrenzung noch bis zu einer Woche Zeit haben, um die Dinge zu verdauen, bevor er schließlich bereit ist, die Verantwortungen und Privilegien seines neuen Lebensstatus zu übernehmen. Obwohl die ersten Tage nach seiner Rückkehr angefüllt sein können mit lebhaften Erleuchtungen und Selbstwertgefühlen, hat er häufig Schlafschwierigkeiten, leidet unter Klaustrophie oder fühlt sich unruhig. Es fällt ihm schwer, sich wieder in die Routine einzufinden. Manche geben an, sie bekämen ihre Füße kaum wieder auf den Boden und fühlten sich wie Schlafwandler. Solche Symptome sind ein Hinweis darauf, daß die Person noch nicht bereit ist, der Welt voll und ganz zu begegnen. Sie muß dann warten, bis der akute Eindruck der Schwellenerfahrung langsam nachläßt.

Diejenigen, die zu Hause auf die Rückkehr des Initiierten warten, sind wie die Mäuse, die Springende Maus, den auf mysteriöse Weise naß und dreckig gewordenen Mäuserich, begrüßt haben. Ihr Mißtrauen, ihre Gleichgültigkeit oder ihre Angst können sogar die Liebe, die unser Held als Geschenk für sie mitgebracht hat, auf eine harte Probe stellen. Er muß sich darüber klarwerden, daß die anderen während seiner Abwesenheit ein Leben gelebt haben, das ihnen kaum Zeit ließ, ihn zu vermissen. Vielleicht finden sie seine Geschichten unbedeutend im Vergleich zu den wichtigen Ereignissen, die in ihrem eigenen Leben stattgefunden haben. Ehepartner fühlen sich häufig persönlich bedroht und haben Angst, daß sich ihre »bessere Hälfte« während ihrer Abwesenheit in einer Art und Weise verändert hat, die für sie nicht wünschenswert ist. Manchmal überschattet ihr Neid ihre Begeisterung und Sympathie. Manchmal haben sich unverarbeitete Probleme in der Brust des Zurückgebliebenen angestaut, die bei der Rückkehr des Partners hervorbrechen. Die Suche treibt den Suchenden direkt in die Wildnis seines Zuhauses. Dort, in den Schrankwänden, Einbauküchen und Doppelbetten lauern die Ungeheuer seines Karmas – um vom Licht der Vision hervorgelockt zu werden.

Falsche Erwartungen stellen ebenfalls ein großes Hindernis dar. Verwandte und Freunde tendieren häufig auf bedrückende Weise zu der Erwartung, daß ganz bestimmte Veränderungen bei dem Zurückgekehrten stattgefunden haben. Diese Reaktion ist ganz besonders typisch für die Rückkehr von jungen Leuten. Eltern, Lehrer, Berater, Bewährungshelfer und andere nehmen häufig an, daß der Jugendliche sich nun nicht mehr auf die Weise verhalten wird, die ihnen vorher Schwierigkeiten bereitet hat. Natürlich kann er es nicht jedem (oder sich selbst) zu allen Zeiten recht machen. Er muß darauf gefaßt sein, sich diesen Erwartungen zu stellen, ohne sich selbst die Schuld in die Schuhe zu schieben, wenn er sie nicht erfüllt.

Diese Personen sollten besonders davor gewarnt werden, all die wertvollen Einzelheiten ihrer Reise in die Wildnis vor teilnahmslosen und zynischen Ohren auszuplaudern. Es ist weitaus besser, daß sie die Essenz ihrer Vision für sich behalten, wo sie in der Wärme ihres Herzens bestens aufgehoben ist. Zuviel davon zu erzählen, zieht wichtige Energien ab, nimmt der Heiligkeit der Vision den Glanz und läßt die gesunden Säfte des verjüngten Egos wieder versiegen. Die Initiierten sollten ihr neugefundenes Wissen genießen, und zwar ohne Nostalgie und ohne das Bedürfnis nach Bestätigung durch andere.

Gelegentlich kommt es vor, daß Menschen zurückkehren und eine Tragödie oder eine Katastrophe erleben. Ein junger Mann kehrte zurück und kam nur drei Tage später bei einem Verkehrsunfall ums Leben. Ein anderer kam zurück und wurde vor Gericht gestellt, wo er zu zwei Jahren Gefängnis verurteilt wurde. Eine Frau kam nach Hause und mußte erfahren, daß ihr Vater in der Zwischenzeit gestorben war, eine andere, daß in ihr Haus eingebrochen worden war. In der Tat können uns die

Umstände des Lebens jederzeit auf eine harte Probe stellen. Rückkehrer, die Schläge einzustecken hatten, die sie sich nicht einmal in ihrem schlimmsten Träumen vorstellen konnten, berichteten jedoch, daß ihnen die besondere Fürsorge, die ihnen während der ersten paar Stunden ihrer Wiedereingliederung zuteil wurde, dabei geholfen habe, sich dem unerwarteten Unglück zu stellen und es zu akzeptieren.

Der Ältestenrat

In traditionellen Übergangsriten wurde der Initiierte häufig vor einen Ältestenrat gebracht, der sich seine Geschichte anhörte, über ihre Bedeutung beriet und seinen neuen Lebensstatus in der Gemeinschaft offiziell bestätigte, bisweilen durch die Verleihung eines neuen Namens.[104]

In unserer modernen Kultur gibt es noch einige schwache Abbilder dieser Zeremonien, die die Rückkehr über die Schwelle feiern, in Form sogenannter »Errettungsfeiern«, mit denen neue Glaubensbrüder und -schwestern in die Erweckungskirchen aufgenommen werden, oder in Form der Feiern nach dem jüdischen Bar-Mizwa. Im allgemeinen gibt es jedoch keine offiziell zuständige Körperschaft und keinen Ältestenrat, der ermächtigt wäre, solche Erfahrungen offiziell zu bestätigen oder Veränderungen des Lebensstatus formell anzuerkennen. Ein Individuum von heute, das gerade eine Veränderung im Leben erfahren hat, muß sich dies selbst bestätigen oder sich einer Gruppe von »Gläubigen« anschließen, einer Subkultur oder Gleichgesinnten, die seine Statusveränderung anerkennen und bestätigen.

Zum Zwecke einer derartigen Bestätigung kann eine Art Ältestenrat zusammengerufen werden. Die »Ältesten« fungieren darin als Zeugen, deren Aufgabe es ist, die mythische Lebenssuche des Helden anzuerkennen, gutzuheißen und formell abzusegnen. Sie stellen dem Helden Fragen, geben Kommentare ab, teilen ihre Ansichten mit und streichen ganz allgemein die Aspekte seiner Geschichte heraus, die für ihn und andere positiv und vorteilhaft sind. Eine gute Ausgangsbasis für die Diskussion ist die altbewährte und immer noch gültige Formel: Die Geschichte des Schwellenerlebnisses ist die Lebensgeschichte des Suchenden. Das Ziel ist nicht, seine Probleme für ihn zu lösen, sondern ihm zu zeigen, daß er selbst in der Lage ist, sie zu lösen. Die Fragen beziehen sich auf die körperlich/praktische, emotional/psychische und geistig/mythische Ebene der Erfahrungen des Helden in allen drei Phasen der Suche und können je nach sinnbildlicher Darstellung der Schwelle und Schwellenmodell variieren.

Im Kreise der Ältesten hat jede Schwellengeschichte, wenn auch nur in groben Zügen, die gleiche charakteristische Abfolge wie der Monomythos:

> *Der Held ließ alles hinter sich.* Was hat er hinter sich gelassen? Von wem hat er sich gelöst? (Wie sah es in seinem eigenen Leben aus?) Weshalb ließ er es hinter sich? Was wollte er verändern? Wie war die Trennung für ihn? Welche Trennungszeremonien hielt er ab? Mit welchem Ergebnis? War er auf seinen Schwellenübertritt vorbereitet? Auf welche inneren Quellen oder Widerstände hat er vertraut?
>
> *Er ging allein zum Heiligen Fluß.* Was machte er, als er die Schwelle überschritt? Was fühlte er dabei? Was dachte er dabei? Zu wem betete er? Was erwartete er? Was bekam er? War er bereit für die Erfahrung, die sich ihm bot?
>
> *Er hielt die Schwellenphase durch.* Wie spiegelte seine körperliche Erfahrung der Schwellephase seine psychische, rationale und geistige Verfassung wider? Wie spiegelten sich seine Einsamkeit, Angst, Leere und Langeweile in der tatsächlichen Landschaft wider? Welchen Ungeheuern, Schattengestalten, Feinden, Hindernissen begegnete er? Auf welche Art und Weise hielt er die Prüfung durch?

Ihm wurde eine Gabe verliehen, eine Einsicht, eine Vision, ein Führer geschenkt. Wer (lebendig oder tot) erschien ihm? Was teilte er ihm mit? Auf welche Weise wurden seine Gebete erhört? Welche Geister, Verbündeten, Engel, Führer, Tiere, Medizinzeichen, veränderte Bewußtseinszustände oder Träume zeigten sich ihm? Welche Emotionen, Gefühle, Ideen, Offenbarungen, Einsichten, Stärken, Weisheiten? Welche Zeremonien hielt er ab?

Er erkannte, was er seinem Volk zu geben hat. Was speziell und konkret bringt er zum Nutzen seiner Gemeinschaft mit zurück? Was ist der Kernpunkt seiner Vision? Was zeigte sich ihm in den Momenten seiner größten Erleuchtung? Was war das Licht, der Glanz, das Kodewort, der Faden, der Glaube? Was genau wird er jetzt tun?

Er kehrte zurück zu seinem Volk und zu seiner neuen Stellung in der Gemeinschaft und nahm die für ihn bestimmte Rolle an. War die Wiedereingliederung leicht oder schwer? Was sind die Hindernisse, Ängste, tatsächlichen Gegebenheiten? Kann er seine Aufgabe des »Erfüllens seiner Vision auf Erden im Angesicht der Menschen« beschreiben? Auf welche Weise nutzt er die Kraft, die ihm durch seine Visionssuche zuteil wurde? Was ist seine Gemeinschaft? Was sind deren Bedürfnisse? Was tut er, um diese Bedürfnisse zu befriedigen? Welche Quelle hilft ihm bei seiner Aufgabe, das zu tun, was er tun muß?

Die unterstützende Rolle der »Ältesten« besteht darin, die wesentlichen Züge der Lebensgeschichte des Initiierten herauszuarbeiten, ihm diese Geschichte widerzuspiegeln und ihm zu helfen, ihre Schönheit, Menschlichkeit und Einzigartigkeit zu erkennen.

Die Zeremonie mit den Ältesten ist besonders lohnend für junge Leute, die ihren Übergang ins Erwachsenenalter feiern.

Nehmen auch die Eltern an dieser Zeremonie teil, so verstärkt dies noch die Bedeutung und den Langzeitwert der Visionssuche.[105]

Die Rolle der Hebamme bei der Angliederung

Der Angliederungsprozeß fordert den Einsatz aller Fähigkeiten der Hebamme und ihre ganze Aufmerksamkeit. Sie steht beim »Herauskommen« ihrer Schützlinge bereit, und ihr wird mit einer gewissen Ehrfurcht klar, was sie gerade durchgemacht haben. Spontane Bewunderung und Achtung für ihre starken Herzen regen sich in ihrer Brust. »Willkommen!« ruft sie. »Willkommen in eurem neuen Leben!«

In den ersten kritischen Stunden der Integrationsphase herrscht eine gewisse Euphorie vor (gehobene Stimmung, ausgelassenes Verhalten, optimistische Auflösung), die tiefere Emotionen und Gefühle der Besorgnis, Unwirklichkeit, übermäßige Scheu oder Gereiztheit verdecken kann. Es ist für bestimmte Individuen, besonders introvertierte Menschen, nicht gerade leicht, sich sofort in einer lauten gesellschaftlichen Umgebung wohlzufühlen. Andere kommen vielleicht mit Gefühlen des persönlichen Versagens zurück (trotz der offensichtlichen Vollendung ihrer Suche) und halten sich für unwürdig, ihre neue Stellung im Leben einzunehmen. Wieder andere tanzen vielleicht mit einer Wut und einer Kampfbereitschaft im Bauch, von deren Existenz sie nichts gewußt haben, da sie bislang eher das selbstverleugnende Leben eines Duckmäusers führten. Und wieder andere kommen vielleicht mit der Angst zurück, während des Alleinseins und ihres Fastens verrückt geworden zu sein.

Am besten drängt man sich einem Rückkehrer nicht allzu aggressiv auf. Es ist besser, ihn nur leicht zu berühren und ihm Raum für eventuell an die Oberfläche kommende Emotionen zu lassen, ohne auf eine Erklärung ihrer Ursache zu drängen. Die Hebamme hält ihre Augen offen und achtet auf Anzeichen von Unausgeglichenheit, Flatterhaftigkeit, Zurückgezogenheit, Übertreibung der eigenen Taten oder andere Hinweise darauf, daß der Neuinitiierte eventuell Schwierigkeiten hat, sich als gesellschaftliches Glied in der Gemeinschaft einzufügen. Bringen ihn die Wiedereingliederungsbemühungen der ersten Stunden nicht wieder auf den Boden zurück, so muß die Ursache für sein Unbehagen herausgefunden werden.

Der Älteste konzentriert sich bei einer »ungeerdeten« Person auf ihren körperlichen und emotionalen Zustand, auf ihre Empfindungen und Gefühle. Esoterische Fragen oder hochgeistige Gedankenspiele werden nicht gerade dazu beitragen, daß das zurückgekehrte Individuum sich geborgener fühlt. Die Einsamkeit und das Fasten haben eine Art verändertes Bewußtsein herbeigeführt. Doch möglicherweise ist der Mensch sich nicht einmal bewußt, daß sich seine Wahrnehmungen verschoben haben und daß er die Welt des Basislagers immer noch mit den Augen der Schwellenwelt sieht. Normalerweise ist das Hochgefühl, das man bei der Rückkehr empfindet, angenehm, klar, überschwenglich, offen, traumhaft und positiv. Manchmal kommt es zu unangenehmen (doch nur leichten) Sehstörungen, Gefühlen der Entfremdung, der Verletzlichkeit, Verdauungsstörungen (zu schnelles Sättigungsgefühl), Unwohlsein (Gefühl völligen Ausgelaugtseins, von Gereiztheit, Überlastung und Schlaflosigkeit). Wenn der Neuinitiierte nicht recht weiß, was er mit sich anfangen soll, hat er vornehmlich negative Empfindungen, was sich darin äußert, daß er entweder zu große Angst davor hat oder zu gierig darauf ist, sich wieder in die Gesellschaftsordnung mit ihrem zivilisierten, künstlichen Drumherum einzufügen.

Das heißt jedoch noch lange nicht, daß ein nicht geerdeter Kandidat übergeschnappt ist. In Anbetracht der Welt, in die er zurückkehrt, ist er normaler als die Verrückten, die alles akzeptieren, ohne jemals nachzudenken. Er braucht nur eine Gelegenheit, um seinen Gefühlen freien Lauf zu lassen, seine Wut, seine Angst, seinen Ekel oder seine Unsicherheit herauszulassen und über die Aussichten seiner neuen existentiellen Situation sprechen zu können, das Heimkehren, die Menschen zu Hause, die Situationen und Sachverhalte, denen er sich stellen muß, um seine neue Stellung würdig einzunehmen. Vielleicht muß er sich erst selbst akzeptieren, bevor er sich von den anderen akzeptiert und aufgenommen fühlen kann. Fast immer ist es möglich, ihn dazu zu bringen, das ganze aus einem positiven Blickwinkel zu betrachten. Schließlich ist er der positiven Macht sehr nahe, denn er war gerade erst bei ihr.

Es wird immer ein paar geben, die es aus irgendeinem Grunde nicht schaffen, in ihren Körper zurückzukehren, vielleicht weil sie von vornherein nie in ihrem Körper gelebt haben. In bestimmten festgefahrenen Fällen wird die Schwellenprüfung die Schwierigkeiten nur noch vergrößern. Diese Initianden kommen dann zurück, schieben alles auf die anderen und fühlen sich noch mehr als Opfer als zuvor. In solchen Momenten sind wir uns klar, daß die althergebrachten Übergangsriten nie ein Heilmittel an sich waren, sondern nur ein Instrument der Gesellschaft, um persönliches Wachstum zu messen. Die transformatorische Kraft des Ritus ist direkt proportional zu dem Individuum, das ihn vollzieht. Wir geben nicht uns die Schuld dafür oder verbringen schlaflose Nächte wegen der paar Mäuse, die zwar versuchen zu springen, sich stattdessen jedoch immer tiefer in ihr Loch verbuddeln. Alles, was wir tun können, ist, ihnen ihre Lebensweise durch Vorhalten eines Spiegels vor Augen zu führen, obwohl sie sich meist nicht klar erkennen werden. Sie sehen, was sie sehen wollen. Wir müssen sie ihrer Wege ziehen lassen in dem Bewußtsein, daß sie vielleicht nie einen geeigneten Lebensmythos finden werden und weiterhin die Masse der vielen vergrößern werden, die nicht in der Lage sind, ihren Weg durch die Übergänge und Krisen des Lebens zu finden.

Die meisten, die zurückkommen, werden jedoch eine zusammenhängende Geschichte von persönlichem Wachstum, Einsicht, Selbstbejahung und Annahme der Veränderung erzählen. Die Hebamme hört sich diese Geschichten genau auf Hinweise an, ob die Kandidaten bereit sind, die dritte Phase des Übergangsritus zu vollziehen. Es wird ihr warm ums Herz werden, wenn sie merkt, daß sie einen geeigneten Mythos gefunden haben, und daß es keine Lebensfragen mehr gibt, die sie nicht selbst beantworten könnten.

»War alles nur ein Traum?« wundert sich eine Kandidatin. »Vielleicht ist es gar nicht wirklich passiert.«

Wir antworten: »War es nur ein Traum? Oder ist es wirklich passiert?«

»Wenn es ein Traum war, welche Bedeutung hat er dann?«

Wir geben die Frage an sie zurück: »Was meinen Sie, welche Bedeutung er hat?«

»Ach, es gibt so viele Möglichkeiten, ihn auszulegen.«

»Also gut, was ist denn das Hauptthema Ihres Schwellentraums?«

»Es ging um eine Frau, die mit ihrem Leben auf dem Lande überaus glücklich war. Sie hatte das Gefühl, daß sie dort hingehörte, daß sie endlich ihren Platz gefunden hatte.«

»Wie kam sie zu diesem Schluß?«

»Viele Dinge überzeugten mich davon. Eine Eidechse krabbelte an meinem Stiefel hoch und sagte: ›Willkommen, Schwester!‹ Ein Königsvogel setzte sich jeden Morgen in den Busch neben mir und sang immer das gleiche Lied: ›Alles Gute! Alles Gute! Alles Gute!‹ Die Sonne streichelte mich mit ihren heißen Händen und verbrannte mir die Haut. Die Erde schenkte mir ein Bett für meinen Körper und bescherte mir Kratzer und blaue Flecke, doch sie waren wie Küsse. Der Wind blies durch mich hindurch und reinigte mich von allen Giften. Ich legte meine Kleider ab und lief herum wie eine Tochter der Göttin. Ich fand heraus, daß ich keine Angst vor der Dunkelheit hatte. Bei Nacht sangen der Mond und die Sterne für mich. Überall, wo ich hinging, fühlte ich mich zu Hause.«

»Gut. Sind Sie dort draußen irgendwelchen Ungeheuern begegnet?«

»Ach, Sie meinen, außer meinem früheren Ehemann? Ja, ich dachte viel über meinen jüngsten Sohn nach, der noch immer in der Jugendstrafanstalt ist. Ich dachte viel über die Menschen nach, die ich auf diese *oder jene Weise verletzt habe. Ich wurde sehr traurig bei dem Gedanken daran, was die Menschen der Erde antun. Ich bin zwei Tage herumgelaufen und habe mich dabei so einsam, gottverlassen und unzulänglich gefühlt, daß ich den Wunsch hatte zu sterben. Ich möchte nicht ohne Liebe alt werden.« Sie fängt an zu weinen.*

»Wie sind Sie mit den Ungeheuern umgegangen?«

Sie seufzt und unterdrückt das Schluchzen. »Ich bat viele Leute um Vergebung. Ich betete zu Gott, mir dabei zu helfen, es in Zukunft besser zu machen. Ich erkannte, wie ich mit meinem Sohn umgehen muß. Ich wurde mir darüber klar, daß ich es nicht zulassen durfte, daß mich die Lebensbedingungen von meinem eigentlichen Weg abbringen; daß es mir keinenfalls gut tut, wenn ich mich ganz in meinen Haß vergrabe. Das blockiert mich nur. Wenn ich also schon das Lieben lernen muß, so kann ich gleich mit mir selbst, meinem Sohn und vielleicht meinem Exmann anfangen.«

»Was haben Sie im Spiegel der Natur gesehen?«

»Tja, eine ganze Reihe von Dingen. Erst einmal traf ich diesen verrückten Ziesel, ein mit dem Eichhörnchen verwandtes Nagetier. Ja wirklich, einen Ziesel. Er war dabei, ein Loch zu graben und schob die Erde solange heraus, bis ein ganzer Berg von Erde entstanden war. Ab und zu steckte er auch seine kleine Nase heraus und sah sich um, ob auch keine Gefahr drohte. Dann grub er wieder weiter. Er war sehr hartnäckig, ein guter Arbeiter. Ich hätte nie gedacht, daß ich in diesen Wüstenbergen einem Ziesel begegnen würde. Der Boden schien so hart zu sein. Was gab es da schon für ihn zu essen?«

»Was sagte der Ziesel zu ihnen?«

»Na ja, es war mehr so ein Gefühl. Aber er schien mir sagen zu wollen, daß ich ihm in gewisser Weise ähnlich sei. Ich bin sehr hartnäckig, wenn es darum geht, dieses Loch weiterzugraben, das heißt, mir ein Zuhause aufzubauen, meinen Platz zu finden. Auch

dort, wo der Boden sehr hart ist und es nicht viel zu essen gibt.«

»Was haben Sie außerdem noch gesehen?«

»Aus irgendeinem Grund schien mir meine Großmutter sehr nahe zu sein. Ich dachte die ganze Zeit viel über sie nach. Einmal war ich fast sicher, daß sie hinter mir saß. Ich drehte mich um, aber es war nur ein großer Stein.«

»Was ist so wichtig an Ihrer Großmutter?«

»Sie ist die Mutter meiner Mutter. Sie hat viele harte Zeiten durchgemacht, als sie von Westkansas nach Kalifornien übersiedelte. Ihre Farm fiel einer Dürre zum Opfer, und sie mußten umziehen, mit sechs Kindern und dem ganzen Krempel, an einen Ort in der Nähe von Fresno. Sie war eine starke Frau, eine starke und liebevolle Mutter, geduldig und ausdauernd. Alle ihre sechs Kinder gingen aufs College. Sie war immer meine Lieblingsgroßmutter.

»Was hat sie zu Ihnen gesagt?«

»Nichts. Sie war einfach nur da. Ich glaube, als sie da war, erinnerte ich mich an meine Kindheit, als ich noch ein kleines Mädchen war und in Sacramento aufwuchs.«

»Können Sie sich vorstellen, daß sie für Sie zu einer Art Geistführerin oder inneren Beraterin in schlimmen Zeiten werden könnte?«

Sie lächelt auf eine Art und Weise, die wahrscheinlich der ihrer Großmutter sehr ähnlich ist. »Ich glaube, man könnte sagen, ich habe für sie gefastet. Ich habe sie mir verdient.«

»Wo fanden Sie Ihre Zauberkraft?«

»Zauberkraft? Tja, ich hielt eine Zeremonie ab. Ich machte ein kleines Feuer und verbrannte den Teil meiner Vergangenheit, den ich hinter mir ließ. Dann nahm ich die Asche und streute sie in und um meinen Bestimmungskreis herum. Ich gab sie an die Erde zurück. Ich weiß, daß ich meine Vergangenheit nicht einfach so verbrennen kann. Sie hat mich zu der

gemacht, die ich heute bin. Ich wollte nur zeigen, daß ich sie nicht mehr länger brauche. Beim Verbrennen der einzelnen Gegenstände, die ich vergessen wollte, bat ich um Vergebung. Und ich sagte: ›Jetzt ist es an der Zeit, nach vorn zu gehen und dich zurückzulassen.‹ Ich fühlte mich, als ob eine große Last von mir abfiele. Tja, das war Zauberkraft. Aber es gab noch viele andere magische Elemente.«

»Welche Geschenke haben Sie für Ihre Gemeinschaft mit zurückgebracht?«

Sie denkt über diese Frage eine Weile nach, um die richtige Antwort zu finden. »Für mich ist es die Entscheidung, meine Arbeit bei der Versicherung an den Nagel zu hängen. Sie hängt mir zum Hals heraus. Ich habe bisher absolut nichts getan, um meinem Bedürfnis nach sinnvoller Arbeit in meinem mittleren Alter genüge zu tun. Schon seit langem interessiere ich mich für die Arbeit in einem Rehabilitationszentrum. Ich glaube, nach meiner Rückkehr werde ich mich ernsthaft um eine Ausbildung dort kümmern. Aber es gibt da auch noch ein paar Punkte, die ich mit meinen Kindern ins reine bringen muß, besonders mit meinem Jüngsten.«

»Was haben Sie sonst noch aus Ihrem Traum mitgebracht?«

»Traum? Wer hat denn von einem Traum geredet? Mir tut immer noch der Hintern weh vom langen nächtlichen Sitzen in meinem Bestimmungskreis! Die Stunden waren wie eine Ewigkeit. Ich glaubte schon fast nicht mehr daran, daß der Morgen jemals kommen würde. Alles war wirklich. Das Gefühl der Einheit mit der Erde war wirklich. Der Ziesel war wirklich. Meine Großmutter war wirklich. Mein knurrender Magen war wirklich. Meine Einsamkeit war wirklich. Ich habe das wirklich gemacht. Ich habe diese Sache ganz allein überstanden!«

So also verläuft eine »Integrations-Session« in etwa. Natürlich konnten hier nur skizzenhafte Beispiele aufgezeigt werden. Es versteht sich von selbst, daß der Tenor solcher Sitzungen im allgemeinen positiv, optimistisch und wohltuend für alle Beteiligten sein sollte. Man beachte die Fülle an Quellen, aus denen die Kräfte der Selbstachtung geschöpft werden können. Hier haben wir es mit einer typischen Heldin zu tun, die auch harte Zeiten überstehen wird und die die Schönheit in der Welt um sich herum erkennt. Sie ist tapfer, einsam, bereit, ihr Leben zu verändern und sich dem Risiko einer neuen Lebenssituation zu stellen. Das heißt jedoch nicht, daß sie nicht menschlich ist, unter Schuldgefühlen leidet, Wut und Bedauern empfindet. Das Hauptthema ihrer Prüfung ist jedoch auch durch diese Schatten hindurch noch erkennbar. Sie wird durch den Sumpf der tiefsten Verzweiflung und den Wald der Schuld heil hindurchkommen. Ihre Großmutter wird sie als Freundin und Führerin begleiten. Sie wird ihren Platz auf Erden finden. Sie wird einen Weg finden, um ihrer Gemeinschaft zu dienen. Ihr Leben wird keine Geschichte über Unglück und Niederlage sein.

Nicht jeder steht den Übergang durch. Es gibt immer Menschen, die die Prüfung aus diesem oder jenem Grunde abbrechen. In jedem Fall sind ihre Gründe berechtigt und ausreichend, wenigstens für sie selbst. Ein Mann kommt zurück, weil er zwei Tage lang rasende Kopfschmerzen hatte und sich schließlich davon überzeugt hat, daß es nicht psychosomatisch ist. Eine Frau steigt aus, aber nicht weil es, ihrer Aussage nach, zu hart gewesen wäre. Sie hatte einfach die Aufgabe, die sie sich gestellt hatte, erfüllt und sah nun keinen Grund mehr, sich noch länger in der Schwellenwelt aufzuhalten. Eine andere Frau hört mit dem Fasten auf, weil sie eine Blasenentzündung hat. Ein Mann kommt wieder zurück, weil er es nicht mehr länger allein mit sich selbst aushält in dem Wissen, daß sein Vater im Sterben liegt und er ihm noch nicht gesagt hat, wie sehr er ihn liebt. Ein anderer Mann kommt zurück, weil der Übergangsritus, von dem er überzeugt war, daß er für ihn richtig sei, sich plötzlich als völlig ungeeignet für ihn herausstellte.

Eine junge Frau kehrt zurück, weil sie ihre Amphetamine abgesetzt hat und sich daraufhin furchtbar schlecht und nervös fühlt. Ein junger Mann kehrt zurück, weil ihn nach seiner Aussage ein riesiger Skorpion von unter einem Felsen heraus ansprang und er daraufhin ausrutschte und vom Felsen fiel (wobei er sich fast das Genick brach). Eine ältere Frau kommt zurück, weil sie eine große Blase an ihrem Zeh hat, die ihrer Meinung nach möglicherweise entzündet ist.

Welche Vorbehalte wir auch immer gegenüber den von den Initianden angeführten Gründen für ihre Rückkehr haben, wir sollten nie von einem Mißerfolg sprechen. Es gibt keinen Mißerfolg, wenn ein Mensch sich selbst im Spiegel der Natur wahrnimmt. Es gibt nur einen endgültigen »Mißerfolg«, das stimmt – wenn wir schließlich zur Großen Mutter zurückkehren, die uns das Leben geschenkt hat. Aber vielleicht ist es ja auch ein Erfolg. Bis zu diesem Zeitpunkt jedoch ist jeder kleine Rückschlag nur ein Schritt auf dem Weg, die Vorbereitung auf den letzten Schritt. Und wer denken wir eigentlich, daß wir sind, wenn wir solche Rückschläge Mißerfolge nennen? Schließlich sind nicht wir es, die zurückgekommen sind. Wir können nie in vollem Umfang verstehen, was den Kandidaten zu seiner Entscheidung bewogen hat, die Initiation abzubrechen. Wie unser alter Indianerlehrer immer sagt: »Es ist nicht eure Sache, zu entscheiden, wer ein Erfolg und wer ein Mißerfolg ist. Dafür sind Mutter Erde und der Große Schöpfer zuständig.«

Diejenigen, die früher zurückkommen, sind jedoch ausnahmslos mit sich selbst unglücklich, auch wenn ihre Gründe völlig legitim erscheinen. Es gibt nichts, was die Hebamme sofort dagegen tun könnte. Es ist gut, sie erst einmal in ihrem tiefsten Schmerz allein dasitzen zu lassen, wenn es das ist, was sie anscheinend wollen. Nach einer gewissen Zeit werden sie sich dann an die Hebamme um Rat wenden. Die meisten werden ihr ehrlich erzählen, daß sie sich nur halb geboren fühlen, abgetrieben, verwirrt, tief enttäuscht und wütend auf sich selbst. Andere werden sich selbstgefällig verhalten und Selbstverherrlichung zur Schau stellen, um ihre tiefen Ängste zu verschleiern, daß sie sich doch vielleicht allzu leicht aus dieser Sache herausgestohlen haben. Wieder andere kommen zurück, geben allen und jedem die Schuld, nur nicht sich selbst, und spielen das Opfer, das zu Recht empört ist. Egal auf welche Art und Weise sie ihre Enttäuschung verbergen, die Hebamme läßt sich in ihrer Arbeit dadurch nicht beirren. Und ihre Arbeit besteht darin, die gute Medizingeschichte in diesem Abenteuer oder Unglück herauszufinden und sie den Kandidaten zurückzuspiegeln, damit sie etwas daraus lernen, wachsen und sich ein zweites Mal auf den Ritus vorbereiten können.

Die Umsetzung der Vision

Im allgemeinen kehrt der Kandidat mit strahlenden Augen zurück. Er ist am Heiligen Fluß gewesen und hat gesehen, was er gesehen hat. Sein ganzes Wesen bebt noch von den Offenbarungen der Morgendämmerung. Oft erzählt er dem Waschbären ganz unglaubliche Geschichten: »Ein Adler ist in meinem Bestimmungskreis gelandet.« »Ich sah überall blaues Licht und spürte die Anwesenheit von mystischen Wesen.« »Ein Kojote kam zu mir her und sprach mit mir.« »Ich hatte eine große Vision von einer Welt in Frieden.« »Ich träumte von Regenbogenpferden, die im Kreis um mich herumtanzten.« Dann sind da noch die wenigen, die ganz geknickt zurückkommen und behaupten, von der göttlichen Gunst nicht beachtet worden zu sein: »Nichts ist passiert.« »Gott hat nicht zu mir gesprochen.« »Ich habe keine bedeutsamen Begegnungen mit Tieren gehabt.« »Ich bin in meinem Bestimmungskreis eingeschlafen und habe die Offenbarung verpaßt.« »Ich habe keinen Medizinnamen bekommen.« »Ich weiß immer noch nicht, was ich mit meinem Leben anfangen soll.«

Viele haben eine »Vision« – oder behaupten, sie nicht zu haben. Es gibt wenige, die etwas anderes tun, als über sie zu reden. Worte, nur Worte. Welche Macht haben sie schon, ohne die tatsächliche Umsetzung der Vision in die *Praxis*? Es gibt viele, die reden, aber wenige, die handeln. Und was ist mit denjenigen, die behaupten, keine Vision erfahren zu haben, die jedoch tagtäglich mit visionärer Arbeit zu tun haben? Es muß ganz klar sein, daß eine Vision nicht nur etwas ist, worüber man spricht. Eine Vision ist nicht nur irgend etwas, von dem man behaupten kann, es gehabt oder nicht gehabt zu haben.

Anstatt »Vision« im engeren Sinne zu definieren, sollte man damit eher eine Handlung oder Ausführung verbinden oder Anzeichen auf die Auswirkung der Vision auf den Kopf und das Herz von anderen. »Wo keine Offenbarung ist, wird das Volk wild und wüst«, warnen bereits die Propheten des Alten Testaments. (Spr. 29.18)[106] Die Vision, die sie damit meinten, hatte wenig zu tun mit »high-machenden« Medizingegenständen oder Trugbildern unserer Phantasie, und sie beschrieben damit auch nicht die mystischen Erleuchtungen des Eremiten, der die ganze Welt hinter sich gelassen hat. Die Propheten sprachen von der Vision, die die Muskeln des Körpers und den Verstand jeden Tag aufs neue mit Willenskraft erfüllt. Sie sprachen nicht von Zwischenspielen übersinnlicher Feuerwerke. Vision ist das, was uns nie mehr verläßt, egal wie sehr wir versuchen, vor ihm davonzulaufen und es zu vergessen. Es ist persönliche Überzeugung umgesetzt in Handlung. Es ist ein Sendungsbewußtsein in der Vollendungsphase. Es ist der in der Arbeit ausgelebte Mythos. Es bedeutet, zu praktizieren, was wir predigen.

Den Topf am Brodeln halten

Es gibt keine Möglichkeit für eine Hebamme, sich dem ziemlich engen Kontakt mit den Kandidaten in der Wiedereingliederungsphase noch Wochen nach der Rückkehr zu entziehen. Dieser weiterbestehende Kontakt kann ihr lästig werden, wenn es ihr nicht gelingt, die Aufmerksamkeit der Kandidaten von ihr weg- und auf verschiedene andere Arten von Aktivitäten hinzulenken, die sie in ihrer Bestimmung und Vision bestärken. Wieviel Hilfestellung nötig ist, ist von Mensch zu Mensch verschieden. Die meisten Neuinitiierten schaffen den Übergang in ihre neue Arbeit, Ehe, Wohn- oder Lebenssituation ohne allzu große Schwierigkeiten. Diese ausgeglichenen Seelen kommen vielleicht einmal vorbei, um sich zu bedanken, doch nur selten erwarten sie therapeutische Hilfe. Eine nicht zu unterschätzende Minderheit will aus verschiedenen Gründen mehr. Ihre Suche in der Wildnis hat in ihnen den Hunger nach mehr Abenteuern im Hinblick auf ihr geistiges Wachstum geweckt.

Es gibt unzählige Aktivitäten, die den Topf der Maus am Brodeln halten können. Aber es ist nicht die Aufgabe des Waschbärs, Probleme zu lösen. Das würde den »therapeutischen Zielen« der Visionssuche in der Wildnis widersprechen. Er kann Hinweise geben und Vorschläge machen, aber er ist eine Hebamme und kein Babysitter. Kommt es zu einer Krise und der Kandidat muß sofort etwas unternehmen, so kann der Waschbär ihm beispielsweise vorschlagen, sein Problem mit auf eine »Medizinwanderung« zu nehmen und danach zu ihm zurückzukommen, um mit ihm darüber zu reden.

Das beste Mittel zur Wiedereingliederung, das es überhaupt gibt, ist in jedem Fall die »Selbsthilfe« im Gegensatz zur »Abhängigkeit von anderen«. Ist die Person stark und bereit, so wird sie sich auch auf geeignete Weise wieder eingliedern. Was heute jedoch als »geeignet« erachtet wird, ist nur noch ein schwacher Abklatsch dessen, was nach den alten Praktiken der Sanktion und formellen Bestätigung als geeignet erachtet worden wäre.

Der Bestimmungskreis

Als vorgestelltes oder visualisiertes Gebilde ist der Bestimmungskreis ein effektives Instrument zur Selbsthilfe. Die Erinnerung an diesen Sterbeplatz auf der Schwelle ist in Körper und Geist des Suchenden gespeichert. Der Kreis wird ihn begleiten, wo immer er hingeht und so lange er möchte. Wenn er seine erdverbindende Kraft benötigt, kann er sich wieder darin vorstellen, und schon ist er wieder allein und hungrig in der dunklen Stille dieser Schwellenwelt zwischen Himmel und Erde und balanciert auf dem Todpunkt der Kräfte der Richtungen.

Verwirrte Menschen können mit Hilfe gelenkter Vorstellungen zu ihrem Todeskreis zurückkehren, dort den verlorenen Faden wieder aufnehmen und das Gleichgewicht und die

Schubkraft ihrer Bestimmung von neuem erfahren. Sie können dort Fragen stellen oder beten und erhalten Antworten, die im Einklang mit ihrem innersten Wesen sind. Wie ein in sechs Richtungen ausgerichteter Kokon, eignet sich der Kreis bestens für die tägliche Meditation. Mit der Zeit werden viele Einzelheiten des Kreises verblassen, aber ein Grundmuster wird stets übrigbleiben. Nach und nach wird dieses Muster symbolische und mythische Dimensionen annehmen, und die Steine des Kreises werden zu Rubinen, Diamanten oder astralen Lichtpunkten. Oft erweitert sich die Bedeutung des Kreises zu der eines Immunsystems, einer Schutzblase oder einer feinstofflichen Körperhülle oder Aura. Jahre nach ihrer Rückkehr von der Schwelle geben viele an, daß sie ihren Bestimmungskreis auf diese Weise nutzen.

Einen Kraftort finden

Die Vision wird jedoch nicht anhalten, wenn sie nicht in regelmäßigen Abständen im Garten der Natur erneuert wird. Der Mensch muß immer wieder dorthin zurückkehren, um mit den Tieren, Geistern oder den Einflüssen, die das Empfinden seiner »Medizin« ausmachen, zu kommunizieren und von ihnen zu lernen. Er braucht deshalb einen »Kraftort« in der Nähe seines Wohnorts, an den er sich allein zur Regeneration und Heilung zurückziehen kann. Abgelenkt von seinen scheinbar unverschiebbaren Terminen und täglichen Verpflichtungen, vergißt er leicht, daß es diese einfache Methode der Erneuerung gibt. Leute, die wenig Zeit zur Verfügung haben, sollten ihre Ausflüge in die Natur schon Monate im voraus offiziell einplanen. Sind diese Ausflüge einmal zu einem integralen Bestandteil des Lebens geworden, fiebert man meist mit großer Ungeduld auf sie hin.

An diesem Kraftort verhält sich die Person ganz nach Belieben. Wenn sie sich daran erinnert, daß dieser Ort ein Spiegel ihrer Wahrnehmungen ist, wird sie dort immer etwas Neues dazulernen. Das Ich wird dem Selbst begegnen und ständig ermutigt werden, auf dem begonnenen Pfad weiterzugehen.

Und ich erspür
Ein Etwas, das mich durch die Freude hoher
Gedanken tief bewegt: erhabner Anhauch
Von etwas, das viel tiefer untermischt ist,
Behaust im Lichte untergehnder Sonnen,
Im Ozean und der lebendigen Luft,
Im Himmelsblau und im Gemüt der Menschen: . . .[107]

Wordsworth, *Tintern Abbey*

Einen Lehrer finden

Eine Aufgabe der Hebamme besteht darin, den neu Initiierten gute Bücher über Themen wie Übergangsriten, Initiationserfahrungen, schamanische Techniken, primitive Riten und Symbole oder indianische Praktiken finden zu helfen. Das Interesse für diese Thematik ist eine natürliche Reaktion auf die tiefgreifende, lebensverändernde Erfahrung der Visionssuche. Der Initiierte wird sich von Menschen angezogen fühlen, die angeblich den Weg kennen, der über den Fluß hinaus zu den Heiligen Bergen führt.

Jeder durch einen Übergangsritus Initiierte, der sich nach einem »Medizinlehrer« umschaut, wird sich jedoch in einem Zwiespalt befinden. Hat die Schwellenerfahrung ihn nicht gerade gelehrt, daß er diese Medizin selbst besitzt? Andererseits ist der Wunsch, tiefer in die Materie einzudringen, so stark, daß er ihm nicht widerstehen kann. Wenn er seine eigene Fähigkeit, seine Lebensfragen zu beantworten, nicht abschätzen kann, wird er sich womöglich auf »Guru-Suche« begeben, die von fragwürdigem Wert für ihn sein kann. Es gibt zwei Arten von »Guru-Suchenden«: diejenigen, die einen Guru suchen, weil sie ohne ihn nicht leben können, und diejenigen, die einen Guru suchen, weil sie stark genug werden wollen, um ohne ihn auszukommen. Die folgenden Bemerkungen richten sich an den zweiten Typ. Die Suchenden des ersten Typs brauchen sich nicht zu überlegen, wie sie wohl einen guten Guru finden können. Sie werden ihn instinktiv finden.

Gute Lehrer müssen sorgfältig ausgewählt werden. Sie haben ihre menschlichen Schwächen wie jeder von uns. Manche neigen weniger dazu, ihre Schüler zu manipulieren oder ihnen zu schaden als andere. Manche entsprechen mehr dem, was sie vorgeben zu sein, andere weniger. Man sollte auf jeden Fall den Fluß auf unter dem Wasser verborgene Baumstümpfe untersuchen, bevor man ins kalte Wasser springt. Ein guter Schüler schreit nicht aus dem Sumpf um Hilfe, den er für ein Badeloch hielt.

Mit Vorsicht sind vor allem diejenigen zu genießen, die sich in der Öffentlichkeit als wahre Gurus, Medizinmänner, Hexenmeister, Heilige und so weiter verkaufen. Vorsicht vor Jahrmarktschreiern und Schlangenöl! Könnten sich nicht gerade unter denen, die behaupten, die Größten zu sein, ein paar verbergen, bei denen der *Wunsch* der Vater des Gedankens ist? Kann es nicht sein, daß diejenigen, die wirklich das sind, was sie vorgeben, besseres zu tun haben, als ständig ihre geistige Größe zur Schau zu stellen? Es ist doch wohl klar, daß die *wirklichen Lehrer* diejenigen sind, die etwas *tun*, die ihre Vision leben im Angesicht der Menschen. Und stets sind diese wirklichen Lehrer mit ihrer Arbeit beschäftigt. Warum sollten sie auf ein paar »Guru-Sucher« warten, die bei ihnen auftauchen und sie von der Arbeit abhalten.

Wie aufgebläht ist das Ego des Lehrers? Behauptet er, sein Weg sei der einzig wahre, und verurteilt er alle anderen Wege, besonders diejenigen, die seinem eigenen sehr ähnlich sind? Ein häufig zu beobachtender Charakterzug der selbsternannten Schamanen ist ihre Intoleranz gegenüber anderen Schamanen. Passen Sie auf, daß Sie nicht zwischen die Fronten solcher Schamanen geraten oder Abneigungen und Vorurteile Ihres Lehrers übernehmen. Der wahre Schamane schreitet aktiv auf dem »Pfad des Regenbogens«, indem er den weißen Mann in die Schwitzhütte läßt, den schwarzen in die Synagoge, den roten in die Kathedrale und das »Mischblut« in den Tempel der »Reinrassigen«. Er führt keinen Krieg gegen andere Schamanen. Er ehrt ihren Pfad und versucht, mit ihnen auf eine Linie zu kommen, wenn es um die Förderung des allgemeinen Wohlergehens ihrer Gemeinschaften und der Erde geht.

Vorsicht vor Lehrern, die selbstgerecht von sich behaupten, ohne Fehl zu sein. Sie sind leicht auszumachen, obwohl es einige wenige gibt, die einen seligen, transzendenten Zustand erreicht haben. Hingegen gibt es viele, die aufgeplustert wie Pfauen einherstolzieren, in Wirklichkeit jedoch nur ganz normale Hühner sind. Vorsicht auch vor Pharisäern, die in ihrer »puritanischen« Art immer genau wissen, wie man eine Zeremonie richtig abhält, wie man richtig betet und wie man sich in der Kirche oder Schwitzhütte richtig verhält. Diese Typen haben viele Leichen im Keller.

Was einen guten Medizinlehrer ausmacht, ist die Tatsache, daß er sich nicht versteckt. Er ist der, der er vorgibt zu sein. Er gibt sich nicht als Muster der Perfektion aus oder gar als Experte. Einer unserer liebsten Lehrer sagt von sich selbst, er sei ein »altes Arschloch von Indianerdoktor«. Er hat uns gebeten, seinen Namen hier zu verschweigen. »Medizingespräche« sind seiner Ansicht nach »Scheißdreck«. Er ist der Meinung, er habe in seinem Leben schon genügend verrückte Dinge getan, mit denen er sich den Spitznamen »Altes Arschloch« verdient habe. Er ist sehr echt und seiner Vision äußerst treu.

Ausgeglichenheit gehört zu den Hauptmerkmalen eines guten Lehrers. Hat er in seinem Leben ein Gleichgewicht gefunden zwischen seinem Verstand und seiner Intuition, dem Alleinsein und dem Leben in Gesellschaft, der Zivilisation und der Natur, seiner männlichen und seiner weiblichen Seite, dem Heiligen und dem Profanen? Wird sein Leben und das der Menschen um ihn herum gestärkt durch seine Verbindung zu den Kräften der sechs Richtungen? Frauen sollten sich vorsehen vor männlichen Lehrern, die sexuell nicht ausgeglichen sind. Dasselbe gilt für Männer in bezug auf weibliche Lehrer. Egal welches Geschlecht oder welche sexuelle Neigung der Lehrer hat, um ein guter Lehrer zu sein, muß er in solchen Dingen Professionalität, fürsorgliches Verhalten und Selbstdisziplin an den Tag legen. Er sollte großen Respekt vor dem Lehrer-Schüler-Verhältnis haben und nicht dazu neigen, Vorteile daraus zu ziehen.

Will man zu einem Meister »in die Lehre gehen«, so sollte man zunächst einmal mit ihm über die Bedingungen sprechen.

Der Schüler muß vielleicht hartnäckig sein, doch sollte er die Zeit und Energie des Lehrers auch nicht überbeanspruchen. Wird er zur »Lehre« zugelassen, so sollte er sich genau darüber im klaren sein, was von ihm erwartet wird. Und er sollte dann versuchen, die Bedingungen des Übereinkommens nach bestem Wissen und Gewissen zu erfüllen, und auch ungewöhnliche Dinge tun, um mit gleicher Münze zurückzuzahlen, was ihm gegeben wurde.

Ein guter Schüler hört aufmerksam zu und tut, was ihm sein Lehrer sagt. Er sollte keine Angst haben oder zu stolz sein, Fragen zu stellen oder begriffsstutzig und dumm zu erscheinen. Er sollte ernsthaft über die ihm erteilten Lehren nachdenken. Er sollte versuchen, seine wirkliche Identität nicht hinter einer Maske zu verstecken. Zweifellos sollte er sich auch weiterhin auf seine Wahrnehmungen und intuitiven Gefühle verlassen, doch sollte er während seiner Lehrzeit trotzdem bereit sein, auf die Stimme seines Lehrers zu hören. Das Bewußtsein, das im Hintergrund wacht und beobachtet, wird ihm sagen, wann die Lehrzeit zu Ende ist. Auch der Lehrer wird wissen, wann es genug ist.

Ein anderes Merkmal, an dem man einen guten Medizinlehrer erkennen kann, ist seine Einstellung in bezug auf den Freiraum, den seine Schüler brauchen, um ihren eigenen Weg zu gehen. Wenn er sich freut, daß die Lehrzeit nun zu Ende ist, und die weitere Lebenssuche seines Schülers anerkennt, kann er so schlecht nicht sein. Will er dagegen den Schüler als ständigen Diener an sich binden, dann hat der Schüler allen Grund sich zu fragen, ob die Vision seines Lehrers etwas taugt.

Die materielle Entschädigung für Unterweisungen von Medizinlehrern und Schamanen kann auf verschiedenste Weise erfolgen, je nachdem, was dem Lehrer am liebsten ist. Viele traditionelle Lehrer nehmen neben anderen Formen von Geschenken wie Nahrungsmitteln, Decken, Tabak und Schmuck auch Geld an. Der Schüler kann den Lehrer auch durch Arbeit oder sonstige Fertigkeiten entschädigen. Letztendlich wird kein Lehrer, der etwas auf sich hält, einen würdigen Kandidaten abweisen, nur weil er nicht voll bezahlen kann. Doch sollte der Schüler nie versuchen, diese Tatsache auszunutzen, sondern jeden Versuch unternehmen, seinen Mentor auf geeignete Weise zu entschädigen.

Mehrmalige Visionssuche

Es ist, als ob machen Initiierten ein Floh ins Ohr gesetzt worden sei. Sie sind sicher, daß es für sie noch mehr zu lernen gibt, wenn sie noch einmal hinausgehen. Sie sind der Meinung, sie könnten die Schwelle dieses Mal besser vorbereitet überschreiten und mit vernünftigeren Erwartungen. Vielleicht können sie den Preis, den sie beim ersten Mal nur flüchtig zu Gesicht bekommen haben, dieses Mal gewinnen. Vielleicht fühlen sie sich ja auch zur Hebamme berufen und wollen sich durch Erfahrungen mit Übergangsriten ausbilden.

Die mythologische Literatur quillt über von Berichten über Heilige und Helden, die immer wieder zur heiligen Schwelle zurückkehrten, um sich zu regenerieren oder die Vision zu erlangen, der sie auf der Spur waren. Schwarzer Hirsch berichtet von dem Bedürfnis des jungen Mannes, zu seinem Kraftort zurückzukehren und um *Wakan* zu flehen:

> *Dieser junge Mann, der zum ersten Mal um ein Gesicht gefleht hat, wird vielleicht ein heiliger Mann. (...) Aber er muß ein zweites Mal nach einem Gesichte rufen, und dabei werden ihn die bösen Geister versuchen; doch wenn er wirklich ein Auserwählter ist, wird er fest bleiben, alle ablenkenden Gedanken überwinden und von allem Unguten geläutert werden. Dann wird er wohl irgendein großes Gesicht erlangen, das dem Stamme Kraft verleiht. Sollte er nach seinem zweiten Flehen immer noch im Zweifel sein, so darf er es ein drittes oder gar ein viertes Mal versuchen; und wenn er stetsfort ehrlich ist und sich vor allen Dingen demütigt, so wird ihm sicherlich geholfen werden, denn der Große Geist hilft denen immer, die reinen Herzens nach ihm rufen.*[108]

Wir selbst begeben uns einmal im Jahr zu einem Fastenritus in die Berge in der Nähe unseres Zuhauses. Wir betrachten es nicht mehr als eine Prüfung, sondern als Heimkehr. Über die Jahre hat das Hin- und Herbewegen zwischen Wildnis und Zivilisation diese beiden Stoffe zu einem verwebt. Die Geister und Mächte, die uns beim ersten Mal in der Wildnis erschienen, kommen jetzt in unseren Familienkreis. Die Grazien und Musen, die früher unser Zuhause beseelten, helfen uns nun in der Wildnis. Mit der Zeit lernen wir, den Tanz der zwei Welten zu beherrschen.

Wir wurden von Leuten, die sich noch einmal auf die Suche machen wollten, gefragt, ob es ratsam sei, allein zum Heiligen Fluß zu gehen und ohne Überwachung oder Unterstützung durch das Basislager zu fasten. Wir raten dringend von solchen Einzelexpeditionen ab. Der einzelne läuft viel mehr Gefahr, nicht mehr zurückzukehren. Wenn er sich beispielsweise ein Bein bricht oder einen Herzanfall bekommt, ist niemand da, der ihm helfen könnte. Und wenn niemand genau weiß, wo er sich aufhält, wird auch niemand kommen, um nach ihm zu suchen. Traditionelle Übergangsriten hatten noch nie etwas mit Leichtsinn zu tun. Immer ging irgend jemand mit dem Initianden mit, wußte genau, wo er war, und war zur Stelle, wenn er Hilfe benötigte. Wenn sich jemand entschließen sollte, sich ohne professionelle Überwachung allein auf die Suche zu begeben, sollte er auf jeden Fall einen Freund oder einen anderen Suchenden mitnehmen, der ihm im Notfall zur Seite steht.

Der vorhersehbare Sturz

Springende Maus lebte wieder unter seinem Volk, aber er konnte seine Vision von den Heiligen Bergen nicht vergessen. (...) Die Erinnerung brannte im Geist und im Herzen von Springende Maus ...[109]

Storm, *Sieben Pfeile*

Was wird Springende Maus tun, nun, da er die Heiligen Berge gesehen hat? Es ist fast so, als sei er von Gott auf eine besondere Art und Weise gezeichnet worden, die ihn anders macht als alle anderen. Vielleicht hätte er gar nicht springen sollen. Er merkt erst jetzt, was für eine schwierige Aufgabe der Frosch ihm stellte, als er sagte: »Geh also. Kehre zu deinem Volk zurück (...) Behalte das Geräusch des Medizinflusses in deinem Rükken.«[110] Zuerst brannte er darauf, seine Mäusebrüder wiederzusehen. Und nun ist er sich nicht einmal mehr sicher, ob er mit ihnen leben möchte.

Die uns nur allzubekannte Übermacht der zivilisierten Welt erfüllt den zurückgekehrten Pilger mit Zweifeln. Jetzt muß er wieder Auto fahren, seine Karte in die Stechuhr stekken, Termine einhalten, für die Familie sorgen, das Haus putzen, das Geschirr spülen und die Wäsche waschen, Geld einzahlen und abheben, ans Telefon gehen, den Knopf drücken, den Tank auffüllen, die Spülung der Toilette betätigen. Wie tiefgreifend sich sein Gefühl für sich selbst auch geändert haben mag, er hängt doch immer noch an der Brust von Mutter Zivilisation.

Dreht er all dem voller Abscheu den Rücken, so ist er verloren. Er muß sich mit den anderen auseinandersetzen. Aber dieses Muß laugt ihn aus, bedeutet ein Abfallen von der Vision, einen vorhersehbaren Rückschritt.

> *Das Problem aber ist nun, diese kosmische Perspektive angesichts unmittelbar, am eigenen Leibe, erfahrener irdischer Lust und irdischen Schmerzes zu bewahren. Der Geschmack der Früchte, die sich der zeitlichen Erkenntnis darbieten, zieht den Blick des Geistes von der Mitte des Äons ab und lenkt ihn auf die periphären Krisen des Augenblicks. Das Gleichgewicht der Vollkommenheit geht verloren, der Geist wankt und der Held stürzt.*[111]
>
> Campbell, *Der Heros in tausend Gestalten*

Zwangsläufig kommt die Zeit, wo unser Held plötzlich merkt, daß er den Lichtschalter betätigt hat, ohne den Sonnenuntergang wahrgenommen zu haben. Er könnte sich die Haare raufen, weil er so vergeßlich war, so unaufmerksam, so beschäftigt mit den Menschen, Problemen und Ereignissen. Er versucht sich an den Sonnenuntergang seiner Schwellenerfahrung zu erinnern, aber die Einzelheiten fallen ihm nicht mehr ein. Er beginnt sich zu fragen, ob alle wichtigen Erkenntnisse seiner Visionssuche in der Wildnis nun langsam immer schwächer werden. Im Laufe der Wochen findet er seine Ängste bestätigt. Er vergißt *wirklich* ziemlich viel – nicht nur die Einzelheiten, sondern auch die Heiterkeit, die Ekstase, die Energie und die Bestimmung. Er ist niedergeschlagen. Manchmal geht seine Niedergeschlagenheit über in Verzweiflung. Die Worte eines Suchenden sind charakterisch für den Zustand vieler:

> *Wieso kann ich mich an die Offenbarung nicht mehr erinnern? Wieso spüre ich die Freiheit nicht mehr? Wieso ist es einfach weg? Müssen wir immer und immer wieder in das Tal der Schatten zurückkehren? Zurückkehren? Nein! Hinabstürzen! Das Wort »zurückkehren« beinhaltet, daß es sich um eine bewußte Absicht handelt. Aber ich habe diesen Verlust meiner Vision, diesen Zweifel, diesen Abstieg keinesfalls beabsichtigt. Ich bin* gestürzt*! Es muß irgendeine Art spirituelle Schwerkraft geben. Es kostet soviel Energie, sich zu der Vision nach oben zu kämpfen! Soviele aufmerksame, folgsame und innovative Versuche bei den Zeremonien. Soviel Selbstprüfung. Soviele Prüfungen! Es kostet soviel Anstrengung, zu den erleuchtenden Einsichten und neuen Wahrnehmungen durchzubrechen. Und mit welcher Leichtigkeit stürzen wir wieder hinab, wenn die Suche vorüber ist und die Vision erlangt. Warum nur? Warum?*

Der vorhersehbare Sturz ist nötig. Die Vision muß von feindlichen Kräften auf die Probe gestellt werden, die ebenso mächtig sind wie die Kräfte, die sie entstehen ließen. Es wird erzählt, daß Mohammed mit einer Vision für sein Volk vom Berge Hira zurückkehrte. Doch dann überfielen ihn große Zweifel und Ängste, daß die Vision das Werk böser Geister gewesen sei. Nur mit der Hilfe eines nahestehenden Freundes und durch heroische Anstrengungen seinerseits gelang es ihm, seine Zweifel zu bezwingen.[112] Tatsächlich erlebt man dieses vorhersehbare Abfallen von der Vision nicht nur ein einziges Mal. In dem Maß, in dem Macht und Einfluß der Vision zunehmen, nehmen auch die Einflüsse zu, die sie nach unten ziehen möchten. Die Todesarten der gekreuzigten und verbrannten Heiligen sind ein Maß für die Macht ihrer Bestimmung.

Ist man einmal im Sumpf der Verzweiflung versunken, nimmt man das Leben nur noch aus diesen düsteren Tiefen wahr. Man neigt dazu, die Zeiten der Klarheit und Erleuchtung nicht mehr zu sehen. Wie leicht vergessen wir doch unsere Hochgefühle! Und wie leicht geben wir uns unseren Tiefs hin! Und bei all dem wissen wir doch stets, daß das Leben in Zyklen verläuft und einen bestimmten Rhythmus hat, daß jedem Aufstieg ein Abstieg folgt wie dem Tag die Nacht. Vielleicht ist es ja die Nostalgie, die uns überlistet, indem sie uns immer wieder an vergangene Hochgefühle erinnert, daß es unseren Herzen einen Stich versetzt und wir die Gegenwart nicht ertragen können. »Die Nostalgie ist der Feind des Kriegers«, sagte einmal einer unserer Lehrer, was dasselbe ist wie: »Derjenige, der seine Vision tatsächlich erfüllt, hängt nicht an der Vergangenheit.« Eine Vision ist ein sich ständig weiterentwickelndes praktisches Vorgehen. Sie kann sich nicht entfalten, wenn man sich an vergangene Momente der visionären Erleuchtung klammert wie ein Ertrinkender an einen Strohhalm. Es ist viel besser, den Moment in den hungrigen Schlund des Unbewußten hinabgleiten zu lassen. Die Mächte, die Veränderung bewirken, hausen dort unten.

Die Tatsache, daß ein Mensch eine Vision von den Heiligen Bergen hatte, wird ihn nicht retten, wenn die Steuerfahndung an seine Tür klopft oder wenn er früher als üblich nach Hause kommt und seine Frau mit einem anderen Mann im Bett findet. Was ihn vielleicht retten kann, ist das, was aus dieser Vision inzwischen geworden ist, nun da sie in ihm gewachsen ist wie nur die Vergangenheit wachsen kann, lange nachdem sie vergessen wurde. Damit die Vision wachsen kann, muß sie hinuntergedrückt werden in die Tiefen des Unbewußten. Der Mensch kann nicht zur vollständigen Verkörperung seiner Vision werden, wenn er den Kopf in den Wolken hat. Er muß zulassen, daß dieser leuchtende, ewige Moment in die dunkle Welt der Wurzeln, des Vergessens und des miteinander Verwachsenens hinabsinkt, und sich der praktischen Gegenwart zuwenden.

Die Reise von Springende Maus zu den Heiligen Bergen findet nicht nur äußerlich statt, hin zu konkreten Orten und greifbaren Dingen, sondern auch innerlich, hin zur Selbstverwirklichung und Transformation. Psychologisch gesehen findet sich der Mäuserich in einem Prozeß der Veränderung seiner persönlichen und gesellschaftlichen Identität. Die Depression ist ein wichtiger Schritt auf dem Weg zur Individuation. Die erste große Krise nach der Rückkehr des Initiierten wird zeigen, ob er genügend Motivation hat, das, was er unten am Fluß sah, auch durchzuziehen. Manche sagen, je größer die Hindernisse, desto größer die Kraft der Vision. Wenn alles gut geht, wird er die Ungeheuer seines neuen Lebens mit Waffen angreifen können, die er sich während seiner Schwellenprüfung erworben hat.

Der Initiierte von heute erleidet mehr oder weniger dasselbe Schicksal wie Springende Maus. Die Menschen in seiner Gemeinschaft wollen die Geschenke nicht, die er ihnen vom Heiligen Fluß mitgebracht hat. Sie honorieren nicht, was er getan hat, oder unterstützen ihn nicht bei seinem Versuch, seine Vision in die Realität umzusetzen. Wie kann diese Vision für seine Gemeinschaft bestimmt sein, wenn sie sich einen Dreck darum schert? Ob es den anderen nun gefällt oder nicht, die Vision wurde ihm auf jeden Fall zuteil. Ob es ihnen nun gefällt oder nicht, sie waren im Geiste bei ihm, als er sprang und die Heiligen Berge sah. Auch sie haben die Quelle des Rauschens in seinen Ohren gesehen. Was kann er dafür, wenn sie es vergessen haben? Bevor die Reise vorüber ist, wird Springende Maus sein Bestes geben, damit sie sich daran erinnern.

EINGLIEDERUNGS-BIOGRAPHIEN

Springende Maus ging bis zum Ende des Ortes der Mäuse und blickte auf die Prärie. Er blickte hoch, um nach Adlern zu sehen. Der Himmel war voll von vielen Flecken, jeder einzelne ein Adler. Aber er war entschlossen, zu den Heiligen Bergen zu gehen. Er sammelte all seinen Mut und lief so schnell er konnte auf die Prärie. Sein kleines Herz hämmerte vor Aufregung und Angst.[113]

Mit der Zeit kann Springende Maus dem dringenden Verlangen, sich auf den Weg zu den Bergen der Vision zu machen, nicht länger widerstehen. Obwohl er weder Länge, Breite oder Umfang seiner Reise ahnen kann, kann er doch den ersten Schritt tun. Denn er wird nicht jünger. Er könnte sich tausend verschiedenen Ablenkungen hingeben und das Rauschen des Heiligen Flusses in seinem Hinterkopf fast zum Schweigen bringen. Oder er könnte denken: »Ich bin nicht stark genug«, und sich fast einreden, daß er noch warten muß, bis er darauf vorbereitet ist, den Ungeheuern zu begegnen, die sich in den Schatten von morgen verbergen. Ist er jedoch seiner Vision würdig, wird er sich schließlich doch in völliger Unschuld und mit größtem Vertrauen auf den Weg zu den Heiligen Bergen machen. »Warte deshalb nicht auf große Stärke, bevor du dich aufmachst, denn die Bewegungslosigkeit wird dich nur weiter schwächen. Warte nicht darauf, bis du alles glasklar siehst, bevor du losgehst: Man muß dem Licht entgegengehen. Hast du genügend Stärke, den ersten Schritt zu tun?«
(Philippe Vernier)

Wenn er seiner Vision nicht würdig ist, wird er von der Flutwelle eines Lebens, das er gehofft hatte, hinter sich zu lassen, weggespült werden. Zwar wird er wahrscheinlich nie aufhören, das Rauschen des Heiligen Flusses zu hören und seinen Ort der Kraft zu ehren, doch wird er sein Leben lang von der ungeweckten Kraft dessen verfolgt werden, was hätte sein können.

Die Integration des Suchenden ist beendet, wenn er die Heiligen Berge erreicht hat. Jedes andere Ziel ist nur eine Zwischenstation auf dem Weg zu seinem Lebensziel. Es ist deshalb kein Wunder, daß er nie damit glücklich sein kann, einfach die Füße im Land der Mäuse hochzulegen. Er ist nicht zu einem Ende zurückgekommen, sondern zu einem Anfang. Es gibt soviel zu tun. Er hat keine Zeit, herumzusitzen und zu beweisen, daß er im Heiligen Fluß geschwommen ist. Wenn die anderen ihm nicht glauben wollen, ist das ihr Problem. Sein Problem hingegen besteht darin, zu den glänzenden Bergen zu gelangen.

Es gibt keinen Maßstab, mit dem man den Erfolg oder Mißerfolg eines Initianden beim Vordringen auf dem labyrinthischen Weg zum Gipfel seiner Vision messen könnte. Wie stark die Vision zunimmt, hängt von dem einzelnen Menschen ab, der ihr entgegenstrebt. Deshalb ist es schwierig, wenn nicht gar unmöglich, die therapeutischen Erfolge mit standardisierten Bewertungsinstrumenten abzuschätzen. Wir haben es einmal mit einer bekannten »Selbstbewertungstabelle« probiert. Als Ergebnis erhielten wir »positive, dauerhafte Veränderungen der persönlichen Werte und des Selbstbildes«. Doch wir bewerteten Rückkehrer von der Visionssuche mit stereotypisierten Methoden, die einer mechanistischen Kultur angehören. Wie beurteilt man nun aber die Reise von Springende Maus zu den Heiligen Bergen? Am geeignetsten wäre vielleicht ein einfacher Kreis mit einem Punkt in der Mitte, der für den Reisenden steht.

In Wahrheit ist die Visionssuche in der Wildnis die kürzeste Metapher für die visionäre Reise des Kandidaten, eine flüchtige Gelegenheit, zu springen und das Ziel der Sehnsucht des Lebens in der Ferne glänzen zu sehen. Danach verblaßt die Erinnerung daran wieder. Sie *muß* verblassen! Springende Maus kann nicht in der Vergangenheit leben. Er muß bis zum Rand der Prärie der Gegenwart gehen, zitternd vor Angst vor dessen furchterregenden Gefahren. Dann muß er sich aufmachen und seine schwachen Knochen den Unbilden der Suche aussetzen. Alles, was er besitzt, ist ein kleines klopfendes Herz – doch das reicht aus, um den weiten Weg zu den glänzenden Bergen zu schaffen.

Über die Prärie rennen

Es gibt eine Faustregel, nach der man voraussagen kann, ob der Versuch eines sich in der Integrationsphase befindenden Suchenden, schließlich zum Ziel seiner Vision zu gelangen, eher ein Erfolg oder ein Mißerfolg werden wird. Doch diese Regel findet sich weder in der »Tennessee-Selbstbewertungsskala« noch in der »Minnesota-Multiphasen-Skala«. Man kann sie hingegen in der Geschichte von der Reise unseres Helden, Springende Maus, zu den Heiligen Bergen finden.

Laut der Geschichte schüttelte sich unser Held den Smog vom Land der Mäuse aus dem Fell und rannte quer über die große, unbekannte Prärie los. Unter einem gnadenlosen Himmel, der übersät war von den todverheißenden Schatten der Adler, rannte er, bis er zu einem Salbeibusch gelangte. Dort lebte Alte Maus, durch den Busch vor den Gefahren der Prärie geschützt und mit einem unermeßlichen Vorrat an Samen und anderen guten Dingen zum Essen. Alte Maus gab zwar zu, daß der Heilige Fluß existierte, doch versuchte er Springende Maus davon abzubringen, die Heiligen Berge zu suchen »Sie sind nur eine Sage«, sagte er und lud Springende Maus ein, bei ihm unter dem Salbeibusch zu bleiben, wo sie ein bequemes, wohlbehütetes Leben führen könnten.

Springende Maus war erstaunt, daß Alte Maus nichts über die Medizin der großen Berge wußte. Obwohl die ältere Maus ihm erklärte, er sei verrückt, diesen Platz zu verlassen, weigerte er sich, bei seinem Gastgeber zu verweilen. Er ging wieder in die Prärie hinaus. »Das Gelände war rauh. Aber er krümmte seinen Schwanz und lief mit aller Kraft. Er konnte die Schatten der Flecken auf seinem Rücken fühlen, während er rannte. All diese Flecken!«

Schließlich lief er in eine Gruppe von Wildbeerensträuchern hinein. Dort gab es alles, was er jemals zu einem angenehmen Leben brauchen würde. »Er konnte kaum seinen Augen trauen.« Doch seine Erforschungen wurden durch das Geräusch von schwerem Atem unterbrochen. Ein großer Büffel lag im Schatten. Springende Maus überwand seine Angst und sprach das prachtvolle Wesen an. »Warum liegst du hier?«

fragte er. »Ich bin krank und sterbe«, sagte der Büffel, »und meine Medizin sagt mir, daß nur das Auge einer Maus mich heilen kann.«

Verständlicherweise war Springende Maus erschrocken und bekam Angst. »Eines meiner Augen! ... Eines meiner winzigen Augen.« Aber es war offensichtlich, daß diese große Seele im Sterben lag. »Er wird sterben«, bemerkte unser Held, »wenn ich ihm nicht mein Auge gebe. Er ist ein zu großes Geschöpf, um ihn sterben zu lassen.«

Er erklärte dem kranken Büffel, daß er ihn nicht sterben lassen konnte. Er bot ihm eines seiner Augen an. Und im selben Augenblick »flog ein Auge aus seinem Kopf heraus, und der Büffel war geheilt.« Der Büffel sprang auf und sagte: »Ich weiß von deiner Suche nach den Heiligen Bergen und von deinem Besuch am Fluß. Du hast mir das Leben geschenkt, so daß ich den Menschen Gaben machen kann. Ich werde für immer dein Bruder sein. Lauf unter meinem Bauch, und ich werde dich bis zum Fluß der Heiligen Berge bringen, und du brauchst dich nicht vor den Flecken zu fürchten. Die Adler können dich nicht sehen, während du unter mir läufst. Alles, was sie sehen werden, ist der Rücken eines Büffels.«

Der kleine Springende Maus nahm das Angebot des Büffels, unter seinen donnernden Hufen bis zum Fuße der Heiligen Berge zu rennen, dankbar an. Mit nur einem Auge war es furchtbar unter den Hufen zu rennen, die ihn mit nur einem Fehltritt töten konnten. Doch der Büffel beruhigte ihn: »Meine Art des Gehens ist der Sonnentanzweg, und ich weiß immer, worauf meine Hufe fallen werden.« Nach einer gewissen Zeit kamen sie an ihrem Bestimmungsort an. Der Büffel verließ Springende Maus am Fuße der Heiligen Berge.

Die Geschichte der Reise von Springende Maus enthält die Formel, wie man zu den Bergen der Vision gelangt. Die Prärie versinnbildlicht das Leben der Suchenden, seine Lebensspanne, den Horizont, den er erreichen muß, die Bedingungen des Übergangs, die er erfüllen muß. Diese große Prärie existiert jedoch auch in seinem Innern. In einem äußerst realen Sinne muß er deshalb das Land der Mäuse eigentlich gar nicht verlassen, um quer über die Prärie zu rennen. Er könnte sein ganzes restliches Leben im Land der Mäuse verbringen, und trotzdem würde sich die Prärie vor ihm erstrecken, und ihn die Schatten der Adler verfolgen. Die Adlerflecken am Himmel sind seine Ängste, seine Ungeheuer, die kleinen Tode, die er sterben muß (»Sieh all diese Flecken!«), die jederzeit auf ihn herabstürzen und ihn erwischen können, und das wäre es dann gewesen.

Das geräumige Nest von Alte Maus unter dem Salbeibusch ist nicht die Prärie. Ebenso wie das Land der Mäuse vermittelt es ein falsches Gefühl der Sicherheit. Es ist jedoch ein wichtiger Meilenstein auf dem Weg von Springende Maus. Indem er sich von der kultivierten Mittelmäßigkeit des Landes der Mäuse abwendet und ein Risiko eingeht, entdeckt er, daß es im Leben noch mehr gibt als seine Heimatstadt. Sein Übergang zu einem neuen Leben verläuft ohne Schwierigkeiten – und dieser neue Ort mit der alternativen Lebensweise, die er bietet, ist der Beweis dafür. Schon jetzt weiß er mehr als die meisten seiner Brüder und Schwestern. Wenn er will, kann er eine Maus mit Macht, Reichtum und Einfluß werden. Aber er weiß auch, daß er, wenn er hierbleibt, wie Alte Maus wird, der mit erhobener Schnauze durch die Gegend läuft und so tut, als hätte er höheres Wissen erlangt, und seine Selbstgefälligkeit, seinen Zynismus und seine Angst vor dem Risiko als die einzige Wahrheit verkauft: »Ich befürchte, daß die großen Berge nur eine Sage sind. Vergiß deine Sehnsucht danach, sie zu sehen, und bleib hier bei mir ...«

Ein Auge herschenken

Will der Initiand den Traum seines Lebens erfüllen, so muß er sich über das Nest von Alte Maus hinauswagen. Er muß seinen Zufluchtsort des stagnierenden Besserwissertums verlassen und sein Leben auf der Prärie Gefahren aussetzen. Der Erfolg seiner Integration hängt von den folgenden Schritten ab: Zuerst muß er das Land der Mäuse verlassen und zu seinen Ängsten stehen (die Schattenflecken). Danach darf er sich durch seinen anfänglichen Erfolg nicht blenden lassen (das Nest von Alte Maus). Und zuletzt muß er ein Auge hergeben.

Jeder, der »seine Vision auf Erden im Angesicht der Menschen verwirklicht«, kommt irgendwann einmal an den Sterbeplatz seines kränkelnden Volkes. Konfrontiert mit der tatsächlich unbestreitbaren Notlage seiner Gemeinschaft gibt er (opfert er) einen unendlich wertvollen Teil seiner selbst her, damit sie wieder gesunden kann (symbolisiert durch den sterbenden Büffel). Das hergeschenkte Auge kann für fast alles von großem persönlichen Wert stehen: persönliche Freiheit, Jugend, Reichtum, Liebe, die kühnsten Träume. Er kehrt dem normalen Leben freiwillig den Rücken; er nimmt sein Päckchen auf sich; er erleidet eine Verletzung; er stellt sein Leben in den Dienst einer höheren Berufung. Seine Entscheidung entspringt seiner vollkommenen Hingabe an die Liebe zu seiner Gemeinschaft.

Doch durch das Aufgeben eines Teils seiner selbst gewinnt er auch gleichzeitig etwas. Zwar ist der Suchende jetzt halb blind, doch hat er sich eine Art Schutz vor Unheil erworben. Der Büffel schirmt ihn vor den scharfen, durchdringenden Augen der Adler ab. Er wird im Schutze des breiten Rückens seiner Gemeinschaft zu den großen Bergen reisen. Das Hergeben ist der Prüfstein, der Geheimschlüssel zum Erreichen der Heiligen Berge. Jeder, der sich nicht mit Liebe verteidigt, wird rasch vom Mißerfolg eingeholt werden. »Die volle Rüstung Gottes anzulegen«, bedeutet, ein Auge herzugeben, damit die Menschen leben werden.

An dieser Stelle wird der notorische Zyniker einwenden: »Na sicher, es ist ja schön und gut, optimistisch über das ›Herschenken von Liebe‹ zu reden, aber analysiert man das Ganze einmal in bezug auf die heutige Zeit, dann ist es gar nicht mehr so einfach. Wir schenken den Menschen etwas, doch sie scheren sich nicht darum; oder sie mißverstehen unsere Motive, oder wir mißverstehen die ihren. Schauen wir den Tatsachen doch ins Auge. Jeder schert sich doch im Grunde seines Herzens nur um sich selbst. Heutzutage könnte Springende Maus doch auf dem Weg zu den Heiligen Bergen von einer Kröte mit einem vergifteten Verstand umgebracht werden. Er könnte an Leukämie oder AIDS sterben, bevor er überhaupt das Land der Mäuse verlassen hat. Der Heilige Fluß ist verschmutzt, und die Heiligen Berge werden vom radioaktiven Regen weggewaschen. Was für eine Dummheit, mit naiver Überzeugung zu behaupten, der Weg zur visionären Erfüllung bestünde im Herschenken eines Auges an die Gemeinschaft? Alles, was dabei herauskommt, ist eine halbblinde Maus.«

So dunkel die Prärie auch erscheinen mag, die Abmachung mit dem Büffel gilt. Wie wertvoll ist ein Auge? Wie wertvoll sind die Dinge, von denen wir uns im Moment unseres Todes trennen müssen? Aus dem Blickwinkel unseres modernen Lebens betrachtet, wimmelt es auf unserer Reise nur so vor lauter Schattenflecken. Doch die ständige Angst davor wird unseren Geist aus unserem Körper hinauswaschen wie Tinte aus einem beschriebenen Blatt Papier. Unsere Knochen werden spröde werden. Unser Blut wird immer langsamer fließen. Und irgendwann wird uns einer dieser Flecken erwischen. *Wie auch immer* wir an unseren Bestimmungsort gelangen, sei es nun mit einem Cadillac oder einem Wanderstab, wir werden mehr hergeben als nur das symbolische Auge. Wir werden alles hergeben, ob wir es nun wollen oder nicht.

Der Zyniker selbst ist blind, wenn er glaubt, es gebe bessere Wege, um die Heiligen Berge zu erreichen. Soll er es doch ganz allein probieren, ohne das Schutzschild der Liebe. Er wird an seinem Bestimmungsort mit einem von Adlern zerfressenen Körper ankommen. Er wird sein Pfund Fleisch losgeworden sein, ohne es gewollt zu haben. Und seine Berge werden nicht glänzend und unwiderstehlich sein, sondern schwarz und häßlich, und er wird es bereuen, sie jemals erreicht zu haben. Er wird Gott oder sein Glück verfluchen und sterben.

Die moderne Wallfahrt zu den Heiligen Bergen

Stets messen wir also den Fortschritt des einzelnen in seiner lebenslangen Integrationsphase nach dem Wert der Dinge, die er aufgibt. Wir achten darauf, ob er sich je dazu entschließt, das

Land der Mäuse zu verlassen und sein Leben zwischen den Schattenflecken der Prärie aufs Spiel zu setzen. Wir sehen ihn am Ort der Alten Maus ankommen und achten darauf, ob er sich dazu entschließt, weiterzureisen oder zu bleiben und vom Pfad seiner Suche abzuweichen. Wir überlegen uns, was er wohl mit seiner neuerworbenen Kraft seines erweiterten Bestimmungskreises anfangen wird. Wird er zu seiner Überzeugung stehen, daß es die Heiligen Berge wirklich gibt und daß sie letztendlich erreichbar sind? Wenn das der Fall ist, wird er die Herausforderung, seine Gemeinschaft zu heilen, annehmen.

Ein Brief, den wir von einem Visionssuchenden drei Jahre nach seiner Rückkehr von der Schwelle erhielten, geht genau in dieselbe Richtung wie die Geschichte von Springende Maus. Erroll, ein 37jähriger Psychiater, Ehemann und Vater, hatte drei Tage und Nächte lang im Tal des Todes gefastet:

> *Ich kam ganz aufgeregt, mit einer positiven Einstellung und erfüllt von einem neuen Geist nach Hause zurück. Worauf ich nicht vorbereitet war, war die Intensität der Angliederungsperiode, die mich erwartete – und die sich als meine VISIONSSUCHE herausstellte. Ich sah mich konfrontiert mit all den Schubladen, die ich für mich selbst geschaffen hatte: Vater, Ehemann, Geldverdiener, Therapeut, Ernährer, Freund etc., und ich hatte das Gefühl, daß keine davon wirklich mir selbst entsprach. Mein Geist war zu groß, um in die engen Realitäten meines Lebens hineingepfercht zu werden.*

Springende Maus kehrte nach Hause zurück. Dort wurde er mit allen Rollen, die er im Land der Mäuse spielte, konfrontiert. Sie verblaßten neben der Größe des Selbst, die er in der Wüste erfahren hatte. Er fühlte sich als Außenseiter, als Fremder gegenüber den engen Realitäten seines Lebens.

> *Ich sträubte mich also dagegen. Es war sehr schwer, wieder hier zu sein und wieder zu arbeiten. Ich ärgerte mich über mein Leben, aber ich sah auch keine Alter-*

native, ihm zu entkommen. Ich hatte – und entschied mich für – die Verantwortung der Liebe und Fürsorge gegenüber allem, mit dem ich verbunden war.

Er traf die Entscheidung, sich in die große Prärie seines Lebens hinauszubegeben. Und er tat dies, indem er sich erneut zu seinem eingeschlagenen Lebensweg bekannte, doch überall lauerten die Schattenflecken auf ihn.

Ich saß zwischen den Stühlen, fühlte mich ungefähr sechs Wochen lang zwischen den verschiedenen Wirklichkeiten gefangen und war ziemlich schwermütig und depressiv. Zum Glück liebe ich das Leben genug, daß ich nie daran dachte, den Kampf aufzugeben. Doch ich fühlte mich blockiert.

Gedanken des Aufgebens stammen aus dem Nest voller Samen der Alten Maus und gehen zurück auf den Glauben, daß es die Heiligen Berge nicht gibt. Es kann deshalb vorkommen, daß man die Hoffnung fahren läßt, jemals dort anzukommen. Eine kurze Weile lang ließ sich Springende Maus durch das zynische Gerede im Nest von Alte Maus lähmen, hin- und hergerissen zwischen der »Wirklichkeit« des Heiligen Flusses und der »Sage« der Reise zu den Heiligen Bergen. Doch dann erinnerte er sich daran, daß er diese Berge mit eigenen Augen gesehen hatte. Es gab sie also nicht nur in der Sage. Daraufhin ging er wieder in die Prärie hinaus und rannte mit gekrümmtem Schwanz so schnell er konnte.

Lange Zeit später fing ich an, ein ganz intensives Gefühl in meinem Innern zu spüren, das mir sagte, daß meine Suche darin bestünde, eine Heimat für die Größe meines in der Wüste gefundenen Geistes in den vielfältigen Möglichkeiten meines Alltagslebens zu finden, d. h. daß meine Visionssuche nicht darin bestünde, mich von meinem bisherigen Leben zu entfernen, sondern zu ihm zurückzukehren und es als Abenteuer zu empfinden. Mir kam es vor, als habe die

Trennung schon vor langer Zeit stattgefunden, als ich geboren wurde, und daß mein Leben selbst der Übergang sei. Dieser Lebensübergang ist um einiges schwieriger als in der Wüste alleine zu sein. Ganz intuitiv spürte ich eine künftige Integration, die mein wahres Heimkommen bedeuten wird – doch wie dieses Heimkommen aussehen wird, hängt in hohem Maße davon ab, wie gut ich in meinem alltäglichen Leben Liebe zu schenken vermag.

Erroll kam zum Sterbeplatz des Büffels. Er begriff, daß er für die Gemeinschaft ein Auge opfern mußte.

Ich bekannte mich also erneut zu meinem bisher eingeschlagenen Lebensweg, entspannte mich und ließ mich in das hineinfallen, was jeder Moment meines Lebens so bringt, doch diesmal ohne das Gefühl, in den Schubladen gefangen zu sein. Sie boten mir nun neue Möglichkeiten, zu lieben, zu suchen, zu ergründen, zu sein, zu unterstützen und alles um mich herum, in den anderen und in mir selbst, mit dem Großen Geist in Verbindung zu bringen.
Und das hat bis heute angehalten.

Jetzt rennt unser Held unter den donnernden Hufen derjenigen, die ihn lieben. Die Weite der Prärie breitet sich vor ihm aus. Er macht seinen Weg zu den Bergen der Vision.

Integrationsgeschichten

In den folgenden Geschichten werden verschiedene Aspekte der Reise zu den Heiligen Bergen von Suchenden unserer heutigen Zeit aufgezeigt. Natürlich können sie nur einen winzigen Bruchteil der unendlichen Vielfalt von möglichen Erfahrungen darstellen. Dennoch lehrt uns jede Geschichte etwas und trägt zum Gesamtprofil des Eingliederungsprozesses aus der Sicht des Hergebens bei. Aus gegebenem Anlaß wurden bestimmte

Namen von Personen, Orts- und Zeitangaben und andere Hinweise geändert.

PAUL (»MIDLIFE CRISIS«)

Paul war 39 Jahre alt, Ehemann und Vater von drei Kindern und verbrachte immer weniger Zeit zu Hause. Seine Arbeit als High-School-Lehrer schien ihn genauso wenig zu befriedigen wie seine Ehe. Er hatte eine kurze Affäre mit einer anderen Frau, doch er bekam Schuldgefühle und brach sie wieder ab. Daraufhin verfiel er längere Zeit in eine Depression und fing an, zu viel zu trinken.

Zu diesem Zeitpunkt entschloß er sich, an einem Fastenritus in der Wildnis teilzunehmen, um seinen Übergang ins mittlere Lebensalter bewußt zu vollziehen. Er zog Bilanz über sein bisheriges Leben. War es ihm wirklich möglich, weiterhin mit seiner Frau und seinen Kindern zusammenzuleben, oder hatte er den Punkt, von dem es kein Zurück mehr gibt, bereits überschritten? Konnte er in seiner Arbeit nicht vielleicht doch Befriedigung finden, oder mußte er sich eine andere Beschäftigung suchen? Was wollte er wirklich mit seinem Leben anfangen?

Er kam von seinem Ausflug in die Schwellenwelt der Wildnis juchzend und johlend zurück wie ein kleiner Junge. Aber er hatte keine leichte Zeit gehabt. Den Großteil seiner Fastenzeit hatte er zusammengekauert im Schlafsack verbracht und sich nur gewünscht, daß es schon vorüber wäre, und er wieder zu seiner Frau und seinen Kindern zurückkönne. Doch einige seiner Fragen waren beantwortet worden. Er konnte sich kein Leben ohne seine Familie vorstellen. Außerdem waren ihm innovative Methoden eingefallen, mit denen er seine Studenten herausfordern konnte. Er kehrte voll großer Hoffnungen nach Hause zurück.

Es dauerte nur eine Woche, und er war an einem absoluten Tiefpunkt angelangt. Beim Versuch, mit seiner Frau wieder eine engere Beziehung herzustellen, wurden alte Wunden erneut aufgerissen. Wutausbrüche auf beiden Seiten waren die

Folge. Er fing wieder an zu trinken, woraufhin seine Kinder mit offenem Aufruhr reagierten. Bald erstickten die alltäglichen Unterrichtsanforderungen seine kreativen Ansätze von neuem. Es hatte den Anschein, als seien die Dinge nur noch schlimmer geworden.

Die Krise führte jedoch dazu, daß die Familie gemeinsam in einer Beratungsstelle Hilfe suchte. Damit begann ein langer, langwieriger Tanz in Richtung Versöhnung. Manchmal war der Weg steinig, und Paul mußte all seine Energie aufbringen, nur um sich morgens überhaupt vom Bett hochzuraffen. Doch irgendwie hielt er durch. Er gab seine Phantasien von der Freiheit in der Ehe auf und konzentrierte seine gesamte Energie darauf, seiner Gemeinschaft eines seiner Augen zu schenken. Er trank nicht mehr so viel und gewann dadurch neue Achtung in der Familie. Er ging zu einem anderen Unterrichtsstil über und sorgte sich weniger darum, ob er den Stoff des Schulbuches völlig abdeckte oder nicht. Langsam ließ die Familie die dunkle Zeit hinter sich.

Doch immer noch fehlte etwas, und er konnte nicht genau ausmachen, was es war. Er mußte mit seinem Leben noch irgend etwas anderes anfangen, irgend etwas Sinnvolles vollbringen, das eine Spur auf den Seiten seiner persönlichen Lebensgeschichte hinterlassen würde. Er ging noch ein zweites Mal zum Fasten in die Berge und hatte diesmal nicht dieselben Schwierigkeiten wie beim ersten Mal. Er kam mit einer verrückten Idee zurück, was er tun könnte, um sein Leben zu ändern und ihm mehr Erfüllung zu geben und was seinen innigsten Wunsch, irgend etwas für die Menschen in seiner Heimatstadt zu tun, wahr machen könnte. Er ließ seine Pläne über ein Jahr lang in sich heranreifen, bevor er den ersten Schritt unternahm. Er erklärte sich freiwillig bereit, an der Organisation des Umzuges am Unabhängigkeitstag mitzuwirken. Zwei Jahre später war er der Hauptorganisator des Umzugs.

Heute kommen die Menschen von nah und fern, um einen der schönsten Umzüge zu sehen, die eine kleine Gemeinde von 25 000 Einwohnern zu bieten hat, ein verrücktes, wunderschönes, lustiges Spektakel, das alle in der Gemeinde, von den Babys bis zu den Alten, miteinbezieht. Und jedes Jahr wird der

Umzug noch größer und phantasievoller. Nirgendwo auf der Welt gibt es etwas Vergleichbares.

Carol
(Übergang ins Erwachsenenalter)

Carol, eine neunzehnjährige Studentin im ersten Collegejahr, war das älteste von vier Kindern einer Mormonenfamilie. Sie hatte sich entschlossen, an einem Übergangsritus in der Wildnis teilzunehmen, obwohl ihren Eltern diese Idee nicht ganz geheuer war. Sie wußte, daß sie Angst hatten, sie würde vom Mormonenglauben abfallen und damit in die äußere Finsternis hinabsinken, die denen vorbehalten ist, die das Licht nicht sehen wollen.

Und ihre Eltern hatten recht. Sie zog ernsthaft in Betracht, aus der Mormonenkirche auszutreten. Als sie alleine in die White Mountains zum Fasten ging, wollte sie damit auch für ihren Entschluß, aus der Kirche auszutreten, ein Zeichen setzen. Sie stand auf einem steilen Felsvorsprung, von dem aus sie einen phantastischen Blick auf den 700 Meter tiefer liegenden grünblauen Spiegel des Deep Springs-See hatte. Einem Impuls aus ihrem Traum der vorherigen Nacht folgend, hob sie einen Stein als Symbol für ihre Kindheit in der Mormonengemeinschaft auf und schleuderte ihn in den Abgrund. Der Stein flog in einem flachen Bogen und verschwand in der Tiefe. Während er fiel, hatte sie das untrügliche Gefühl, sie selbst sei es, die in den Tod hinabfalle, verlassen von den Heiligen und Engeln der Kirche. Sie hörte den Stein aufschlagen.

Nach ihrer Rückkehr nach Hause versuchte sie ihrem Vater, der etwas aufgeschlossener war als ihre Mutter, anzudeuten, was sie getan hatte. Seine Reaktion überzeugte sie davon, daß es keinen Wert hatte, weiter ins Detail zu gehen.

Kurze Zeit später kehrte sie in ihr College an der Ostküste zurück. Dort traf sie einen Mann, der einige Jahre älter war als sie, und verliebte sich in ihn. Er war der erste Mann, der mit ihr schlief, und er verließ sie kurz danach wegen einer anderen. Da sie nach traditionellen Werten erzogen war, verletzte sie diese Erfahrung tief. Sie trug ihren Kummer bis zum Sommer mit sich herum und entschloß sich dann, an einer sechstägigen Reise in die Unterwelt ohne Essen und Begleitung teilzunehmen.

Als sie über die Schwelle zurückkehrte, hatte sie ihre Trauer über die vergangene Liebesaffäre beendet. Sie hatte sich entschlossen, sich einem Studium zu widmen, mit dem sie einen offiziellen Abschluß als Hebamme erhalten konnte. Als sie kurz auf Besuch zu ihrer Familie zurückkehrte, platzte sie mitten in eine Krise zwischen ihren Eltern. Ihr Vater hatte sich in eine andere Frau verliebt und war gerade dabei, ihre Mutter zu verlassen. Carol blieb bei ihrer zerrütteten Familie, bis es wieder Zeit war, an die Universität zurückzukehren.

Zur Zeit ist sie in ihrem letzten Studienjahr am College und studiert schwerpunktmäßig Fächer, die mit dem Hebammenberuf in Zusammenhang stehen. Sie hat viele von ihren Jugendfreunden verloren, doch viele neue dazugewonnen. Sie ist bisher keiner Glaubensgemeinschaft irgendeiner Art beigetreten, doch ihre Spiritualität ist ständig im Wachsen begriffen. Sie hat uns geschrieben, daß sie sich wieder verliebt hat, dieses Mal in eine Frau.

David (Lebensbedrohende Krankheit)

David, ein geschiedener Vater Anfang vierzig, hatte einen schweren Autounfall, bei dem er fast ums Leben kam. Infolge des Unfalls verlor er eine Niere, und die Funktion der anderen wurde stark eingeschränkt. Die Fachärzte teilten ihm mit, er habe noch zehn Jahre bis zu einem vollständigen Nierenversagen zu leben. Doch als aktiver Mensch und Direktor einer »Denkfabrik« weigerte er sich, das Urteil der Ärzte hinzunehmen. Er las jedes Buch, das er in die Finger bekommen konnte, und wurde schließlich ein Experte für die Funktion und Gesundheit der menschlichen Niere. Er setzte sich selbst auf salzlose vegetarische Diät, machte regelmäßig Körperübungen, meditierte täglich – und arbeitete weiter.

Kurz nach seinem Unfall traf er Roxanne, eine jüngere Frau, und die beiden verliebten sich immer mehr ineinander. Roxanne drängte ihn, zur Heilung seiner verbleibenden Niere Alternativen zur herkömmlichen Medizin auszuprobieren. Er ging zu Heilern, Akupunkteuren, Krankengymnasten und entschloß sich schließlich eines Tages, an einem Übergangsritus in der Wildnis teilzunehmen.

Obwohl seine ärztlichen Berater ihm davon abrieten, fastete er vier Tage und Nächte lang in der Wüste, wobei er seine Niere täglich mit zwei Litern Wasser durchspülte. Es war mitten im Winter. In der letzten Nacht seiner Prüfung bliesen kalte Nordwinde, und ein eisiger Graupelschauer fegte auf ihn herab. Er betete um Heilung, für seine Kinder und für Roxanne, die einen halben Kilometer von ihm entfernt ebenfalls fastete.

Als er am nächsten Morgen ins Basislager zurückkehrte, sah er müde aus, aber gesund. Mit seiner Niere hatte er kaum Probleme gehabt. Er fühlte sich völlig gesund. Die Geister, zu denen er gebetet hatte, hatten ihn darin bestärkt, daß es möglich war, das Versagen seiner Niere aufzuhalten und seine Lebensdauer zu verlängern. Er kehrte zu einem arbeitsreichen Terminplan zurück, der von ihm verlangte, daß er kreuz und quer durch Amerika flog, um Kunden zu beraten und Vorträge zu halten. Nach ein paar Monaten fand er Blut in seinem Urin und bekam Rückenschmerzen, Anzeichen dafür, daß es seiner Niere wieder schlechter ging.

Aus der Überzeugung heraus, daß er seine Energie mehr auf seine körperliche Gesundheit richten müsse, strich er daraufhin seinen Arbeitsplan rigoros zusammen. Dadurch hatte er mehr Zeit, um mit Roxanne zusammenzusein, die ihn mit heilsamer Einsicht und Leidenschaft liebte. Nach einer neuerlichen ärztlichen Untersuchung stellte sich heraus, daß es seiner Niere nicht schlechter ging als ein Jahr zuvor. Er entschloß sich deshalb, nochmals zum Fasten in die Wildnis zu gehen.

Bei diesem zweiten Fastenausflug wuchs sein Gefühl für seine Fähigkeit, sich selbst heilen zu können. Er erzählte, daß er, als er sich völlig dem Einfluß der Natur hingegeben hatte, das Prickeln seines Immunsystems um sich herum spüren konnte, das von der natürlichen Medizin der Sterne, des

Windes und der wachsenden Dinge noch gestärkt wurde. Sein Kraftlied war wild und leidenschaftlich wie der Schrei eines Adlers. Es haftete an der Dunkelheit seiner Angst wie Funken eines Feuers.

Nach seiner Rückkehr begann er einen Zweijahresplan, der am Ende auf einen teilweisen Rückzug aus dem aktiven Arbeitsleben hinauslief, da er davon überzeugt war, daß der arbeitsbedingte Streß seine Niere weiter schädigte. Gelegentlich machte sich die Niere noch bemerkbar, nur um ihm zu zeigen, daß sie noch da war. Doch im allgemeinen nahmen die Beschwerden ab. Er hielt weiter seine Diät und machte seine Übungen und verbrachte mehr Zeit mit Roxanne in der freien Natur in der Nähe ihres Wohnortes.

Als er von seinem Direktorposten in der »Denkfabrik« zurücktrat, beschlossen Roxanne und er, daß sie diesen Anlaß mit einer »Reifeprüfung« begehen wollten: einer sechstägigen Reise in die Unterwelt des Wüstengebirges. Die beiden liefen auf unterschiedlichen Wegen durch beißende Winde und klirrend kalte Nächte. Der Schnee, der am ersten Tag ihrer Reise gefallen war, gefror am Boden und blieb bis zum Ende ihrer Reise dort. Die letzte Nacht war die kälteste. Das Wasser in den Wasserflaschen war um Mitternacht bereits gefroren. Es war so kalt, daß eine Packratte zu uns in den Lastwagen kroch und sich auf dem Motorblock neben dem Vergaser ihr Nest herrichtete.

Bei Anbruch des ersten Tageslichts ließ uns eine laute Stimme aus unseren Träumen von nichtendenwollenden Sommern hochschrecken. Wir streckten unsere Nasen in die eisige Luft hinaus. Wer konnte das wohl sein, der zu dieser unchristlichen Stunde aus vollem Halse sang? Es war David, der in die von Eis erstarrte Stille unseres Lagers platzte, ein ausgemergeltes, eisgraues Tier, das vor Leben und Lachen nur so sprühte. Vor Kälte zitternd und protestierend zogen wir unsere Kleider an wie ein paar Anfänger und schrien zurück.

David hat sich selbst geheilt. Seine Niere hat sich in den letzten fünf Jahren nicht merklich verschlechtert. In der Zwischenzeit haben er und Roxanne ausgiebige Reisen durch Mexiko und Mittelamerika unternommen, wo sie mit der sozialen Misere der Menschen aufs engste in Berührung kamen. Sie kamen für kurze Zeit in die USA zurück, kehrten dann aber wieder nach Nicaragua zurück, wo sie nun leben und Lehrern und Pädagogen den Einsatz moderner Videotechniken in der Schule beibringen.

Raymond (Pensionierung)

Raymond, ein Rechtsanwalt aus San Francisco in seinen frühen Siebzigern, nahm auf Drängen seines Sohnes Brian, der ein Jahr zuvor gefastet hatte, an einem Übergangsritus teil. Bei den Vorbereitungstreffen schwelgte er in Erinnerungen über sein Leben, seine immer noch währende Liebe für seine Frau, die Höhen und Tiefen als Vater von drei Söhnen und die Liebe zu seiner Arbeit. Es sei nicht leicht gewesen, doch jede Sekunde habe sich gelohnt, sagte er, wobei er jeden durch seine optimistische Art, das Älterwerden zu akzeptieren, verzauberte. Er glich einem guten Wein, süß durch Weisheit und herb durch Einsicht.

»Ich habe das Arbeiten satt«, sagte er. »Ich muß mich aus dem Geschäft zurückziehen und es Jüngeren überlassen.« Doch er gab zu, daß es ihm schwerfiel, sich aus dem aktiven Arbeitsleben zurückzuziehen, obwohl er es schon einige Jahre vorgehabt hatte. Zwar hatte er das Arbeiten satt, doch gleichzeitig strahlte sein runzliges Gesicht vor Begeisterung, wenn er darüber sprach. Und er hatte allen Grund, stolz zu sein. Seine Firma war dafür bekannt, daß sie sich für Minderheitenfragen einsetzte: für die Schwarzen, die spanischsprechenden Minderheiten, die Juden, Schwule und Lesben und andere. Noch im Alter von 74 Jahren ließ ihn sein soziales Bewußtsein jede Bewegung, jede Kontroverse verfolgen. Für diesen sturmerprobten alten Ratgeber würde es tatsächlich schwierig sein, sich aus der Arena zurückzuziehen. Dennoch bestand er darauf, daß er entschlossen sei, seinen Übergang in den Ruhestand zu feiern.

Er fastete vier Tage und Nächte lang allein in einem Cañon im Eureka-Tal, den wir zu Ehren von Steven Fosters Vater »Altvater-Cañon« tauften. Sein Sohn Brian fastete mit ihm im selben Tal weiter oben. Auf halbem Wege zwischen ihren Lagern war eine kleine Quelle, das einzige Wasser im Umfeld von einigen Kilometern. Wir sahen keinen von beiden bis zum letzten Tag, an dem sie wieder herauskommen sollten. Wir hatten fast erwartet, daß ein Mann wie Raymond es sich leicht machen und früher wieder zurückkommen würde. Doch dann sahen wir ihn in der Ferne mit schweren Schritten auf uns zukommen, Seite an Seite mit seinem Sohn.

Wie sich herausstellte, hatte er seine Zeit sehr genossen und keine nachteiligen Auswirkungen des Fastens verspürt. Er hatte sich eine breite Biegung in dem Cañon ausgesucht, einen terrassenartigen Vorsprung, auf dem ein großer Fels ihm Schutz und Schatten bot. Jeden Tag hatte er sich auf den langen, beschwerlichen Weg zu der Quelle weiter oben im Tal gemacht, wo er in dem Steinhaufen nach einer Nachricht von Brian suchte und selbst eine Notiz hinterließ, daß es ihm gut ging. Diesen täglichen Ausflug hatte er besonders genossen, weil er dabei die vergangenen Zeiten Revue passieren lassen konnte, als er mit Brian, damals noch ein Junge, ins Hochgebirge zum Zelten ging. Nein, über den Tod hatte er nicht viel nachgedacht, denn er hatte das Gefühl des Lebendig- und Alleinseins ohne die Last der Verantwortung zu sehr genossen. Doch über seine Pensionierung hatte er nachgedacht. Er hatte eine kleine Feuerzeremonie abgehalten, bei der er sich von seiner Firma verabschiedet hatte. Meist jedoch schien er in der Gegenwart gelebt zu haben, entspannt, glücklich und selbstbeherrscht. Er kehrte voller Ideen zurück, wie er auch noch in seinem fortgeschrittenen Alter denen, die weniger Glück als er gehabt hatten, helfen konnte.

Nach seiner Rückkehr nach Hause dauerte es noch zwei Jahre, bis er tatsächlich offiziell in den Ruhestand trat. Doch auch dann konnte er es noch nicht ganz sein lassen, oft beriet er alle möglichen Leute und vertrat sie sogar dann und wann noch vor Gericht. Nur sehr widerspenstig zog er sich schließlich doch ganz aus dem Geschäft zurück und konzentrierte seine

Aufmerksamkeit auf die noch verbleibenden Jahre vor seinem Tod.

TRENT (EINBRÜCHE)

Der fast achtzehnjährige Trent stand nahe davor, wegen einer Reihe von Einbrüchen in die Jugendstrafanstalt eingewiesen zu werden. Er war der älteste Sohn einer vaterlosen, vierköpfigen Familie und war schon vorher bei ähnlichen Streichen erwischt worden. Er schien ein netter Junge und seiner Mutter treu ergeben zu sein. Niemand wollte ihn im Gefängnis enden sehen. Seine Mutter setzte sich bei seinem Bewährungshelfer für ihn ein, und dieser setzte sich wiederum für ihn vor dem Jugendstrafrichter ein. Der Richter war der Meinung, daß etwas Drastisches geschehen müsse und stellte Trent vor das Ultimatum: entweder Einweisung in die Jugendstrafanstalt oder Teilnahme an einem Übergangsritus in der Wildnis mit anschließender einjähriger Bewährung. Natürlich wählte der Ungläubige das Fasten. Alles, nur nicht die Jugendstrafanstalt.

Bald bemerkten wir, daß das eigentliche Problem wahrscheinlich gar nicht die Einbrüche waren, sondern die Beziehung zwischen Trent und seiner Mutter, die uns ständig anrief, um uns mit ängstlicher und sorgenvoller Stimme nach dem Befinden ihres Sohnes dort draußen in der Wildnis ohne Essen und Begleitung zu fragen. »Mach dir keine Sorgen, Mama, ich werd's schon schaffen«, gab er an und setzte ein mutiges Gesicht auf. Er schien sich in ihrer Besorgnis zu aalen. Auf seinem Handgelenk hatte er ein Herz mit einem Pfeil eintätowiert, in dem »Mama« stand.

Während seines dreitägigen Fastenausflugs raste er kreuz und quer über die Grapevine Mountains wie ein eingesperrter Löwe. Mehrere Male sah man ihn von einem nahegelegenen Felsen auf das Basislager herablugen. Wir waren uns sicher, daß wir ihn in einer mondlosen Nacht einen gefährlichen Abhang herunterkommen hörten. Wir riefen seinen Namen, bekamen jedoch keine Antwort.

Als alles vorüber war, sah er bedeutend besser aus als vorher. Er war nicht mehr blaß, sondern sonnengebräunt, und sein unsicheres, großspuriges Herumgetue war fast völlig verschwunden. Er erzählte uns, daß er keine Angst mehr vor der Dunkelheit habe. Und im Namen seiner heiligen Mutter versprach er, nie mehr zu stehlen und ihr nie mehr zur Last zu fallen.

Zwei Monate später erwischte ihn ein Wachmann auf frischer Tat, als er gerade in einem Haus in einer reichen Gegend in Marin County einbrechen wollte. Doch jetzt war er achtzehn. Niemand konnte mehr etwas für ihn tun. Er mußte ins Gefängnis. Als er wieder herauskam, tauchte er unter. Über ein Jahr lang hörte niemand mehr etwas von ihm. Während dieser Zeit kam es zu einer Reihe von kleineren Einbrüchen, die seine Handschrift trugen. Die Gegend wurde strenger überwacht, und schließlich wurde er geschnappt. Er hatte sich in einem Schuppen an den dichtbewaldeten Hängen des Mount Tamalpais versteckt gehalten und war von Zeit zu Zeit bei seiner Mutter vorbeigekommen, um sich mit den nötigen Vorräten einzudecken.

Loraine (auf einer Schamanenreise)

Loraine, eine 36jährige Ehefrau und Mutter von zwei Kindern, aus einem Nobelviertel von Oakland, entschloß sich auf Anraten ihrer »Geistführer« hin, an einem Fastenritus in der Wildnis teilzunehmen. Die Geister waren ihr während eines von einem Schamanen abgehaltenen Workshops erschienen, an dem sie teilgenommen hatte. Die Anweisung, die ihr von den Geistern aufgetragen wurde, lautete: »Bete zu den vier Großvätern, tanze auf einem Felsen und begrabe deine Rassel an einem heiligen Ort.« Und genau dies wollte sie während ihrer Fastenzeit in der Schwellenwelt ohne Rücksicht auf Hindernisse vollbringen.

Während der gesamten Vorbereitungsphase war Loraine überaus zurückhaltend, was ihre persönliche Lebensgeschichte anbelangte, ja sie weigerte sich sogar, darüber zu sprechen und wurde ungeduldig, wenn man sie nach ihrer Beziehung zu ihrem Ehemann und ihren Kindern fragte. Sie war nur gekommen, um das zu tun, was ihr ihre »Geistführer« aufgetragen hatten. Sie hielt sich von den Vorbereitungen der anderen in der Gruppe fern, da sie der Meinung war, ihre Ziele seien heiliger als die der anderen. Obwohl sie gewarnt wurde, daß der Fastenritus vielleicht ganz anders als in ihren Vorstellungen ablaufen würde, hörte sie nur mit halbem Ohr zu und zog es vor, dem Willen ihrer »Seelenführer« Folge zu leisten, die ihr ganz genau sagten, wie sie sich vorzubereiten habe, zum Beispiel durch Schnitzen von raffinierten kleinen Gebetspfeifen oder Herstellen von perlengeschmückten Federn zu Zeremonialzwecken.

Nur widerstrebend entließen wir sie zum Fasten in die Gebirgskette des Eureka-Tals. Am dritten Tag ihrer für vier Tage vorgesehenen Fastenzeit kehrte sie leicht humpelnd, mit tränenverschmierten Wangen ins Basislager zurück. Sie erklärte, sie sei krank, das Wetter wäre zu heiß und der Boden zu steinig gewesen, außerdem würde ihre Wasserflasche schlecht riechen und zudem sei sie sicher, eine Klapperschlange ganz in der Nähe ihres Lagers gehört zu haben. Sie setzte sich neben ihren Rucksack, legte jedoch vorsorglich ihre Isomatte auf den Boden, damit ihre Jeans nicht dreckig wurden.

Wir fragten sie, ob sie das, was ihre »Geistführer« ihr aufgetragen hatten, durchgeführt habe. Doch sie fing an zu heulen und sagte: »Nein, ich habe nichts davon getan.« Wir fragten sie also: »Was hast Du denn gemacht?« Sie antwortete: »Ich habe nur in meinem Schlafsack gelegen und zu einem kleinen Fetzen blauen Himmel hinaufgesehen, zu etwas anderem konnte ich mich nicht aufraffen.« »Du hast also nicht zu den Großvätern gebetet, auf einem Felsen getanzt oder deine Rassel begraben?« »Nein«, antwortete sie mit tränenerstickter Stimme. »Das ist überhaupt keine schamanische Erfahrung hier, und außerdem hab ich von der Wüste die Schnauze voll!«

Nach geraumer Zeit war Loraine in der Lage, ihr Verhalten kritisch zu betrachten. Im Kreise des »Ältestenrates« hörte sie den »Erfolgsgeschichten« der anderen aus der Gruppe zu und wurde sich darüber klar, daß sie gar nicht dazu bereit gewesen war, die Prüfung einer viertägigen Fastenzeit auf sich zu nehmen. Sie erkannte, wie sie sich selbst in eine negative Haltung hineingeritten hatte, wie sie sich selbst durch ihre naiven Erwartungen an einen Ort der dunklen Schatten gelockt hatte. Wut kam in ihr hoch, Wut auf Männer, Wut auf ihren Ehemann, Wut auf ihre gegenwärtige Lebenssituation, Wut auf ihre behütete kleine Welt im Reichenviertel von Oakland. Endlich erhob die wirkliche Krise ihres Lebens ihr gespenstisches Haupt, ihre »Midlife-Crisis«, die tiefsitzenden Ängste, daß ihr Leben letztendlich im Nichts enden könnte.

Sie versprach wiederzukommen und sich das nächste Mal den harten Bedingungen des Fastens zu stellen. Das war vor drei Jahren. Wir haben seither nichts mehr von ihr gehört.

Susan (Übergang ins Erwachsenenalter)

Susan, ein siebzehnjähriges Mädchen mit geschiedenen Eltern, kam vor Ende ihrer Prüfung zurück. Sie erklärte, sie habe keinen guten Platz zum Schlafen finden können.

Es war leicht erkennbar, daß ihre Unfähigkeit einen geeigneten Platz zu finden, ihre Lebenssituation bis zu jenem Zeitpunkt widerspiegelte. Da sie ständig zwischen ihrer Mutter, ihrem Vater und ihren Großeltern hin und her geschoben worden war, hatte sie angefangen, all diese Plätze zu hassen. Sie hatte sich statt dessen auf der Straße herumgetrieben, wo sie in Schwierigkeiten geriet. Wir hatten sie in einer Fortbildungsschule kennengelernt, wo sie kaum noch mitkam.

Was uns am meisten beunruhigte, war ihr Gefühl, das Opfer äußerer Umstände geworden zu sein. Sie konnte keinen Schlafplatz finden, weil überall der Boden zu hart, die Steine zu spitz, die Tannennadeln zu piekend waren. Wir hätten uns gewünscht, daß sie wenigstens wie ein Löwenzahnsamen irgendwo gelandet wäre und sich dort festgehalten hätte, damit wenigstens ihre Kraft des Durchhaltens gestärkt worden wäre. Aber wie kann Springende Maus zu einem Zuhause zurückkehren, das nie existiert hat? Die Steine sind zu spitz, der Boden ist zu hart und kalt.

Susan ging zu ihrem Vater zurück, doch anscheinend ließ ihn das völlig kalt, da er voll damit beschäftigt war, seinem eigenen Vergnügen nachzugehen. Sie suchte wieder Zuflucht auf der Straße und traf einen älteren Mann, der sie fragte, ob sie mitkommen und mit ihm leben wolle. Sie stimmte zu und brach die Schule ab. Sie begannen ein gemeinsames Leben in Oakland. Sie fand heraus, daß er ein Junkie war. Bald darauf war sie auch zu einem geworden.

Tom (Kokainsucht)

Tom ging »mit Auszeichnung« von der High-School ab und wurde von seinen Mitschülern als »äußerst vielversprechend« eingestuft. Doch Erfolg geht oft seinen eigenen Weg. Er schrieb sich an das College vor Ort ein. Alles lief gut, doch sein Herz war nicht bei der Sache. Da er in einem behüteten Elternhaus aufgewachsen war, war er besonders gierig darauf, alles herauszufinden, was er noch nicht kannte. Er strich seinen Stundenplan zusammen und nahm einen Teilzeitjob in einem Bekleidungsgeschäft an. Bereits nach einem Jahr wurde ihm die Geschäftsleiterstelle angeboten. Er brach sein Studium ab und begann voll zu arbeiten. Es dauerte nicht lange, und er hatte viel Geld gemacht. Das Geschäft lief bestens und expandierte. Er kaufte sich ein neues Auto und verbrachte die meiste Zeit mit seinen Geschäftsfreunden. Sie brachten ihn auf Kokain, ohne das er bald keinen Tag mehr auskam.

Um sich Geld für den Stoff zu beschaffen, begann Tom zu dealen. Bald hatte er ein kleines Vermögen beisammen, geschädigte Nasenhöhlen, ein sich langsam abbauendes Nervensystem, einen tiefempfundenen Ekel vor sich selbst und ein Leben voller Paranoia. Er wußte, daß er sich aufs Meer hinausgewagt hatte, ohne schwimmen zu können. Die Chance zur Veränderung kam, als er beim Dealen erwischt wurde. Der Richter, der ihn zur Höchststrafe hätte verurteilen können, erkannte sein Potential. Er wurde als überführter Verbrecher zu drei Jahren auf Bewährung verurteilt. Das Urteil verlangte außerdem, daß er in irgendeiner Form an einem Rehabilitationsprogramm teilnehmen solle. Er suchte sich den Übergangsritus aus.

Nach vier Tagen und Nächten allein im Tal des Todes kehrte er getragen von einer frischen Brise und entspannt zurück, bereit sein Leben neu in Angriff zu nehmen. Er hatte seinen Kokainlöffel ganz zeremoniell in einem ausgetrockneten Flußbett vergraben, wo ihn vielleicht künftige Archäologen auf der Suche nach Artefakten wieder aufspüren würden. Er erzählte, er habe eine Vision gehabt. Er werde nun Rechtsanwalt werden.

Seine Eingliederung war gekennzeichnet von den klassischen Handlungen einer gelungenen Selbstrehabilitation. Er verkaufte sein Bekleidungsgeschäft und zog in eine andere Stadt um, um sich so von seinem gewohnten Kokainmilieu zu lösen. Er schrieb sich an der Universität ein. Er fand neue Freunde und bekam gute Noten. Als seine Bewährungszeit ablief, bewarb er sich um einen Studienplatz an der Juristischen Fakultät. Er bekam ihn.

Mary (als Kind sexuell missbraucht)

Mary schloß sich mit dreißig Jahren einer Therapiegruppe für sexuell mißbrauchte Frauen an, um die ihr ganzes Leben bestimmenden, verheerenden Auswirkungen zu erforschen, die die wiederholten Übergriffe von seiten ihres Vaters auf ihre Kindheit und ihr späteres Leben gehabt hatten. Sie war verheiratet, Mutter von zwei Kindern und war an einem Krisenpunkt angelangt. Sie mußte diese erdrückenden Erinnerungen loswerden. Zwar hatte sie ihren Vater mit der Wahrheit konfrontiert, doch dieser hatte alles abgestritten. Daraufhin hatte sie beschlossen, ihn aus Rache für immer zu hassen. Doch dieser Haß an sich schon war symbolisch für die Macht, die er immer noch über sie hatte. Sie konnte ihn nicht vergessen, nicht einmal wenn sie mit ihrem Mann schlief. Er verfolgte sie trotz all ihrer Versuche, ihn zu vergessen.

Als sie sich entschloß, an einem Fastenritus teilzunehmen,

sagte sie: »Solange ich meinem Vater gegenüber diesen Haß empfinde, bin ich auch sein Opfer.« Sie wußte, daß das verletzte und verwirrte kleine Mädchen sich irgendwie selbst heilen mußte, ohne die Hilfe ihres Vaters. Vor dem Ende ihrer Wanderung wollte sie versuchen, sich von dieser Bitterkeit reinzuwaschen. Sie würde sich von ihrem Vater verabschieden und sterben. Die Person, die danach aus ihrem Bestimmungskreis hervorgehen würde, würde nur noch in die vielversprechende Zukunft schauen.

Sie kehrte mit schmerzverzerrtem Gesicht über die Schwelle zurück. Das Fasten war ihr nicht leicht gefallen. Sie mußte sich zweimal übergeben und hatte sich körperlich sehr schlecht gefühlt. Sie hatte sich so schwach gefühlt, daß sie sich kaum jeden Tag zu dem Steinhaufen schleppen konnte, um nachzusehen, wie es ihrem Mitfastenden ging. Oft hatte sie sich überlegt, ob es nicht besser wäre, aufzugeben. Mehrere Male hatte sie mit dem Geist ihres Vaters gekämpft, unfähig ihm seine Weigerung, alles zuzugeben, zu vergeben. Schließlich hatte sie in der letzten Nacht ihren Vater in einem kleinen Feuer in ihrem Bestimmungskreis verbrannt und so sein Gesicht durch das reinigende Element des Feuers in das eines Fremden verwandelt. Sie sah ihn nun als kranken, schwachen, schuldigen Mann, der nicht mehr ihr Vater war. Danach war sie in der Lage, ihm zu vergeben.

Erwartungsvoll kehrte sie in den Kreis ihrer Familie zurück. Eine Weile lief sowohl ihr Liebesleben besser als auch die Kommunikation mit ihrem Mann. Doch dann kam der vorhersehbare Sturz. Ihr Mann sagte etwas zu ihr, wonach sie sich verletzt und im Stich gelassen fühlte. Sie schloß sich in altgewohnter Weise völlig von der Welt ab und kämpfte wieder mit ihrem Vater. Er hatte nach seiner Niederlage in der ersten Runde noch nicht aufgegeben.

Ihre Depression löste sich schließlich auf, weil sie sich an das hielt, was sie sich in der Wüste geschworen hatte. Der ausschlaggebende Punkt dabei war immer noch: »Auf Nimmerwiedersehen, Fremder. Ich habe dir vergeben. Ich bin für diese Erinnerungen gestorben. Nun werde ich mein eigenes Leben leben.« Dieser Schwur half ihr über mehrere Jahre hinweg auf ihrem steinigen Weg zu einem allmählich immer erfüllteren Liebesleben.

Sie arbeitete weiter in der Beratungsstelle für mißbrauchte Kinder und Frauen. Mit einer sich ständig vertiefenden Hingabe an ihre Gemeinschaft heilt sie sich selbst. Sie geht mit Frauen, die in ihrer Kindheit ähnlichen Mißbrauch erleiden mußten, hinaus in die Wildnis, wo sie die Kräfte von Mutter Erde nutzen, um ihren Körper zu reinigen und ihre Wunden zu heilen.

Mark (Übergang ins Erwachsenenalter)

Mark, ein zuversichtlicher, vor Energie sprühender achtzehnjähriger High-School-Abgänger, kehrte von seiner Prüfung in der Wildnis in gehobener Stimmung und voller Dankbarkeit gegenüber seinen Eltern zurück, die ihn seiner Ansicht nach gut auf das Leben vorbereitet hatten. Er sprach frank und frei über seine Erfahrungen, schien jedoch mehr an dem interessiert zu sein, was ihn im kommenden Sommer noch erwarten würde: ein Ferienjob und eine Reise nach Europa (das Schulabschlußgeschenk seiner Eltern).

Zwei Wochen später im Kreise des Ältestenrates schien er seine Zukunft immer noch gleich zuversichtlich zu sehen. Nach seiner Rückkehr aus Europa wollte er an ein College gehen. Er wollte Ökobiologie studieren und sich danach für den Entwicklungsdienst melden und in ein fernes Land gehen. Nach seinem Schwellenerlebnis befragt, zeigte er ein hohes Maß an Verständnis und Einsicht. Natürlich hatte er auch Angst gehabt, und das Fasten war ihm schwer gefallen. Doch er hatte seine Ängste durch Selbstbeobachtung überwunden. Und welche Vision hatte er für seine Gemeinschaft mit zurückgebracht? Seine Energie, seine Klugheit und seinen Wunsch, der Menschheit zu dienen. Wir fragten ihn, ob er irgendwann noch einmal fasten wolle. Er antwortete: »Vielleicht. Aber es gibt auch noch andere Herausforderungen, denen ich mich stellen muß. Und ich bin bereit, mich ihnen zu stellen.«

Er reiste daraufhin die meiste Zeit alleine durch Europa. Nach seiner Rückkehr schrieb er sich an der Universität von

Kalifornien in Santa Cruz ein. Als Hauptfach seines Studiums wählte er Umwelterziehung. Nach seinem Abschluß ging er in den Entwicklungsdienst und im Augenblick arbeitet er in Tansania.

Diana (Übergang ins Erwachsenenalter mit einer mystischen Vision)

Der siebzehnjährigen Diana, einer der besten Schülerinnen einer Marin County High-School, wurde eine große Gnade zuteil. Während der letzten Nacht in ihrem Bestimmungskreis passierte folgendes:

> *Ich sah zum Mond hinauf, der einer glänzenden Sichel glich. Plötzlich sah ich, wie sich eine makellose, leuchtende Taube aus ihm heraus löste und zu mir herab auf die Erde flog! Meine Augen waren weit offen. Ich sah diesen wunderschönen Vogel zu unserem Planeten herabfliegen. Ich schloß meine Augen und schrie: »Vater, wir brauchen dich!« Ich dachte, die Erscheinung sei eine Einbildung. Ich fürchtete mich, an so eine kraftvolle Erscheinung zu glauben.*

Dann begriff ich plötzlich, was vor sich ging. Ich saß in meinem Schlafsack im Dunkeln. Mein Kopf war nach oben zum Himmel und den Sternen gerichtet, und meine Augen waren geschlossen. Ich fing an, Regentropfen auf meinen geschlossenen Augenlidern zu spüren. Daraufhin sah ich, immer noch mit geschlossenen Augen, dreieckige, nein, pyramidenförmige Lichtkörper aus allen Richtungen auf mich zuströmen, die durch meine Augen direkt in meine Seele hineinflossen. Ich empfand einen Kraftschub, eine Welle der Bewußtseinserweiterung.

Ich öffnete meine Augen. Diese leuchtenden Sterne schickten immer noch ihre Lichtpyramiden zu mir herab – ich konnte es ganz deutlich sehen. Wie ein Strom war da ein konstanter

Fluß von Wärme, Kraft und Licht, der direkt von den Sternen durch meine Augen in mein Wesen eindrang.

Plötzlich schien sich alles zu einem Gesamteindruck zu verdichten. Der Geist (ich nenne ihn Gott) sandte mir die mystische Botschaft: »Liebe«. Er eröffnete mir den Grund, weshalb ich auf dieser Erde bin. Dieser wundervolle Planet gibt uns nicht nur einen Ort, um als Lebensform zu existieren, sondern auch um gemeinsam wachsen zu können. Ich bin hier, um meinen Beitrag in dieser möglichen Gemeinschaft zu leisten. Ich bin hier, um zu »lieben« und zu akzeptieren. Durch diese Erscheinungen – die Sterne, die Sonne und die ganze auf der Erde vorhandene Energie – kann ich Energie und Liebe in mir aufnehmen und sie wieder nach außen an die Menschen abgeben.

Sie nannte sich nach dieser Erfahrung »Glänzender Berg im Morgengrauen«. Aber sie konnte nicht sehr lange auf dem Gipfel ihres Berges glänzen. Sie mußte ihr letztes Jahr an der High-School abschließen und entscheiden, was sie danach mit ihrem Leben anfangen wollte. Niemand würde ihr zu Hause besondere Aufmerksamkeit schenken, nur weil sie eine Vision gehabt hatte. Es gab keinen institutionalisierten Ältestenrat, der ihr hätte sagen können, daß ihr die Gnade einer ganz besonderen Medizinmacht zuteil geworden war. Alles was ihr blieb, war die tief in ihre Seele eingegrabene Erinnerung.

Sie verwirklichte ihre Pläne, an ein College zu gehen und schrieb sich an der Universität von Colorado ein. Im zweiten Studienjahr lernte sie einen dunkeläugigen, gutaussehenden Mann aus Montana kennen, der in ihrem Englischkurs war. Er war ihr Traummann. Doch er wollte, daß sie ihr Studium abbrach und mit ihm nach Montana ging. Aber wie könnte sie so etwas tun? Ihre Ausbildung war das Höchste für sie. Ihre Eltern, die fünf Kinder durchzubringen hatten, unterstützten ihr Studium finanziell. Wie könnte sie sie so enttäuschen?

Doch Eric und die Verlockung, in der Natur zu leben, zogen sie schließlich in den Bann. Sie ging vom College ab und zog in eine kleine Stadt auf dem Lande ungefähr 60 Kilometer von Missoula. Sie lebten eine Weile zusammen. Eric arbeitete als Forstarbeiter, und sie jobte als Kellnerin. Der erste Liebesrausch war bald vorüber, und sie fing an, sich zu fragen, ob sie die richtige Entscheidung getroffen hatte. Nach einer Reihe von Krisen verließ sie Eric und ging zurück an die Universität.

Noch vor Ende eines Semesters merkte sie, wie sehr sie ihren Freund vermißte. Und auch er war nicht bereit, sie einfach so aufzugeben. Er kam zu ihr auf Besuch, und sie konnten ihrer gegenseitigen Anziehungskraft nicht widerstehen. Er überlegte sich, ob er seinen Job aufgeben und nach Boulder kommen und vielleicht wieder studieren solle. Doch er konnte sich zu keiner Entscheidung durchringen und kehrte wieder zu seiner Arbeit nach Montana zurück.

Kurz darauf stellte Diana fest, daß sie schwanger war. Voller Angst schrieb sie Eric, was geschehen war. Er schrieb ihr zurück, daß er sie wolle und das Baby wolle. Doch immer noch dachte sie, wie ungerecht doch alles sei. Wieso mußte das mitten in ihrer Ausbildung passieren? Wieso mußte gerade sie diese zusätzliche Bürde tragen? Doch im Innersten ihres Herzens stand sie dazu. Denn Jahre zuvor hatte sie in der Wüste eine Vision gehabt, die ihr eröffnet hatte, daß ihre Mission auf Erden das »Lieben« sei.

Sie ging zu Eric zurück, um mit ihm zusammenzuleben. Die Trauung der beiden wurde mit einer einfachen, aber bedeutungsvollen Zeremonie vollzogen. Sie bekamen einen kleinen Jungen. Diana entpuppte sich als gute Mutter. Sie strahlte immer eine gewisse Ausgeglichenheit, Zentriertheit und Bodenständigkeit aus. Sie glich nie jenen ausgemergelten, halb verhungert aussehenden Mystikern, die sich auf ihrem Weg zum Licht der Lichter entlang der *Via Negativa* kasteien und peinigen. Sie rannte über die Prärie und kam zum Ort des Büffels. Er war in ihrem Schoß.

Hildegard (Übergang im mittleren Lebensalter)

Hildegard schrieb uns einen Brief mit Absender Augsburg, West-Germany, und drückte darin in holprigem Englisch ihren Wunsch aus, sich für einen »Visionsfastenkurs« an der »School of Lost Borders« anzumelden. Sie beschrieb sich selbst als geschiedene Frau, 55 Jahre alt, Mutter von zwei Söhnen und Psychotherapeutin der Jungianischen Schule mit Spezialgebiet Kinder- und Familientherapie. Wir teilten sie für einen Kurs im Mai ein, und als die Zeit herangekommen war, tauchte sie tatsächlich in unserem kleinen Kaff am Rande der Mojave-Wüste auf. Sie war eine elegante, gebildete, sehr schöne Frau, die uns mit strahlendem Lächeln und ernsthafter Absicht begegnete.

Wir baten sie, ein bißchen etwas über ihre persönliche Geschichte zu erzählen, und sie beschrieb uns in groben Zügen ihre Lebensgeschichte. Sie war 1932 als Kind wohlhabender Eltern in der Nähe von Frankfurt geboren und hatte keine gewöhnliche Kindheit verbracht, da zu dieser Zeit gerade Hitler die Macht in Deutschland ergriff. Sie war das jüngste von vier Kindern und das einzige Mädchen und ab dem Alter von sechs Jahren war sie von ihrem Vater, einem Waffenproduktionsexperten, sexuell mißbraucht worden. Ihre Mutter, eine kraftlose, weltfremde Protestantin, hatte sich geweigert, den Dingen ins Auge zu sehen, und Hildegard hatte, durch die Drohungen von seiten ihres Vaters gelähmt, niemand, an den sie sich wenden, niemand, dem sie alles erzählen konnte.

Als sie sieben war, fielen die Nazis in Polen ein. Zu jener Zeit hatte sie sich bereits daran gewöhnt, den Führer bei sich zu Hause zu sehen, denn er kam häufig dorthin, um sich mit ihrem Vater, Heinrich, zu beraten, dessen Waffenimperium aus mehreren Munitionsfabriken bestand, die für den Krieg von höchster Bedeutung waren. Da sie noch relativ klein war, hatte sie kaum eine Ahnung davon, was in Deutschland vor sich ging. Die einzigen Werte, die sie kannte, waren der Nazismus und die seichten Glaubensinhalte ihrer Mutter. Sie war ein sensibles, hübsches und intelligentes Mädchen, das dazu gezwungen wurde, die Unmenschlichkeit des Nazismus durch die tyrannische und brutale Behandlung von seiten ihres Vaters aus erster Hand zu erleben. Vor den Alpträumen, die sie quälten, und den unkontrollierbaren Schüttelanfällen, die sie manchmal überfielen, suchte sie Zuflucht in den nahegelegenen Wäldern. Das war der einzige Ort, an dem ihr gequältes Herz und ihr geschundener Körper Heilung und Erleichterung fanden.

Im Jahre 1942 flogen die Alliierten verstärkt Bombenangriffe auf den Frankfurter Raum und konzentrierten sich dabei vor allem auf die riesige Munitionsfabrik, die zur Firma ihres Vaters gehörte. Das Leben der kleinen Hildegard wurde zu einem schrecklichen Alptraum aus Bomben, Flugzeugen, Flakgeschützen, Fliegeralarm und Luftschutzbunkern. Nach einer gewissen Zeit wurde nicht nur die Fabrik ihres Vaters mit Bombenteppichen belegt, sondern auch der traditionelle Familienbesitz. Ihr wurde klar, daß das Übel in der Welt regierte, daß Männer da waren, um Krieg zu führen, um die Menschen aus ihrer Umgebung wegzuholen, um unschuldige Mütter und Kinder umzubringen. Diese Gefühle wurden durch ein anderes Erlebnis noch verstärkt, als sie eines Tages mit ihrer Großmutter durch die zerbombten Straßen ihrer Heimatstadt lief. Plötzlich erschien ohne Vorwarnung ein P-51 Mustang-Bomber am Himmel, der die Stadt ohne Rücksicht auf Verluste im Tiefflug bombardierte. Als die beiden gerade zum Schutz in einen Bunker rennen wollten, wurde ihre Großmutter nach einem Einschlag von einem Bombensplitter am Kopf getroffen, woraufhin sie in den Armen ihrer Enkelin starb.

Als der Krieg vorbei war, wurde Heinrich ins Gefängnis geworfen, doch das Familienunternehmen bestand weiter. Zwei ihrer Brüder führten den Betrieb mit Hilfe ihres Vaters, der zwei Jahre später wieder entlassen wurde, weiter und paßten ihre Metallwarenherstellung dem Bedarf in Friedenszeiten an. Das Geschäft florierte. Zu jener Zeit war Hildegard fünfzehn und besuchte das Gymnasium vor Ort. Danach studierte sie an der Universität Heidelberg Musik (sie war ausgebildete Flötistin) und Jungianische Psychoanalyse. Nach Abschluß ihres Studiums lernte sie einen Mathematikprofessor der Universität München kennen, heiratete ihn und zog mit ihm in sein Haus auf dem Lande in der Nähe von Augsburg. Sie gebar ihrem Mann zwei Söhne, bevor sie sich 1960 von ihm scheiden ließ. Zu jenem Zeitpunkt begannen langanhaltende Depressionsphasen, und sie mußte mehrere Jahre lang intensiv psychotherapeutisch betreut werden. Da sie sich außerstande sah, den von ihrem Vater und dem Krieg ausgelösten inneren Horror zu vergessen, insbesondere das schreckliche Schuldgefühl wegen der Verbindung ihrer Familie zu Hitler und den Nazis, brach sie alle Verbindungen zu ihren Eltern und Brüdern ab und teilte ihnen mit, daß sie nichts von deren Geld wolle und ihr millionenschweres Erbe, das ihr laut Testament ihres Vaters zustand, nicht antreten werde.

Als ihre Wut gegen ihren Vater, andere Männer und ihre eigene Herkunft immer stärker wurde, begannen sie andere Schattengespenster wie Selbstverachtung, sexuelle Unzulänglichkeitsgefühle, Alpträume und Paranoia zu quälen, und der Gedanke an Selbstmord tauchte in ihrem erwachenden Geist auf. Noch während sie sich mit diesen Dingen herumschlug, entschloß sie sich, sich als Psychotherapeutin selbständig zu machen und einen Lebenssinn darin zu suchen, ihren aufmerksamen, empfindsamen Geist anderen Menschen, die ebenfalls in einer Krise steckten, zur Verfügung zu stellen.

Zwanzig Jahre später, im mittleren Alter und nach einer Reihe von Affären mit Liebhabern und einem Leben, das durch immer größeren Erfolg als Therapeutin der Jungianischen Schule gekennzeichnet war, rutschte sie wieder in einen Sumpf von Depressionen hinab und merkte, daß sie die Schattengespenster nie wirklich begraben hatte. Die rachsüchtige Rückkehr der Gespenster fiel mit ihrem fünfundfünfzigsten Geburtstag zusammen. Plötzlich erschien ihr ihr Leben wieder trostlos, quälend, angstvoll, grausam, brutal und ohne jegliche Liebe. Sie suchte Zuflucht im familieneigenen Schloß im tiefsten Schwarzwald, wo sie ihre kindliche Liebe für die Natur wiederentdeckte. Doch Gespenster aus der Vergangenheit lauerten hinter jedem Baum. Wo sie auch hinging, tauchte die schmerzliche Erinnerung an ihren Vater auf. Aus Angst, verrückt zu werden, wenn sie diese Erinnerung nicht ebenso begraben konnte wie seinen Leichnam, der schon Jahre vorher beerdigt worden war, schrieb sie an eine Schule, die Kurse im »Visionsfasten« in der kalifornischen Wüste anbot.

Hildegard fastete vier Tage und Nächte lang in den Bergen nördlich des Eureka-Tals. Sie hatte noch nie zuvor eine Wüste gesehen, geschweige denn dort gelebt. In der Nacht bevor sie die Schwelle überquerte, trat das furchtsame kleine Mädchen in ihr zutage, das wütend, dickköpfig und voller Angst war. Nervös, aber mit selbstbeherrschtem Mut, machte sie sich am nächsten Morgen auf die Suche nach ihrem Platz zum Fasten. Nach vier heißen Maitagen im Eureka-Tal kehrte sie am fünften Morgen verdreckt, verschwitzt und braungebrannt wie Zedernrinde zurück und in ihren grünen Augen blitzte ein Lächeln. »Es ging sehr gut!« sagte sie und lachte, und ihr Gesicht verriet, was sie über sich selbst gelernt hatte, etwas Heldenhaftes, Magisches und unermeßlich Wertvolles. Man hätte sie für eine keltische Priesterin aus grauer Vorzeit halten können, wie sie so aufrecht dastand mit ihrem graublonden Haar, das von Staub und Sonne entflammt wurde.

Sie kehrte an ihren Wohnort in Deutschland zurück und schickte uns begeisterte Briefe über die Veränderungen, die in ihrem Leben stattgefunden hatten. Sie schrieb uns, sie hätte in sich eine Tigerin entdeckt, die stark genug sei, ihren Vater zu vertreiben, und sie benutze einige der Methoden des Visionsfastens zur Therapie anderer Menschen. Außerdem wolle sie sich für einen Ausbildungskurs für Fortgeschrittene anmelden und eine »Reise in die Unterwelt« (sechstägige Wanderung ohne Essen in absoluter Einsamkeit) unternehmen. Nachdem wir sie nun besser kannten, erschien sie uns als geeignete Kandidatin, denn sie war eine starke, intelligente, reife, in ihrem Beruf erfahrene Frau und eine Schülerin mit rascher Auffassungsgabe und großem Lerneifer. Sie konnte das Gelernte an ihre Mitmenschen in Deutschland weitergeben. Wir antworteten also: »Gut. Warum kommst Du nicht einfach nächstes Frühjahr?«

Sie verbrachte den ganzen April und Mai mit uns in der nördlichen Mojave-Wüste, weit weg von den Nazigeistern, die in ihrem Heimatland herumspuken. Die Wüstensonne brannte allen Unrat aus ihrem Körper und ihrer Psyche heraus. Sie lernte, auf sich selbst zu vertrauen durch aufmerksames Hören auf die weise Stimme des Windes, des Wacholderbusches, des großen Salbeibusches, des Gebirgsbaches, des stahlblauen Himmels. Sie wanderte nachts im Lichte der Mondgöttin und begegnete der bewegungslosen Klapperschlange, die im Abendrot auf der Lauer lag. Sie schlief beim Heulen der Kojoten und beim Schrei der Eulen. Sie unterstützte uns, wenn wir anderen bei ihrer Vorbereitung auf die Schwelle und beim Übergang halfen, betete mit uns für deren Wohlergehen und half beim Eingliederungsprozeß. Sie lernte, die Mythologie in der Lebensgeschichte zu erkennen, den Spiegel, der das Symbol umgibt. Sie legte ihre Träume in den großen Kreis der sechs Richtungen und sah, daß alle Dinge in ihr im Gleichgewicht waren, daß ihre Depressionsanfälle, ihre Schattengespenster, ihr Kindheitstrauma nur notwendige Elemente in der Harmonie des Gleichgewichts waren, in dem sie in jedem Moment tanzte. Sie hielt ihre Zeremonien auf ihre eigene Art und Weise ab, mit ihren eigenen Symbolen, ohne Mittler oder Hohepriesterin, die zwischen ihr und dem, zu dem sie betete, gestanden hätte.

Im Mai machte sie sich auf die Reise in die Unterwelt, eine 40 Kilometer-Wanderung durch das Hochland der Inyo-Berge. Am ersten Tag führte sie ihre Reise durch eine Schlucht, die so steil, dunkel und unzugänglich war, wie sie noch keine gesehen hatte. Wir beobachteten, wie ihre sich vorwärts kämpfende Gestalt vom Schatten einer Biegung des Cañons verschluckt wurde. Vor ihr lagen sechs Tage des Fastens und Gehens, des Tanzens mit ihren Schatten, des Suchens in der Welt der Natur, die ihre Frage beantworten würde: »Soll ich diese Arbeit in meiner Gemeinschaft in Deutschland machen?« Schon nach einer Stunde tauchte die Antwort auf – die Überreste eines Berglöwenskelettes lagen direkt auf ihrem Pfad unter einer Kiefer.

Obwohl wir die Kontrollpunkte während der gesamten Zeit ihres einsamen Marsches überprüften, sahen wir sie selbst nie. Wenn wir versuchten, ihr eine kleine Strecke nachzugehen, merkten wir, wie leichtfüßig sie über die Erde dahinlief. Sie hinterließ kleine, klare Notizen, in denen sie uns versicherte, daß es ihr gut ginge.

Am letzten Morgen, dem Tag ihrer Rückkehr, sahen wir sie schon von weitem über eine Wiese voller Salbei mit festem Schritt und federndem Gang auf uns zukommen. Die schwachen Fetzen eines Liedes, das sie sang, wurden von der dünnen Luft zu uns herübergetragen und wurden lauter, je näher sie kam. Sie sang Mozart. Sie kam frischer und fitter ins Basislager zurück als sie weggegangen war. Ihre Umarmung war herzlich und ehrlich. Ihre Frage war beantwortet worden. Der Berglöwe war voller Freude und im Einklang mit sich dahingewandert.

Seit dieser Zeit kommt sie jedes Frühjahr in unsere kleine Stadt und bringt jedesmal ein paar ihrer Landsleute mit. Sie geht mit ihnen in die Inyo-Berge, die übersetzt »Ort des Großen Geistes« heißen. Dort fasten sie und leben in Abgeschiedenheit und suchen Antworten auf die Lebensfragen, die ihnen am Herzen liegen. Da es schwierig ist, in Deutschland so eine relativ unberührte Wildnis zu finden, bringt sie ihre Landsleute hierher in die Wüste, in das Land der ehemaligen Feinde des Dritten Reiches, in dasselbe Land, das das Flugzeug und den Pilot aussandte, die im Tiefflug über ihre Heimatstadt hereinflogen und vor langer Zeit das Leben ihrer Großmutter auslöschten.

Die Heiligen Berge der Vision

Plötzlich stieß er auf einen grauen Wolf, der da saß und absolut nichts tat.

»Hallo, Bruder Wolf«, sagte Springende Maus.

Die Ohren des Wolfes wurden aufmerksam und seine Augen leuchteten.

»Wolf! Wolf! Ja, das ist es, was ich bin, ich bin ein Wolf!« Aber dann erblaßte sein Gesicht wieder und es dauerte nicht lange, bis er wieder still da saß, ohne sich zu erinnern, wer er war. Jedesmal, wenn Springende Maus ihn daran erinnerte, wer er war, wurde er durch die Mitteilung angeregt, vergaß es aber bald wieder.

»So ein großes Wesen«, dachte Springende Maus, »aber er hat kein Gedächtnis.«

Springende Maus ging zum Mittelpunkt dieses neuen Ortes und war still. Er lauschte sehr lange dem Pochen seines Herzens. Dann war er plötzlich entschlossen. Er huschte dorthin zurück, wo der Wolf saß und sprach.

»Bruder Wolf«, sagte Springende Maus …

»Wolf!, Wolf!« sagte der Wolf …

»Bitte, Bruder Wolf«, sagte Springende Maus, »bitte hör mich an. Ich weiß, was dich heilen wird. Es ist eines meiner Augen. Und ich möchte es dir geben. Du bist ein größeres Wesen als ich. Ich bin nur eine Maus. Bitte nimm es an.«

Als Springende Maus aufhörte zu sprechen, flog sein Auge aus seinem Kopf, und der Wolf war geheilt.

Tränen flossen die Backen des Wolfes herab, aber sein kleiner Bruder konnte es nicht sehen, denn er war jetzt blind.

»Du bist ein großer Bruder«, sagte der Wolf, »denn jetzt habe ich mein Gedächtnis. Aber nun bist du blind. Ich bin der Führer zu den Heiligen Bergen. Ich werde dich hinbringen. Dort ist ein großer Medizinsee. Der schönste See der Welt. Die gesamte Welt spiegelt sich darin. Die Menschen, die Zelthäuser der Menschen und all die Wesen der Prärie und des Himmels.«[114]

Alles fing damit an, daß der kleine Mäuserich das Rauschen des heiligen Flusses in seinen Ohren hörte. Ganz naiv machte er sich auf, um herauszufinden, was es war. An dieser Stelle kam der Waschbär ins Spiel. Er nahm den Mäuserich zum Fluß mit, damit er mit dem Frosch sprechen und ein bißchen »Springmedizin« bekommen konnte. Nun, da Sie das ganze Spektrum des Lebens von Springende Maus überschauen können, können Sie abschätzen, welche relativ nebensächliche, aber dennoch wichtige Rolle der Waschbär im Wachstum und in der Entwicklung von Springende Maus spielte. Wäre der Waschbär nicht gewesen, so hätte Springende Maus vielleicht nie zum Heiligen Fluß gefunden, und wenn er nicht zum Fluß gekommen wäre, wie hätte er dann die Heiligen Berge in der Ferne glänzen sehen können? Hätte er nie die Heiligen Berge gesehen, wie hätte er dann merken sollen, daß er mit seinem alten Leben im Land der Mäuse unzufrieden war? Wäre er nicht unzufrieden gewesen und von der Vision der großen Berge verfolgt, wie hätte er dann die Bequemlichkeit und Sicherheit vom Land der Mäuse und dem einzigen Leben, das er kannte, hinter sich lassen können, um sich hinauszuwagen auf die gefährliche Prärie unter die gnadenlosen Augen des Adlers? Hätte er sich nicht auf die Prärie hinausgewagt, wie hätte er dann sein Auge hergeben, sein Volk heilen und sicheres Geleit zum Fuße der Heiligen Berge erhalten können?

Springende Maus erreichte die Schwelle seines letzten Lebensübergangs. Aber mit dem Herschenken war es für ihn noch nicht vorbei. Ein hilfloser Wolf saß an der Schwelle, der sich zu erinnern versuchte, wer er war. Springende Maus wurde sich darüber klar, daß er ein Ding besaß, das den Wolf heilen konnte. Er war den ganzen weiten Weg über die Prärie gekommen, nur um auch noch ein weiteres Auge herzugeben. Durch diese Tat wurde er selbst blind. Die glänzenden Berge seiner Vision wurden in Nacht gehüllt.

Doch der Wolf war geheilt. Er erinnerte sich daran, daß er der Führer zu den Heiligen Bergen war. Er führte seinen blinden Wohltäter zum Medizinsee. Springende Maus trank aus dem See und der Wolf beschrieb ihm seine Schönheit. Aber dann war es Zeit für den Wolf zu gehen. Denn andere kamen auch noch zu den Heiligen Bergen. Sie brauchten ihn ebenfalls als Führer. Der kleine Mäuserich fürchtete sich, allein zurückzubleiben. Nun war er leichte Beute für die Adler.

Springende Maus saß da und zitterte vor Angst. Es war sinnlos zu laufen, denn er war blind, aber er wußte, daß ihn hier ein Adler finden würde. Er fühlte einen Schatten auf seinem Rücken und hörte das Geräusch, das Adler machen. Er spannte sich an für den Schlag. Und der Adler traf! Springende Maus schlief ein.[115]

Die Berge der Vision waren die Berge des Todes. Der blinde Springende Maus war am Ende seines Lebens angekommen. Wie lange war es her, daß der Waschbär ihn zum Heiligen Fluß mitgenommen hatte? Wie lange war es her, daß er so hoch gesprungen war, wie er nur konnte, und genau diese Berge in der Ferne glänzen gesehen hatte? Wie hätte er wissen sollen, was ihm bevorstand? Wie hätte er wissen sollen, was ihn diese Reise kosten würde? Doch er hatte es durch das Herschenken seiner Augen wirklich geschafft, ins Herz der Heiligen Berge der Vision, zum Medizinsee, zu gelangen.

Springende Maus wußte es nicht, doch der Wolf war ein Trickster. Er hätte das Auge von Springende Maus bekommen, ob er es nun gewollt hätte oder nicht. Denn niemand betritt die Heiligen Berge, ohne blind zu sein. Niemand geht dorthin, außer wenn es Zeit zum Sterben ist. Niemand erreicht die Quelle der Vision, wenn Gevatter Tod ihn nicht dorthin führt. Und niemand trinkt aus dem Medizinsee, außer er ist bereit, seinen Durst für immer zu stillen.

Unser kleiner Held konnte das Unvermeidliche nicht länger hinauszögern. Er war den ganzen weiten Weg nur gekommen, um am Ende doch noch die Beute der Adler zu werden. So sei's denn. Zitternd vor Angst wartete er darauf, daß der Tod zuschlug.

Der Tanz des »Beide-Augen-Herschenkens«

Und alles wird Eins, wenn wir weitertanzen, weitertanzen, weitertanzen.[116]

Theodor Roethke, *Once More, the Round*

Die Geschichte von Springende Maus ist nicht auf die Vergangenheit, Gegenwart oder Zukunft festgelegt. Auf ihrer untersten Ebene ist der Zeitrahmen immer das Jetzt. Wir hören immer das Rauschen des Heiligen Flusses in unseren Ohren. Wir verlassen immer das Land der Mäuse auf der Suche nach ihm. Wir laufen immer quer über die Prärie unseres Lebens. Wir sind immer dazu aufgefordert, für unsere Gemeinschaft etwas hergeben zu müssen. Wir stehen immer vor den Toren der visionären Berge des Todes. Wir sind immer eine blinde Beute für den Adler.

Und geben wir nicht immer dem Büffel das eine Auge und dem Wolf das andere? Ein Auge ist nach außen gerichtet auf die Liebe und die Menschen. Das andere Auge ist nach innen gerichtet auf den Tod und die Erleuchtung. Ohne das nach innen gerichtete Auge würden wir dem Adler nie begegnen. Jedes der beiden Augen ist untrennbar mit unserer Reise verknüpft, deren Ausgang davon abhängt, wie gut wir mit beiden Augen gleichzeitig tanzen können.

Unsere Büffelwahrnehmung läßt uns lieben, vertrauen, arbeiten, planen und den Menschen dienen. Mit dem Auge des Büffels sehen wir die Schönheit in den anderen und sind zu Mitleid gerührt. Wir wollen ihnen beistehen, sie heilen, mit ihnen verbunden sein. Durch dieses Auge erkennen wir die Weisheit und Ordnung des Universums.

Mit unserer Wolfswahrnehmung können wir die Schattenseite der Dinge erkennen, den Zerfall, die Wandlungen, das Sterben und den Tod. Durch das Auge des Wolfes wandern wir in die Heiligen Berge hinein und gelangen zum Medizinsee. Es führt uns zu mystischer Erleuchtung und spiritueller Transformation. Obwohl wir blind sind, sehen wir.

Die Geschichte von Springende Maus veranschaulicht diesen dualen Aspekt der menschlichen Wahrnehmung. Das eine Auge ist für das Licht, das andere für die Dunkelheit. Das eine Auge sieht das Heilige, das andere das Profane. Das eine Auge sieht die äußere Erscheinung, das andere sieht hinter des Kaisers neue Kleider. Die Vision, die wir suchen, hat auch ihre dunkle Seite und die Blindheit, in die wir eintreten, ist nicht ohne Scharfblick. Die Reise zu den Heiligen Bergen geht durch Licht und Schatten. Der Pfad über die sonnige Lichtung führt in Sumpf und Morast. Der Abgrund der Verzweiflung führt zu den Quellen der Heilung. Erleuchtung und Blindheit wohnen als ein und dasselbe in den widerspiegelnden Wassern des Medizinsees. Widersprüche werden gelöst im Tanz mit beiden Augen.

Diese beiden Welten miteinander ins Gleichgewicht zu bringen – symbolisch dargestellt durch das Herschenken der beiden Augen von Springende Maus –, ist die Aufgabe der visionären Reise. Die Welt der Schwelle, die heilige, natürliche Welt muß ihren Gegenpart finden in der profanen, rauhen, diesseitigen Welt. Der offensichtliche Widerspruch zwischen dem Spirituellen und Materiellen muß aufgehoben und beides miteinander in Einklang gebracht werden. Der Tugendhafte und der Lasterhafte, der Heilige und der Sünder, der Unschuldige und der Erfahrene, die Jungfrau und die Hure, das Vollblut und das Halbblut werden im Tanz mit beiden Augen miteinander ins Gleichgewicht gebracht.

Das Herschenken der beiden Augen bezieht sich auf alle Dimensionen unserer Erfahrung, denn unser Leben spielt sich zwischen dem Mensch in uns (dem Büffel) und der »Natur« in uns (dem Wolf) ab. Unser Bestimmungskreis beinhaltet sowohl unsere männliche als auch unsere weibliche Seite, das Emotionale und das Intellektuelle, Wachen und Träumen, Freiheit und Verantwortung, Jugend und Alter, Innerlichkeit und Äußerlichkeit, Geburt und Tod. Auf unserer Reise lernen wir, daß alle Widersprüche, alle auseinanderlaufenden Wege in der Einheit des Handelns vereint werden. Wir lernen, die Weisheit unserer Handlungen gelten zu lassen, wenn sie der Quelle der Synthese entstammen, die dasselbe ist wie der Tanz mit beiden Augen.

Laßt uns denn mit Springende Maus tanzen, jeden Tag, jede Stunde, jede Minute und ein Auge dem Büffel geben und das andere dem Wolf; laßt uns jeden Augenblick des Hier und Jetzt unseren Mut zusammennehmen, um das Land der Mäuse hinter uns zu lassen; laßt uns jede Sekunde blind von den Wassern des Medizinsees trinken, jede Sekunde sicher unter dem breiten Rücken des Büffels gehen, uns jede Sekunde wehrlos vor dem herabstoßenden Adler ducken.

Der neue Name von Springende Maus

Dann wachte er auf. Die Überraschung noch am Leben zu sein, war groß, aber jetzt konnte er sehen! Alles war verschwommen, aber die Farben waren wunderschön.

»Ich kann sehen! Ich kann sehen!« sagte Springende Maus immer wieder.

Eine verschwommene Form kam auf Springende Maus zu. Springende Maus kniff die Augen fest zusammen, aber die Form blieb verschwommen.

»Hallo, Bruder«, sagte eine Stimme. »Willst du etwas Medizin?«

»Etwas Medizin für mich?« fragte Springende Maus. »Ja! Ja!«

»Dann duck dich so tief du kannst«, sagte die Stimme, »und spring so hoch du kannst.«

Springende Maus tat, wie man ihm geheißen hatte. Er duckte sich so tief er konnte und sprang! Der Wind fing ihn auf und trug ihn höher.

»Hab keine Angst«, rief ihm die Stimme zu. »Klammere dich an den Wind und hab Vertrauen!«

Springende Maus tat es. Er schloß seine Augen und klammerte sich an den Wind und der trug ihn höher und höher. Springende Maus öffnete seine Augen und sie waren klar, und je höher er kam, desto klarer wurden sie. Springende Maus sah seinen alten Freund auf einem Seerosenpolster auf dem wunderschönen Medizinsee. Es war der Frosch.

»Du hast einen neuen Namen«, rief der Frosch. »Du bist Adler!«[117]

Der Wolf hatte Springende Maus ausgetrickst. Denn in Wirklichkeit hatte er sein anderes Auge genommen, damit er sehen konnte. Tod war Scharfblick. Der Wolf hatte ihn direkt ins Innerste der Vision geführt, die Transformation bedeutete. Springende Maus erhob sich auf vertrauensvollen Flügeln in den Sonnenaufgang des Todes hinein.

Aber ist damit die Geschichte zu Ende? Hört der Kreis hier auf? Adler, vormals Springende Maus, reitet hoch auf den Winden der Erleuchtung und durchdringt die Schleier zwischen seinem emporstrebenden Geist und den ewigen Sternen. Wenn er seinen Kopf dreht, kann er den heiligen Fluß in der Ferne dahinrauschen sehen. Und ganz weit weg sieht er winzige Punkte sich durcheinanderbewegen, mit kleinen zuckenden Schwänzchen und den Nasen und Barthaaren am Boden. Kann sich der Adler daran erinnern, daß er einmal im Land der Mäuse gelebt hat? Die Zeit wird kommen, wenn Adler ein Auge dem Büffel und das andere Auge dem Wolf schenken wird, damit er sich erinnern kann, daß er eine Maus ist.

Die Suche von Springende Maus nach dem Heiligen Fluß hatte eigentlich etwas mit dem Springenlernen zu tun. Da ihm das Springen nicht geläufig war, mußte er üben für den großen Sprung, bei dem er sich an den Wind klammern und fliegen würde. Seine Reise zum Fluß war ein Üben für den Tod. Sie hatte ihm dabei geholfen, all die anderen Übungssprünge auf dem Weg zu den Heiligen Bergen zu vollbringen. Und gerade als es den Anschein hatte, daß das ganze Springenüben nun ein Ende habe, als er so blind wie ein Maulwurf war, stand der große Sprung an. Und nun verlief alles genau wie am ersten Tag am Heiligen Fluß. Da war der Frosch, der auf seinem Seerosenpolster saß. Und Bruder Frosch sagte genau dasselbe, was er vorher bereits gesagt hatte: »Duck dich so tief du kannst ... und spring so hoch du kannst.« Der kleine Mäuserich war bereit. Er hatte seinen Hochsprung gut geübt; er hatte das Sterben gelernt. Aber was sah er, als er sich auf den Flügeln der Wiedergeburt erhob? Er muß die Heiligen Berge in der Ferne glänzen gesehen haben.

An dieser Stelle kam der Waschbär ins Spiel. Erinnern Sie sich noch? Er hatte dem Mäuserich erzählt, woher das seltsame Geräusch in seinen Ohren kam. Der kleine Mäuserich hatte ihm geglaubt und war mit ihm zum Heiligen Fluß gegangen. Der Waschbär verließ ihn dort – oder verließ der Mäuserich den Waschbär? Die Tage vergingen. Großmutter Natur lächelte und schaute finster drein und schloß ihn in ihre großen Arme. Durch den Frosch teilte sie ihm mit, daß er so hoch springen solle, wie er nur konnte. Als er zurückkam, hatte er einen neuen Namen – Springende Maus. Der Waschbär beobachtete seine Rückkehr ins Land der Mäuse. Er sah Springende Maus auf Unverständnis und eingefahrene Gewohnheiten stoßen. Er sah zu, wie der kleine Kerl rastlos immer wieder an seine Grenzen stieß und schließlich mit großem Mut über die Prärie zu den Heiligen Bergen losrannte. Er war fest entschlossen, die Vision auf Erden für seine Gemeinschaft zu verwirklichen. Aber was passierte mit dem Waschbär? Wo ging der hin?

Die Geschichte von Springende Maus liefert keinen einzigen Anhaltspunkt, welches Schicksal dem Waschbär bevorstand. Man könnte vermuten, daß er weiterhin andere Mäuse zum Heiligen Fluß, dem Ursprung des Rauschens in ihren Ohren, führte. Offenbar besteht die Lebensreise des Waschbären im Herschenken eines seiner Augen an den Mäuserich (dem Symbol seines Volkes). Davon handelt dieses Buch.

Aber was erhält der Waschbär für seinen Tanz des Herschenkens an den Mäuserich, wenn dieser quer über die Prärie zum Fuße der Heiligen Berge rennt? Kann er irgendeine Belohnung für seinen unerschütterlichen Gehorsam gegenüber dem Rauschen des Heiligen Flusses erwarten? Wird ihn der Herr der Heiligen Berge mit einer Karotte für sein Bäuchlein belohnen? Wird ihm eine höhere Stufe auf der Reinkarnationsleiter zuerkannt werden? Die wirklichen Belohnungen sind die, die er im Mülleimer des Mäuserichs findet, Dinge, die sowohl für ihn selbst als auch für das Überleben seiner Gemeinschaft von Nutzen sind. Diese Dinge werden ihn vor den Schattenflecken am Himmel der Prärie schützen. Wenn er hart arbeitet, geduldig und gewieft ist, werden seine Nase und seine klebrigen Finger schon etwas zutage fördern.

Natürlich muß es sich nicht bei jedem, der ein Rauschen in seinen Ohren hört, um eine Maus handeln. Es kann genauso gut eine Ratte, ein Skorpion, Rabe, Habicht, Reh, eine Kuh, ein Erdkuckuck, eine Spinne, ein Fuchs, Wurm, Kaninchen oder Chuckwalla-Iguana sein. Um wen es sich auch handeln mag, der Waschbär wird schließlich etwas über ihn und über die Vielzahl der Kreaturen, aus denen sich sein Bestimmungskreis zusammensetzt, herausfinden. Er wird entdecken, auf welche Weise jeder, der das Rauschen hört, nur das Abbild seines eigenen einzigartigen Weges über die Prärie des Lebens ist. Er wird entdecken, wie er sich seine Welt selbst schafft und bevölkert.

Aber wer ist nun eigentlich der Waschbär? Das ist ein Name für ihn, aber hat er auch noch andere Namen wie Springende Maus? Wird er den Namen des Schattengeflüsters annehmen, das letztendlich über ihm anheben und ihn transformieren wird? Vielleicht ist die beste Antwort auf diese Frage eine andere Frage: Wer ist der größte Feind des Waschbärs – und sein größter Verbündeter? Vor wem hatte er all die Jahre während seines Rennens über die Prärie am meisten Angst?

Eines Tages wird auch der Waschbär wie Springende Maus am Fuß der Heiligen Berge ankommen und sein anderes Auge dem Wolf geben. Dort an dem großen Medizinsee wird er alleine und blind in seinem Bestimmungskreis sterben. Ein großes Wesen wird über ihn herfallen wie eine Explosion. Er wird einschlafen. Dann wird er eine bekannte Stimme hören, die ihm zuruft: »Willst du etwas Medizin?« »Ja! Ja!« wird Waschbär eifrig antworten. »Dann duck dich so tief du kannst, und richte dich so hoch auf wie du kannst – und du wirst deine Medizin bekommen.«

Der Waschbär wird sich tief ducken und sich so hoch aufrichten, wie er nur kann. Ganz allmählich wird die Finsternis weichen. Seine Augen werden sich öffnen und die Weite des Raums um ihn herum schauen. Aufrecht stehend mit nach unten auf seine kräftigen Beine gerichtetem Blick wird er merken, daß seine oberen Gliedmaßen nun frei sind, um eine Vielzahl von Aufgaben zu erfüllen: Sammeln, Formen, Sortieren, Pflanzen, Schreiben, Organisieren, Umarmen. Wenn der erste Geburtsnebel sich lichtet, wird er die Feinheit seiner Wahrnehmung spüren, die Leichtigkeit und den Fluß seiner Gedanken, die Schärfe seiner Empfindungen, den Aufruhr seiner Emotionen, das stete Pochen der Liebe in seinem Herzen.

Wenn er hinunter in den Spiegel des Medizinsees schaut, wird er seinen neuen Körper reflektiert sehen. Er wird merken, daß er sowohl Tier als auch immaterielles Wesen ist. Mit seinen Füßen auf der Erde verwurzelt wird sich sein Geist über den Kosmos hinaus erheben und nachsinnen über die Existenz einer höheren Macht. Im Süden wird er das ferne Rauschen des Heiligen Flusses vernehmen. Im Westen wird die Sonne über der großen Prärie der Wandlung und des Todes untergehen. Im Norden werden sich die Heiligen Berge erheben, so nah, doch ach so fern. Und im Osten, am Rande der Morgendämmerung, wird die Sonne die Schwingen eines emporschwebenden Adlers entflammen.

»Bin das wirklich ich?« wird er sich erinnern, wenn er in den Spiegel des Medizinsees sieht und glücklich ist, daß er wieder sehen kann.

»Hab keine Angst vor dem, der du wirklich bist!« wird ihm die Stimme der Natur zurufen. »Klammere dich an die Erde und vertraue darauf, daß du fliegen kannst!«

Der Waschbär wird sich mit seinen beiden Wurzeln fest an die Erde klammern und sich bis hinauf zu den Sternen strekken.

»Du hast einen neuen Namen!« wird Mutter Erde dann rufen. »Du bist Mensch!«

Anmerkungen

1 Storm, Hyemeyosts: *Sieben Pfeile*, Wilhelm Fink Verlag, Passau, 1980, S. 78–84.

2 Bennett, Charles (1885–1930): *Philosophical studies of mysticism*. In: Phillips, Howes, Nixon (Hrsg.): *The choice is always ours*, Richard R. Smith, New York, 1951, S. 366.

3 Hopkins, Gerald Manley: *Gedichte* (Engl./Dt.), Reclam, Stuttgart, 1973, S. 26

4 Van der Post, Laurens: *Das Herz des kleinen Jägers*, Henssel, Berlin, 1985, S. 115–116.

5 Van Gennep, Arnold: *Übergangsriten (Les rites de passage)*, Campus, Frankfurt-New York, 1986, S. 13–24.

6 Campbell, Joseph: *Der Heros in tausend Gestalten*, Suhrkamp, Frankfurt, 1978, S. 13–44.

7 Die Bezeichnungen *Trennung, Schwelle* und *Angliederung* für die drei Phasen stammen alle von van Gennep, 1978.

8 Eliot, T. S.: *Werke 4: Gesammelte Gedichte, 1909–1962*, Hesse, Eva (Hrsg.), Suhrkamp, Frankfurt, 1988, S. 353.

9 Vgl. auch Mahdi, Foster und Little: *Betwixt and between: patterns of masculine and feminine initiation*, Open Court Press, La Salle, Illinois, 1972.

10 Wahrig, Gerhard: *Deutsches Wörterbuch*, Mosaik Verlag, 1980.

11 Bridges, William: *Transitions: making sense of life changes*, Addison-Wesley, Reading, Massachusetts, 1980, S. 130–131.

12 Elkin, A. P.: *The Australian Aborigine*, Angus and Robertson, 1943, S. 255.

13 Wood, Nancy: *War cry on a prayer feather*, Doubleday, Garden City, 1979.

14 Wilhelm, Richard: *I Ging, Text und Materialien*, Diederichs, München, 1990, S. 43.

15 Eliade, Mircea: *Geschichte der religiösen Ideen, Band 1: Von der Steinzeit bis zu den Mysterien von Eleusis*, Herder, Freiburg, 1978, S. 411.

16 Foster, Steven and Little, Meredith: *Technical quide to threshold safety*, Rites of Passage Press, Big Pine, California, 1987.

17 Jacobi, Jolande: *Die Psychologie von C. G. Jung*, Rascher, Zürich, 1940, S. 22–24.

18 Roethke, Theodore: *The collected poems of Theodore Roethke*, Faber and Faber, London, 1966, S. 108.

19 Turner, Victor: *Betwixt and between: the liminal period in rites de passage*. In: *The forest of symbols. Aspects of Ndembu ritual*, Ithaca, New York, 1967–1964.

20 Mahdi, Foster, Little (eds.): *Betwixt and between: patterns of masculine and feminine initiation*, Open Court Press, La Salle, Illinois, 1987.

21 Machado, Antonio: *Times alone*, Robert Bly, Wesleyan University, Press, trans. Middletown, Vt., 1983.

22 Schwarzer Hirsch (Pseud.): *Die heilige Pfeife. Das indianische Weisheitsbuch der sieben geheimen Riten*. Brown, Joseph Epes (Bearb., Lamuv, Göttingen, 1982, S. 10.

23 Bly, Robert: *The Kabir Book*, Beacon Press, Boston, 1977.

24 Vgl. Von Ranke-Graves, Robert: *Griechische Mythologie. Quellen und Deutung*, Rowohlt, Reinbek, 1987.

25 Blake, William: *The Poetry and Prose of William Blake*. Erdman, David (Hrsg.), Doubleday, Garden City, New York, S. 484.

26 Vgl. Turner, Victor: *The Forest of Symbols. »The liminal period in rites of passage«*, Cornell University Press, Ithaca, New York, 1967.

27 Snyder, Gary: *Regarding Wave*, New Directions, New York, 1970.

28 Rumi, Dschelaleddin Maulana: *Mathnawi* (vgl. auch Rumi, Dschelaleddin: *We are three*, Coleman Barks, Georgia, 1987.)

29 Rumi, Dschelaleddin Maulana: *Mathnawi* (vgl. auch Rumi, Dschelaleddin: *We are three*, Coleman Barks, Georgia, 1987.)

30 Paracelsus, Theophrastus: *Das Buch Paragranum*. Strunz, Franz (Hrsg.), Eugen Diederichs, Leipzig, 1903, S. 26.

31 Philalethes, Eugenius (Pseudonym für Thomas Vaughan): *Lumen de Lumine*, 1651.

32 Campbell, Joseph: *Der Heros in tausend Gestalten*, Suhrkamp, Frankfurt, 1978, S. 13–44.

33 Buber, Martin: *Der Weg des Menschen nach der chassidischen Lehre*, Allert de Lange, Amsterdam, 1953, S. 33.

34 Jacobi, Hermann (Übers.): *Jaina Sutras Part II, »The Sutrakritanga«, Sacred Books of the East, Vol. XLV*, Maxmüller, F. (Hrsg.), Motilal Banarsidass, Delhi, 1964, S. 250.

35 *Die Bibel*. Nach der Übersetzung Martin Luthers, Deutsche Bibelgesellschaft, Stuttgart, 1985, Neues Testament, S. 43.

36 *Die Reden Gotamo Buddhos, Mittlere Sammlung (Majjhimanikāyo)*. Neumann, Karl Eugen (Übers.), Artemis, Zürich, 1956, S. 90

37 Brown, Vinson: *Voices of the earth and sky*, Naturegraph Publishers, Happy Camp, California, 1974.

38 Eine eingehende Beschreibung der Rolle des Lehrmeisters in bezug auf Notfälle bei Schwellenerlebnissen findet sich in: Foster, Steven und Little, Meredith: *A technical quide to threshold safety*, Rites of Passage Press, Big Pine, California, 1987.

39 Foster, Steven und Little, Meredith: *The trail ahead: a course book for graduating seniors*, Rites of Passage Press, Big Pine, California, 1983.

40 Fremantle, Francesca und Trungpa, Chögyam (Hrsg.): *Das Totenbuch der Tibeter*, Diederichs, München, 1990.

41 De Sahagún, Bernhardino: *Historia general de las cosas de Nueva España*. Robredo, Pedro (Hrsg.), Mexico, 1938, Vol. I, S. 284–286. Vgl. auch Campbell, Joseph: *Der Heros in tausend Gestalten*, Suhrkamp, Frankfurt, 1978, S. 352.

42 Eliade, Mircea: *Geschichte der religiösen Ideen, Band* 1: Von der Steinzeit bis zu den Mysterien von Eleusis, Herder, Freiburg, 1978, S. 273.

43 Squire, Charles: *Celtic Myth And Legend*, Dent and Sons, London, 1975.

44 Apuleius: *Metamorphosen oder der Goldene Esel. Lat./Dt.*, Helm, Rudolf (Bearb.), Wissenschaftliche Buchgesellschaft, Darmstadt, 1956, S. 347.

45 Islam, *Muhammad And His Religion*. (Vgl. auch Ishaq, Ibn: *Das Leben des Propheten*, Horst Erdmann Verlag, Tübingen-Basel, 1979, S. 43–46)

46 Mails, Thomas E.: *Fools Crow*, Avon Books, New York, 1979.

47 Novi, Vallis: *The Hermetic And Alchemical Figures*.

48 Bacon, Stephen: *The concious use of metaphor in Outward Bound*, Colorado Outward Bound, Denver, 1983, S. 2–13.

49 Campbell, Joseph: *Der Heros in tausend Gestalten*, Suhrkamp, Frankfurt, 1978.

50 Buber, Martin: *Der Weg des Menschen nach der chassidischen Lehre*, Allert de Lange, Amsterdam, 1953, S. 17.

51 LaChapelle, Dolores: *Die Weisheit der Erde*. Neue Erde, Saarbrücken, 1990, S. 160.

52 Szèkely, Edmond Bordeaux: *Das Friedensevangelium der Essener, Schriften der Essener. Buch 1*, Bruno Martin, Südergellersen, 1988, S. 9.

53 Furst, Peter T. (ed.): *Flesh of the Gods*, Henry Holt and Co., New York, 1972.

54 Campbell, Joseph: *Der Heros in tausend Gestalten*, Suhrkamp, Frankfurt, 1989, S. 83.

55 Brüder Grimm: *Kinder- und Hausmärchen, Band 2*, Büchergilde Gutenberg, 1984, S. 22.

56 Abbey, Edward: *Beyond the Wall*, Henry Holt and Co., New York, 1984. (vgl. Auch LaChapelle, Dolores: *Weisheit der Erde. Eine spirituelle Ökologie*, Neue Erde, Saarbrücken, 1990, S. 331–332.)

57 Szèkely, Edmond Bordeaux: *Das Friedensevangelium der Essener. Schriften der Essener, Buch 1*, Bruno Martin, Südergellersen, 1988, S. 13–14.

58 Sun Bear & Wabun: *Das Medizinrad. Eine Astrologie der Erde*, Goldmann, München, 1990, S. 9.

59 Strong, Emory: *Stone Age in the Great Basin*, Binford and Mort, Portland, Oregon, 1969.

60 Auden, W. H.: *The English Auden*. Mendelson, Edward (Hrsg.), Faber and Faber, London, 1977, S. 247.

61 Balin, Peter: *Der Flug der Gefiederten Schlange*, Sphinx, Basel, 1981, S. 25–28.

62 *Die Bibel*. Nach der Übersetzung Martin Luthers, Deutsche Bibelgesellschaft, Stuttgart, 1984. S. 37–38.

63 Storm, Hyemeyohsts: *Sieben Pfeile*, Wilhelm Fink Verlag, Passau, 1980, S. 32,

64 Storm, Hyemeyohsts: *Sieben Pfeile*, Wilhelm Fink Verlag, Passau, 1980, S. 34.

65 Castaneda, Carlos: *Reise nach Ixtlan. Die Lehre des Don Juan*, Fischer, Frankfurt, 1989, S. 249–250.

66 Van Gennep, Arnold: *Übergangsriten (Les rites de passage)*, Campus, Frankfurt, 1986, S. 35 (vgl Auch Westermarck: *The origin and development of moral ideas*, I, S. 570.)

67 Harding, Ester: *Frauen-Mysterien. Einst und jetzt*. Rascher, Zürich, 1949, S. 280–281.

68 Garbarino, Merwyn: *Native American Heritage*, Little Brown and Co., Boston, 1976, S. 127.

69 Nagy, Marilyn: *»Menstruation and shamanism«*. In: Madhi, Foster und Little (Hrsg.): *Betwixt and between: patterns of masculine and feminine initiation*. Open Court, La Salle, Illinois, 1987.

70 Eaton, Evelyn: *The snowy earth comes gliding*, Bear Tribe Publishing, Spokane, Washington, 1981.

71 Campbell, Joseph: *Der Heros in tausend Gestalten*, Suhrkamp, Frankfurt, 1978, S. 220.

72 *Die Bibel*. Nach der Übersetzung Martin Luthers, Deutsche Bibelgesellschaft, Stuttgart, 1984, S. 572.

73 Schwarzer Hirsch: *Die heilige Pfeife. Das indianische Weisheitsbuch der sieben geheimen Riten*. Brown, Joseph Epes (Bearb.), Lamuv Taschenbuch 19, 1990, S. 63–95.

74 Philalethes, Eugenius (Pseudonym für Thomas Vaughan): *Lumen de Lumine*, 1651.

75 Lao Tse: *Tao Te King*. Feng Gia-Fu und Englisch, Jane (Bearb.), Hugendubel, München, 1986.

76 Schwarzer Hirsch: *Die heilige Pfeife. Das indianische Weisheitsbuch der sieben geheimen Riten*. Brown, Joseph Epes (Bearb.) Lamuv, Göttingen, 1990, S. 131.

77 Jaffé, Aniela: »Das Symbol des Runden in der Kunst«. Jung, Carl Gustav (Hrsg.): *Der Mensch und seine Symbole*, Walter-Verlag, 1988, S. 240.

78 *Bhagavadgita/Aschtavakragita. Indiens heilige Gesänge*. Von Schoeder, Leopold (Übertr.), Diederichs, Düsseldorf, 1978, S. 81.

79 Die anderen sind: Hyemeyohsts Storm, Rocky Storm, Stephanie, Swift Deer, Sunwater, Evelyn Eaton, Sun Bear und Virginia Hine.

80 Wordsworth, William: *Gedichte*, Lambert Schneider, Heidelberg, 1959, »Der Regenbogen«, S. 15.

81 Chaucer, Geoffrey: *Die Canterbury-Erzählungen. Bd. I.* Kemmle, Fritz (Übertr.), Goldmann, München, 1989, »Die Erzählung des Kaufmanns«, S. 588.

82 Neruda, Pablo: *Das lyrische Werk, Bd. 1*. Aus: *Aufenthalt auf Erden 2* (1931–1935). Garsche, Karsten (Hrsg.), Luchterhand, 1984, S. 121.

83 Keats, John: *Sonette und Oden*. Jaime, Edwards (Übers.), Balduin Pick Verlag, Köln, 1948, S. 48.

84 Stevens, Wallace: *Der Planet auf dem Tisch, Gedichte und Adagia*. Hansen, Kurt Heinrich (Hrsg.), Claassen, Hamburg, 1961, »Vorherrschend Schwarz«, S. 11.

85 Stevens, Wallace: *Der Planet auf dem Tisch. Gedichte und Adagia*. Hansen. Kurt Heinrich (Hrsg.), Claassen, Hamburg, 1961, »Der Mann im Schnee«, S. 129.

86 Swift, Jonathan: *Aphorismen 46*.

87 *Die Bibel*. Nach der Übersetzung Martin Luthers, Deutsche Bibelgesellschaft, Stuttgart, 1984, S. 47–48.

88 Blake, William: *The Book of Urizen* (Faksimile), Trianon, London, 1958.

89 Wordsworth, William: *The poetical works of William Wordsworth. Bd. II.* De Selincourt, E. (Hrsg.), Clarendon Press, Oxford, 1952, Poems of imagination IV »Nutting, 27«. S. 212.

90 *Die Bibel*. Nach der Übersetzung Martin Luthers. Deutsche Bibelgesellschaft, Stuttgart, S. 211.

91 Häuptling Seattle: »Häuptling Seattle spricht«. In: Jeier, Thomas (Hrsg.): *Das geheime Wissen von Schamanen, Magiern und Medizinmännern*, Heyne, München, 1985, S. 165.

92 Frost, Robert: *Gedichte*. Hesse, Eva (Hrsg.), Langewiesche-Brandt, Ebenhausen, 1983, »Der Westbach«, S. 86–87. (vgl. auch Frost, Robert: *Gesammelte Gedichte*, Kessler, Mannheim, 1952, S. 317).

93 Frost, Robert: *Gedichte*, Hesse Eva (Hrsg.), Langewiesche-Brandt, Ebenhausen, 1983, »Der Westbach«, S. 88–89. (Vgl. auch Frost, Robert: *Gesammelte Gedichte*, Kessler, Mannheim, 1952, S. 317).

94 Blake, William: *Unschuld und Erfahrung. Die beiden Kontraste der Menschenseele. Gedichte*, Europäischer Verlag, Wien, 1966, S. 24.

95 Hopkins, Gerald Manley: *Gedichte, Englisch/Deutsch*, Reclam, Stuttgart, 1973, S. 108.

96 Hopkins, Gerald Manley: *Gedichte. Englisch/Deutsch*, Reclam, Stuttgart, 1973, S. 32.

97 Wordsworth, William und Coleridge, Samuel: *Gedichte/Der alte Seemann und Kubla Khan*. In: Englische Lyriker. Bernus, Alexander von (Hrsg.), Lambert Schneider, Heidelberg, 1959, »Ode, IV«, S. 47.

98 Schwarzer Hirsch: *Die heilige Pfeife. Das indianische Weisheitsbuch der sieben geheimen Riten*. Brown, Joseph Epes (Bearb.), Lamuv, Göttingen, 1990, S. 82 ff.

99 Vgl. Odeberg, Hugo (Übers.): *Das sogenannte hebräische Henochbuch (3 Henoch)*. Hofmann, Helmut (Hrsg.). Peter Hanstein Verlag, Königstein/Ts.-Bonn, 1985.

100 *Die Bibel*. Nach der Übers. Martin Luthers, Deutsche Bibelgesellschaft, Stuttgart, S. 615.

101 Rothenberg, Jerome (Hrsg.): *Technicians of the Sacred*, Doubleday, Garden City, New York, 1968, S. 54–57.

102 Storm, Hyemeyohsts: *Sieben Pfeile*, Wilhelm Fink Verlag, Passau, 1980, S. 84.

103 Bridges, William: *Transitions: making sense of life's changes*, Addison-Wesley, Reading, Massachusetts, 1980.

104 Storm, Hyemeyohsts: *Sieben Pfeile*, Wilhelm Fink Verlag, Passau, 1980, S. 142–143 und Van Gennep, Arnold: *Übergangsriten (Les rites de passage)*, Campus, Frankfurt, 1986, S. 67–69.

105 Foster, Steven und Little, Meredith: *The trail ahead: a course book for graduating seniors*, Rites of Passage Press, Big Pine, California, 1983, S. 63.

106 *Die Bibel*. Nach der Übersetzung Martin Luthers, Deutsche Bibelgesellschaft, Stuttgart, 1984, S. 646.

107 Wordsworth, William: *Gedichte*, Lambert Schneider, Heidelberg, 1959, S. 56.

108 Schwarzer Hirsch (Pseud.): *Die heilige Pfeife. Das indianische Weisheitsbuch der sieben geheimen Riten*. Brown, Joseph Epes (Bearb.), Lamuv, Göttingen, 1990, S. 95.

109 Storm, Hyemeyohsts: *Sieben Pfeile*, Wilhelm Fink Verlag, Passau, 1980, S. 84–85.

110 Storm, Hyemeyohsts: *Sieben Pfeile*, Wilhelm Fink Verlag, Passau, 1980, S. 84

111 Campbell, Joseph: *Der Heros in tausend Gestalten*, Suhrkamp, Frankfurt, 1978, S. 215.

112 Hall, Manley: *The secret teachings of all ages*, The Philosophical Research Society, San Francisco, 1928, S. CLXXXIX.

113 Storm, Hyemeyohsts: *Sieben Pfeile*, Wilhelm Fink Verlag, Passau, 1980, S. 86

114 Storm, Hyemeyohsts: *Sieben Pfeile*, Wilhelm Fink Verlag, Passau, 1980, S. 91–92

115 Storm, Hyemeyohsts: *Sieben Pfeile*, Wilhelm Fink Verlag, Passau, 1980, S. 93

116 Roethke, Theodore: *The collected poems of Theodore Roethke*. Faber and Faber, London, 1966.

117 Storm, Hyemeyohsts: *Sieben Pfeile. Wilhelm Fink Verlag, Passau, 1980, S. 94–95*

Deutschsprachige Literatur

BALIN, PETER: *Der Flug der Gefiederten Schlange*, Sphinx, Basel, 1981.

BLAKE, WILLIAM: *Unschuld und Erfahrung. Die beiden Kontraste der Menschenseele. Gedichte*, Europäischer Verlag, Wien, 1966.

BUBER, MARTIN: *Der Weg des Menschen nach der chassidischen Lehre*, Allert de Lange, Amsterdam, 1953.

CAMPBELL, JOSEPH: *Der Heros in tausend Gestalten*, Suhrkamp, Frankfurt, 1978.

CASTANEDA, CARLOS: *Die Reisen nach Ixtlan. Die Lehre des Don Juan*, Fischer, Frankfurt, 1989.

ELIADE, MIRCEA: *Geschichte der religiösen Ideen, Band 1: Von der Steinzeit bis zu den Mysterien von Eleusis*, Herder, Freiburg, 1978.

HARDING, ESTER: *Frauen-Mysterien. Einst und jetzt*, Rascher, Zürich, 1949.

HARNER, MICHAEL: *Der Weg des Schamanen*, Rowohlt TB, Reinbek, 1986

JACOBI, JOLANDE: *Die Psychologie von C. G. Jung*, Rascher, Zürich, 1940.

JEIER, THOMAS (HRSG.): *Das geheime Wissen von Schamanen, Magiern und Medizinmännern*, Heyne, München, 1985.

JUNG, CARL GUSTAV (HRSG.): *Der Mensch und seine Symbole*, Walter, Freiburg, Olten, 1988.

LACHAPELLE, DOLORES: *Die Weisheit der Erde*, Neue Erde, Saarbrücken, 1990.

ODEBERG, HUGO (ÜBERS.): *Das sogenannte hebräische Henochbuch*, Peter Hanstein, Königstein-Bonn, 1985.

SCHWARZER HIRSCH (PSEUD.): *Die heilige Pfeife. Das indianische Weisheitsbuch der sieben geheimen Riten*, Brown, Joseph Epes (Bearb.), Lamuv, Göttingen, 1982.

STORM, HYEMEYOHSTS: *Sieben Pfeile*, Wilhelm Fink, Passau, 1980.

SUN BEAR WABUN: *Das Medizinrad. Eine Astrologie der Erde*, Goldmann, München 1990.

SZÈKELY, EDMOND BORDEAUX: *Das Friedensevangelium der Essener. Schriften der Essener. Buch 1*, Bruno Martin, Südergellersen, 1988.

VAN GENNEP, ARNOLD: *Übergangsriten (Les rites de passage)*, Campus, Frankfurt, New York, 1986.

VAN DER POST, LAURENS: *Das Herz des kleinen Jägers*, Henssel, Berlin, 1985.

S. Foster, M. Little
Die Vier Schilde
Initiationen durch
die Jahreszeiten
der menschlichen Natur

In 12 Jahren Arbeit entstand dieser Klassiker einer initiatorischen Therapie, die sich auf die Vier Jahreszeiten und Himmelsrichtungen der menschlichen Natur stützt. Das Buch beschreibt anhand vieler Beispiele die innere Natur des Menschen auf einsichtige, weise, lebenspraktische, lyrische und humorvolle Art. Es ist das Standardwerk zum Thema Visionssuche und Übergangsriten in der Wildnis.

288 Seiten, 50 s/w Abb,
Broschur, 17 x 24 cm,
ISBN 3-935581-72-6
€ 19,95 / 35,00 SFR

Shanti E. Petschel
Reifeprüfung Wildnis
... endlich erwachsen
werden ...

Gewalt an den Schulen, Jugendbanden, Drogen, Amoklauf? Und doch huldigt die Gesellschaft dem Trugbild ewiger Jugend als höchstem Ideal. Reife, Alter und Weisheit? Pah! Die Erwachsenen zeigen unreifes Verhalten, sind ewige Jugendliche und lässig-coole Dauergäste der globalen Party.

In einer zutiefst erschütternden Lebenskrise, wie die Pubertät eine ist, kann jeder während einer Visionssuche neue Kraft und eine tragfähige Antwort finden.

416 S., ca. 100 s/w-Abb.,
17 x 24 cm, Broschur
ISBN 3-935581-64-5
€ 19,95 / 35,00 sFr

Bill Plotkin
Soulcraft
Die Mysterien
von Natur und Seele

Soulcraft beschreibt theoretisch wie praktisch ein breites Spektrum an Ritualen, die zusammen mit intensiven, teils archaischen Naturerlebnissen initiatisch wirken.

Das Buch ist wie eine Reise über die Pfade des Unterbewusstseins, mit dem Herz eines Schamanen unter Nutzung der Kraft der Mythen, eingebunden in die Psychologie Carl Gustav Jungs. Es richtet sich an alle, die auf der Suche nach Techniken zur Befreiung der wilden Seelenanteile sind.

396 Seiten,
17 x 24 cm, Broschur
ISBN 3-935581-76-9
€ 22,00 / 38,60 sFr

Adressen

Eine Auswahl von aktuellen Adressen der Lehrer für Visionssuchen (School of Lost Borders, andere Traditionen, Jugendliche, Führungskräfte, Kranke, Aus- und Weiterbildungen) und Adressen für Krisen und Notfälle finden Sie auf unserer homepage **www.arun-verlag.de**